公司非生产性牟利行为与中国企业跨国并购

Corporations Diectly Unproductive Profit-seeking and Chinese Corporations Transnational Mergers and Acquisitions

方旖旎 著

中国农业出版社
北 京

图书在版编目（CIP）数据

公司非生产性牟利行为与中国企业跨国并购/方旖旎著.—北京：中国农业出版社，2019.11
ISBN 978-7-109-26371-0

Ⅰ.①公… Ⅱ.①方… Ⅲ.①企业—跨国兼并—研究—中国 Ⅳ.①F279.247

中国版本图书馆 CIP 数据核字（2019）第 281449 号

中国农业出版社出版
地址：北京市朝阳区麦子店街 18 号楼
邮编：100125
责任编辑：赵 刚
版式设计：韩小丽　　责任校对：刘丽香
印刷：北京中兴印刷有限公司
版次：2019 年 11 月第 1 版
印次：2019 年 11 月北京第 1 次印刷
发行：新华书店北京发行所
开本：720mm×960mm　1/16
印张：16
字数：240 千字
定价：58.00 元

本著作受以下项目资助：

河南省优势特色学科建设工程项目（“粮食产业安全及加工”学科群）
河南省哲学社会科学规划项目（编号：2016CJJ075）
河南工业大学基金项目（编号：2016SKJJ05）

前　言

2012年以来，方旖旎及其研究伙伴陆续完成了多个涉及“中国企业跨国并购”与“公司非生产性行为”的相关研究，至今已将相关研究发表在CSSCI与中文核心期刊上。随着收集与研读相关资料增多，便有了将研究成果条理化、系统化的想法，便形成了本部拙著。

在传统的经济学分析视角中，习惯性认为企业利润源自生产领域，而企业所处外部环境以及制度因素等被视为外生变量，对企业起到约束作用。随着国际经济竞争日益激烈，企业行为开始由经济领域延伸至非经济领域，对企业行为的关注也由生产性行为逐步转移至生产性行为与非生产性行为并重。而企业非生产性行为对企业产生了不可替代的作用，企业对政治行为的依赖逐渐加深，思考公司非生产性牟利行为对其绩效的影响开始进入人们的研究领域。本书正是从公司非生产性牟利行为这一视角分析其对中国企业跨国并购的影响。

自20世纪90年代特别是本次全球金融危机爆发以来，新贸易保护主义盛行，各国政府在吸引外资流入以发展本国经济的同时对跨国公司的行为也开始进行系统性的干预，跨国公司在东道国的投资激励或约束效应更加显著，为谋取自身在东道国的市场利益，不少跨国公司开始对东道国政府采取诸如政治游说、商业贿赂等一系列具有策略性与隐蔽性的政治行为。这种以市场为中心，以政治行为为手段的竞争成为跨国公司又一个重要的竞争焦点。伴随世界经济竞争的日益激烈，跨国公司将竞争由传统市场领域的经济性活动竞争扩展至政治领域的非市场性活动。同时次贷危机后，中国企业掀起了新一轮的海外并购浪潮。经过近三十年的发展，中国企业跨国并购的规模与涉及领域不断增加，但成功率却一直低于世界平均水平。越来越多的跨国并购案例显示出东道国企业的非生产性牟利行为对中国企业跨国并购交易的影响日益突出，东道国政府对中国企业跨国并购的干预常使其处于被动地位，增加交易成本、影响利益分配格局甚至导致交易失败。其背后则是一系列东道国国内企业或利益集团的非生产性牟利行为活动。由于与西方国家不同的政治体制以及跨国并购经验的缺乏，中国企业在非生产性行为领域一直处于较为落后与被动的状态，其公司非生产性牟利行为（DUP）的缺乏与不规范成为限制提高中国企业跨国并购发展的瓶颈。

本书在分析和吸收前人研究成果的基础上，综合管理学、统计学、政治学与制度经济学等多门学科，从理论分析到经验分析两个方面对跨国公司 DUP 和东道国规制进行研究。首先对相关研究文献进行梳理与述评，在此基础上引入跨国公司与东道国政府这两个主要参与主体，对跨国公司 DUP 实施的动因、方式、效果以及东道国政府实施规制的必要性、方式、效果进行分析，并结合实证分析验证上述理论，最后依据理论与实证的分析结果给出中国企业跨国并购过程中规范 DUP 的政策建议。

研究得到以下结论：①通过梳理 DUP 理论发展，明确概念，指出 DUP 具有政治性、资源消耗性、较高获利性、零产出性与综合效用不确定性，三种典型 DUP 的福利效应分析表明 DUP 对社会福利的效用不能一概而论。②跨国公司可通过实施 DUP 同东道国进行制度交易，以利于其获取垄断租金。与东道国目标的差异、向政府传递有效信息、降低现有政策负面影响、影响政府未来政策走向与弥补政府企业间合同不完整性是跨国公司实施 DUP 的五大根本动因，其实现手段包括商业谈判、政治合作、政治游说以及商业贿赂等。③通过对政府规制理论发展的梳理与述评，发现保护市场竞争秩序、保护本国民族产业、维护国家安全和保护国家主权独立与完整是东道国实施规制的基本动机。具体规制方式又因跨国公司 DUP 产生的具体问题与东道国的经济发展阶段有所不同。④跨国公司 DUP 与东道国的政府规制密切相关，两者间具有一种内在共生性。跨国公司实施 DUP 对自身福利与社会福利的具体影响因是否存在政府企业间合谋、信息验证机构而不同。⑤Logit 模型指出，东道国的公司非生产性牟利行为及其与东道国产业保护的交互项均对中国企业跨国并购存在显著的负面影响。东道国的华人占比、中国企业的跨国并购经验与聘用国际顾问均对中国企业跨国并购产生显著的正面影响，而东道国的制度质量与并购股权比例对中国企业跨国并购影响并不显著。

目　　录

导　论

第一节　研究背景及意义

一、研究背景

20 世纪 30 年代恰逢西方国家经济大萧条时期，为促进经济复苏，各国政府加大了经济干预力度，凯恩斯政府干预主义应运而生，尽管多数经济学家已认同政府力量能够有效影响宏观经济的运行，但政治因素依旧只是作为约束企业行为的外部因素或非经济力量而存在，在进行企业行为模型构建时，通常将其视为定量。且传统的企业经营手段中多聚焦于经济领域。70 年代石油危机，促使非经济主体加大市场介入，政府与国际组织行为对企业影响逐步加深，企业经营影响因素多元化发展，单纯的经济手段已不能满足企业应对日益复杂的环境需求。同时在范围经济与全球化战略的指导下，企业开始跨行业、跨地域发展，企业间关联推动行业间关联进入推动国家间经济关联现象日益明显。这一背景下，企业经营手段由经济领域向政治领域进而向非经济领域延伸。80 年代后，国际化经营战略的推广进一步加深了企业经济行为与政治行为相伴的现象，政治手段成为企业，尤其是外资企业应对东道国复杂的外部环境的有效手段之一。同时伴随东道国经济发展以及民粹主义蔓延，东道国政府经历经济封闭→被动接受资本流入→主动吸引外资→主动规制外资的主体博弈地位的变迁，相继加大对本国外资的干预力度。随着政府对经济干预范围、深度增加与手段多元化，企业与政府间的互动也相应经历低频次信息交流→无规制沟通→双向多频沟通→规制引导的过程，在部分企业与政府双方综合实力差距较大的区域，依然存在某一方博弈地位强势的困境。但整体而言，企业普遍开始关注政府决策，以信息提供者或相关利益者的角色开始试图影响政府决策过程或其政策实施过程，以实现自身非经济收益最大化。因此，政企互动开始受到学术界与企业界关注，公司非生产性牟利行为研究应运而生。学术界将企业为影响政府政策的决策和实施过程而采取的一系列复杂的非经济行为，统称为公司非生产性牟利行为（DUP）。

商务部数据显示，2010 年中国企业境外投资首次突破 1 000 亿美元，5 年后首次突破 2 000 亿美元。2016 年中国企业对外投资额在全球排名由 2002 年的 26 位上升至全球第二位，仅次于美国。2017 年中国加强了企业对外直接投资真实性与合规性审核，当年对外直接投资额出现自 2002 年以来的首次下降，但同年中国对外直接投资存量增长 33.3%，至 18 090.4亿美元，占全球比重 5.9%，再创新高。对外直接投资增加值占当年全球对外直接投资增加值 9.7%。与此相对应，中国企业海外并购也逐步进入快速发展阶段。2000 年前，中国仅有少数企业跨国并购，2000 年中国企业跨国并购额仅为 9.73 亿美元，2005 年后增长迅速，2006 年达 153.84 亿美元，后受国际金融危机影响并购总额回落至不足 100 亿美元。国际金融危机引发的多米诺效应促使全球大量企业面临现金流紧张或价值低估，而伴随中国经济进入“新常态”国内经济上行疲软，由此引发中国企业海外并购浪潮，2010 年中国企业并购额全球第二。2013 年中央提出“一带一路”倡议，政策层面成为推动中国企业“走出去”主要动力之一。晨哨集团研究报告指出，2015 年中国企业境外并购大幅增长，2016 年达顶峰，企业境外并购额高至 2 180 亿美元，超越美国成为全球最活跃的跨境并购国。但随之而来的 2017 年国内政策审核与东道国以国家安全为由的并购审查，中国企业境外并购回归理性。2018 年第一季度更是继续下降近 50%，创同期新低。近年来相关政府对中国企业并购审查力度加大，除常规投资风险外，中国企业通常还面临审核期较长、政府审核结果非预期等政治风险增加，对此中国企业作为买方支付反向分手费已成为中国企业近年实施海外并购的常见条款，甚至行业惯例。而其触发条件主要是国家安全审查，如 CFIUS（美国外资投资委员会）、FIRB（澳大利亚外国投资审查委员会）以及各国反垄断审批与中国政府的境外投资审批。

Merger Market 数据显示，2017 年中国企业对外宣布（签约及交割状态）跨境并购金额为 1 432 亿美元，同比下降 33%，并购交易数为 583 宗，同比下降 16%。其中 78%（1 112 亿美元）并购资金流向欧洲（477 亿美元）、亚洲（412 亿美元）与北美（224 亿美元）地区。中国企业境外并购仍以欧美为主，但欧洲地位提升主要原因在于追求境外企业所拥有的核心技术与市场。中国尝试进行产业链的攀升，就需要核心技术与市场容量作为支撑，欧洲国家在传统工业领域仍然具有领先的技术优势，且整体对中国企业的审查壁垒较美国宽松。Dealogic 数据显示，2017 年中国对美国宣布并购交易额由 2016 年 627 亿美元下降至 136 亿美元，其中涉及技术并购交易量断崖式下跌 87%。胡润研究院与易界 DealGlobe 联合发布《2018 中国企业跨境并购特别报告》[①] 指出，2017 年中国企业并购百强以科技行业为首，工业制造居第二。

据致同会计师事务所[②]调查数据显示，受访中国企业中有 26%希望通过跨国并购实现市场扩张，这一意愿为 2008 年以来最高水平。但由于国际跨国并购监管趋紧以及非经济风险增加，外方企业对中国企业能否顺利完成并购的担心也随之增加，这促使中国企业在并购谈判过程中处于不利地位，这进一步提高了中国企业境外并购失败率以及为确保并购成功投入的额外成本。2016—2017 年，中国企业境外并购公布的反向分手费通常占交易额 1.5%～5%，但自 2017 年下半年起开始上涨至 5%～10%（2018 年 2 月哈药股份并购 GNC 的反向分手费为 1 800 万美元，占交易额 6%），而同期国际平均水平仅 3%。因此近年来，中国企业海外并购反向分手费不仅高出国际平均水平，且持续上涨。即便如此，也并未有效提高中国企业境外并购成功率，反而加重企业并购失败时的经济成本。

中国企业跨国并购区域与行业多样化趋势明显，产业链整合并购异常活跃。对外投资存量中，国有企业占绝大比重；对外投资流量方面，投资主体呈现出非国有企业日益增加的态势。自 2014 年前，国有企业并购额占比首次低于 50%，2016 年起，民营企业并购规模首次超过国有企

① 统计 2017 年国内企业宣布、交易额在 500 万美元以上、股权并购 10%以上的跨境交易。

② 由国内两家知名会计师事务所——京都天华和天健正信合并而成。

业居首位。与此相伴随的是并购交易数中超过10亿美元的并购交易数量占比由2011年55.34%降至2017年3.47%，即非国有企业主体在境外并购中的地位日益提升。尽管国企更易获得中国政府支持，但在海外并购市场上，国企的身份属性也易遭受东道国政府的“政治歧视”，其特殊身份属性已成为许多东道国政府干预中国企业跨国并购的理由：中国国有企业从事商业并购却在使用中国政府的资金，违背公平竞争的原则，其并购行为更多的是中国政府意愿而非企业意愿。为维护其他竞争者的公平甚至为维护本国国家经济安全，东道国政府时常对中国企业的跨国并购进行审查甚至阻挠。传统基金会（Heritage Foundation）认为，由于政治反对以及法律障碍等东道国政策因素，已致使中国企业最终取消近2 000亿美元的投资。而中国民营企业在近年来的境外并购中也开始面临越来越多的政府审核，或由于相关利益方政治行为导致并购方案修改甚至失败。如2018年阿里放弃并购速汇金后支付3 000万美元反向分手费。

中国商务部数据显示，2018年上半年中国企业海外非金融直接投资571.8亿美元，同比增长18.7%。其中跨境并购140起合计261.1亿美元，占比45.66%，延续并购成为中国企业走出去的主要趋势，集中在制造业与采矿业。

随着越来越多中国企业海外并购受到东道国政府干预，公司非生产性牟利行为对中国跨国并购影响日益突出：2005年中海油竞购优尼科失败，华为收购3COM失败[①]，三一集团被视为关联企业导致其并购美风电项目被否[②]，2012年中海油并购尼克森的申请被多次延期等，以及特朗普上台后美国政府否决10起海外企业对美并购案中（截止到2018年3月），8起涉及中国大陆企业等。这些被学者研究的并购案例只揭示了中国企业跨国并购中公司非生产性牟利行为的冰山一角。企业逐渐意识到跨国并购不仅受到市场竞争因素的影响，政府决策也能产生显著影响。因此，一些拥有政治资源的企业在开展市场领域的生产性竞争的同时也

① CFIUS以“国家安全”为由，否决该交易申请，华为则称由于收购程序复杂与成本增长、股市环境变化，故与贝恩宣布撤回收购申请。

② 这是美国22年来总统首次出面禁止外资收购美国企业。

不断开展政治领域的非生产性竞争，试图影响政府决策为己谋利，企业间的竞争由市场领域延伸至政治领域。公司非生产性牟利行为已成为提高企业经济绩效的重要手段之一（Epstein，1969；Shaffer，1995）。

由此可见，对于中国跨国公司而言，公司非生产性牟利行为不仅影响中国跨国并购所面临的经营活动背景，甚至直接影响跨国并购的成败与并购成功后的利益分配格局。对于东道国而言，公司非生产性牟利行为可能引发或改变政府对市场经济干预方式或程度，由此引发非公平性竞争、政策不连贯以及涉及国家经济安全问题等。因此需要对跨国并购中的公司非生产性牟利行为展开相关研究：DUP 与传统意义上的经济行为如何区分？其具体表现形式有哪些？特征与作用机制是什么？对社会福利的影响如何？东道国政府、东道国企业以及跨国公司扮演的角色？中国跨国公司如何趋利避害，扩大 DUP 正的外部效应，缩小其负的外部效应？

二、研究意义

跨国公司作为东道国经济与社会发展的重要组成部分之一，不仅从事自身的经营管理活动，同时为维护自身经济利益分配与降低政府决策对企业影响的非预期性，开始越来越多地参与到公共政策决策中，DUP 也随之不断增加。除了商业贿赂，权钱交易等违法行为外，跨国公司也力图通过更多合法途径影响政府决策进程。比如从事公益性质的社会捐赠，或成为行业协会领头企业，鼓励本地员工积极参与人大、政协选举，设立研究机构向政府提供政策支持等。这说明 DUP 具有普遍性和广泛性，因此需要进行系统的研究。

（一）理论意义

DUP 理论可追溯至 19 世纪末 20 世纪初的“利益集团”理论，但自身成为一门学科并引起学术界关注始于 20 世纪 70 年代。中国学术界近年来对 DUP 进行了系统的研究，但针对跨国并购中，中国企业 DUP 的研究尚有较大空间，现有研究更多倾向于将国外研究的理论成果置于中国案例进行分析。本书试图对DUP理论的发展历史进行梳理，明确其概念、特征及表现形式。通过构建一般均衡模型分析DUP对政府决策的影响机制与路径，并对DUP的福利效应进行分析。结合计量模型检验DUP对中国跨国并购的影响，从政府、企业与社会三个层面提出规范DUP的建议。整体上构建一个完整的DUP理论分析框架，扩展并进一步深化跨国公司DUP理论及战略性贸易规制理论。

（二）现实意义

对于中国企业提高海外并购成功率，早在“十五”期间中央就提出“走出去”，但受限于投资经验少，国内外环境差异等，中国企业境外投资绩效不高。中国企业海外并购中更易牵涉多方利益。商务部提出争取在“十三五”期间实现中国由“对外投资大国”向“对外投资强国”转变。因此，本研究有利于提高中国企业境外并购成功率。

跨国公司与国内公司相比，面临着更为复杂的运营环境以及更多的由各国政府政策导致的市场失灵。跨国公司在从事国际化的生产经营过程中，当自身利益受到或将受到东道国政府行为侵害时，出于维护自身利益需要，跨国公司将通过政治行为对东道国政府施加影响，引导政府决策利于跨国公司，个别实力强大的跨国公司甚至通过干预东道国内政以实现其经济目标。企业的国际化运营中对政治策略的重视日益增强，DUP成为企业获利的重要途径之一。本书立足于中国“更高水平对外开放”与“一带一路”倡议实施中加速中国企业走出去与走上去，对国内外DUP的研究成果进行系统性梳理，并对现有研究文献进行述评，从中国跨国企业属性、政府企业间的关系特点以及政府行为对企业跨国并购影响等方面入手，同时结合相关理论深入探讨中国跨国公司实施DUP的动机与绩效，使中国企业能够更好地积极参与全球经济，更好地适应多变的竞争格局。因此急需解决的现实问题有：①跨国公司应制定包含DUP在内的跨国并购战略；②面临普遍存在DUP，在各国日益加强贸易与投资保护的环境下，如何规范引导DUP，趋利避害，提高投资绩效。

第二节　核心概念的界定及相关假设

一、核心概念的界定

（一）跨国并购

跨国公司主要通过绿地投资与跨国并购实现对外扩张。近年来许多国家相继放松各产业对外国投资的限制，以及为促进经济增长，出台不少促进外国投资的政策。2016 年全球 58 个国家合计出台涉外投资法律法规 124 项，增长 25%，为 2007 年以来最高值；其中 68%为自由化与便利化政策，即国际投资政策仍以自由化与便利化为主。18%为限制外资政策，数量有所增加，14%为中性政策。跨国并购已成为跨国公司对外扩张的主要方式。跨国并购又被称为跨国兼并与收购。

其中跨国兼并（Cross-border Merger）是指在两个或两个以上的企业组合成一个企业的产权交易行为[①]，通常是指市场机制作用下跨国公司通过产权交易获取东道国企业产权及其控制权，并使其失去法人地位的经济行为。交易后，兼并方获取被兼并方所有资产，并继承其全部债权与债务。跨国并购中，兼并仅占一小部分。

跨国收购（Cross-border Acquisition）是指跨国公司通过产权交易以获取控制权的目的购买东道国企业股权或资产的经济行为，目标企业的法人地位并未因收购交易的完成而消失。其中收购股权又可根据收购方购买股权份额的多少分为少数股权收购（10%～49%）、多数股权收购（50%～99%）与全额收购。

跨国并购（Cross-border M&A）是指跨国公司通过一定的程序与渠道，出于某种目的，取得东道国某现有企业全部或部分资产所有权的投资行为。跨国并购在全球外国直接投资中占有绝对比重，其交易量的涨跌是影响 FDI 流量的核心因素。

① 详细定义可参考：梁蓓，杜奇华．国际投资［M］．北京：对外经济贸易大学出版社，2004：152.

中国企业的跨国并购是指其国内并购跨越国界的延伸，涉及的企业（或其资产）分布在两个或两个以上的国家，是中国企业通过一定的程序与渠道购买另一国企业全部或足以行使控制权的资产或股权的商业行为。

与跨国并购紧密相关的几个概念分别是母公司（Parent Company）、子公司（Affiliate）、母国（Home Country）和东道国（Host Country）。“母公司”指的是负责整个公司在全球战略经营中的决策、规划、实施等一系列活动的总公司或总部；“子公司”是相对于母公司而言的，根据其所在地又分为国内子公司和国外子公司两种。本书所指的是国外子公司，其由母公司在全球直接经营投资过程中在海外设立的公司机构。虽然子公司是在当地国家或地区法律下登记的法人团体，但它仍隶属于其母公司的管辖，为母公司全球战略的一部分；“母国”指母公司所在地所属的国家或地区；与“母国”对应，“东道国”则指接受跨国公司国外子公司经营投资的国家或地区。

目前世界上80%跨国公司属于发达国家，经济实力异常强大。世界货币基金组织数据显示，截至2013年，全球100大经济体中40个为企业主体。2017年数据中全球最大10家跨国公司的年营业额均在2万亿美元以上，GDP达到此数额的国家仅有8个。超过70%的跨国并购发生在发达国家间，但金融危机后发展中国家成为推动全球国际直接投资发展的主要动力，其中中国企业表现尤为突出。2017年世界500强名单显示，中国大陆上榜企业连续14年增长至2017年109家，仅次于首位的美国132家。整体来看，中国上榜企业自2000年以来其营收与净利润增长显著。1996—2016年，中国上榜企业平均营业收入与平均净利润分别增长2.57倍与5.38倍。

（二）公司非生产性牟利行为

自20世纪70年代，西方国家的企业在范围经济战略的指导下，纷纷进行多元化业务发展，企业的市场范围不再仅局限于某一产业或某一局部市场。进入80年代，西方国家的企业纷纷进行国际化经营，这一发展进一步加深了企业生产性行为与非生产性行为相伴的现象，为弥补生产性领域的缺陷，企业开始试图通过非生产性领域的行为进行国际市场的开拓，将公司非生产性牟利行为提升至企业战略角度的思想初步形成。

由于投资行为受到东道国政府以及一系列非市场因素的干扰，企业开始有意识地通过实施非生产性行为来获取更多的商业利益，并减少外部环境对企业经营的干扰。跨国公司也逐渐形成针对东道国政治干预反应的组织设计和政治战略。跨国公司行为包括政治的、社会的和文化的。这些行为被称为非生产性行为是因为行为主体采取特定的非生产性手段（如游说、谈判、贿赂、政治选金等）试图从政府手中获取主体所需的政治产品（对公司有利的政策或法规）。西方管理学界通常将公司非生产性牟利行为与企业政治战略、企业政治活动、企业政治参与或企业政治影响通用。Astley 和 Sachdeva 认为公司非生产性牟利行为是指与政府相比而言，企业权利的获取、保持与应用的过程。这个概念并未明确企业实施政治行为的目的。Seith 将企业政治参与定义为企业参与政府政策制定与执行的过程。这个定义的内涵过于宽泛。Keim 与 Baysinger 则认为企业政治策略实质是企业管理决策的形式之一，具体表现为企业试图使公共政策利于企业生存与维持成功的一套行动，尽管该定义更具体，但却忽略了政府企业间源于商业关系的接触以及政策执行方面等。不同的学科对公司非生产性牟利行为的关注点不同，因此对于公司非生产性牟利行为的定义也有所差异，但整体而言，这些定义共同点在于体现了企业为自身的生存与发展将行为延伸至非生产领域。

本书将公司非生产性牟利行为（Diectly Unproductive Profit-seeking，DUP）定义为：企业为了影响包括政府政策的决策和实施过程在内外部环境，而采取的一系列复杂的非生产性行为，是企业试图借助政府权力产生利于企业发展和经济领域成功的制度性结果的一种持续努力，最终目的在于获取商业利益。而跨国公司的非生产性牟利行为大体上分为跨国公司对母国政府的非生产性牟利行为、跨国公司对东道国政府的非生产性牟利行为以及跨国公司对国际社会的非生产性牟利行为。本书所讨论跨国公司非生产性牟利行为仅局限于第二种。

（三）政府规制

规制是（Regulation）指依据一定规章制度对社会个人和经济主体活

动进行限制的行为。对政府规制的讨论源于对市场失灵的关注。传统规制理论中，各学者对规制定义有所不同。Posner（1974）认为规制是指各种税收、补贴措施、对价格或市场进入等经济行为直接的立法与行政控制。Viscusi（1995）认为规制是指政府以制裁的手段对个人或组织决策进行强制性限制的行为，其资源是政府的强制力。Daniel F. Spulber（1995）认为规制实则是行政机构制定并执行的，直接干预市场机制，或间接改变消费者与企业供需政策的一般规则或特殊行为。

政府规制又被称为政府管制，是指政府按照一定的规章制度对社会主体与经济主体的活动进行一定程度限制的行为，有时也用于描述政府相关部门依照一定的法律程序对企业行为进行干预的过程。实施目的主要是针对诸如不完全竞争、自然垄断、信息不对称与外部性等一系列市场失灵的现象，政府在其法律授权内依据规制措施对经济主体的行为进行干预。按其功能将规制划分为社会性规制与经济性规制。前者是指政府出于保护公民生活安全、公众身体健康以及社会安全的目的对商品服务、社会环境以及公共场所实施的社会化管制；后者是指政府出于维护市场公平竞争与稳定经济等目的对经济生活进行的行政干预。按其实施目的不同，可分为竞争性规制与保护性规制。前者是指政府通过分配特许权或服务权以规范经济主体的行为；后者是指政府为了维护公共利益，对私人行为加以限制的一系列规章制度。按其手段又可分为直接规制与间接规制。前者是指为防止经济中出现对社会福利存在负面影响的市场绩效，政府通过行政或法律手段直接干预经济主体的行为；后者是指为维护竞争秩序，以政策引导等手段间接影响企业决策的行为。

在经济学发展过程中从未停止有关政府是否应该干预经济的争论。20世纪经济危机中，凯恩斯主义在经济复苏中的重要作用使其占据经济学的主流地位，同期主流财政理论也主张通过预算手段干预市场，由此政府干预论盛极一时。第二次世界大战后，为加速本国经济恢复，政府对经济干预有增无减，在20世纪70年代西方国家推行福利国家实践达到高峰。后由于经济衰退，为刺激经济增长，各国纷纷开始放松规制，但随着规制放松负面效应的凸显，世界进入一个放松规制与规制并存的时代。

因此本书认为政府规制（Government Regulation），是指行政机构制定并执行的直接干预市场机制或间接改变企业与消费者供需决策的一般规则或特殊行为，有时也用于描述政府相关部门依照一定法律程序对企业行为进行干预的过程①。按实施内容将规制划分为经济性规制与社会性规制。前者是指政府通过价格、产量、行业进入与退出方面的行业壁垒等一系列直接影响到企业经营决策的强制性约束；后者较前者的内容更为广泛，对市场化程度较高的行业而言，该种规制影响更为显著。具体是指政府出于维护市场公平竞争与稳定经济等目的对经济生活进行的行政干预。随着社会与经济的发展，两种规制已然没有明确的划分界限，本书对政府规制的研究侧重于后者。

（四）内生化投资政策

20 世纪 60 年代经济学家对政策制定过程的研究开启了政策内生性的讨论。新制度经济学家放弃了制度外生或中性的传统假设，将经济运行分析由“无摩擦”的理想状态转变为存在有限理性与机会主义的现实世界制度分析中。进入新世纪以来，国际投资政策实践的重要改变就是伴随新型投资政策的兴起与推广，导致投资政策内生化机制的形成与发展。在传统的经济学分析中，通常将经济政策设定为外生变量，对其进行规范性分析，即在高度抽象与简化的理论模型下分析该给定政策的福利效应，然后依据某种目的标准给出最优政策的建议。在近期的经济政策研究发展中，政策的非中性开始受到关注，越来越多的经济学家发现规范政策理论的描述与现实中政府行动不符，因此开始关注现实中政策制定的相关政治过程的探讨②。这一过程的探讨涉及经济政策制定、修正与推行等一系列的政治过程，该过程中各利益集团间的博弈取代了市场价格对政治资源实行配置，经济学家开始探讨政治行为对经济政策的影响，开始关注政策制定过程中各利益集团的博弈。内生经济政策的分析思想

① 程启智．国外社会性管制理论评述［J］．经济学动态，2002（2）．

② 相关论述可参见 Dixit（1996）以及 Grossman 和 Helpman（2002）。

受到越来越多的关注，该分析框架以市场竞争与交易为核心，考察非价格指导下的政策均衡。

投资政策内生化的关注点在于研究对外开放模式下，在政策的制定与实施过程中平衡各方利益。在传统经济视角下，投资政策的制定与实施基本上只涉及规制制定者——政府或相关公共机构，被规制者——以企业为主的经济活动主体通常只能遵守或被动接受规制的实施。但在投资政策内生化的视角下，被规制者出于维护自身现有利益或未来收益的目的，将通过各种市场与非市场行为试图影响投资政策的制定、实施与未来走向，即尽管政府或相关公共机构在投资政策的制定与实施过程中依然占据主动地位，但被规制者也能对投资政策实施影响，投资政策由外生给定成为内生变动。内生投资政策开始关注由政策导致的经济利益在不同相关利益集团间分配的变化，相关利益方政策偏好及其对政策制定的影响。

二、相关假设前提

经济学的研究总是建立在一系列基本假设前提下，这些假设是经济理论体系建立并展开逻辑分析的基础。本节对几个最基本的前提假设进行分析。

（一）政治活动中“经济人”假设

本书假设前提之一就是将“经济人”范式扩大到政治活动中，构建出一个与经济市场相并列的政治市场。在这一假设下，个人参与政治活动的目的也是追求个人利益最大化。以成本收益分析为根据，在政治市场上，单个选民的投票动机与单个消费者在商品市场上的选择动机是一样的，他希望他投票赞成的政治家能够给他带来最大的满足程度。政治家的基本行为动机也是追求个人利益最大化，因此政治家追求的个人目标未必符合公共利益或社会目标，这一假设前提使政府企业间联盟存在可能性，但同时政治家为实现其政治追求，必须顾及社会福利，因此政策走向并不完全符合利益集团的需求，这使得政府决策依然对企业行为存在一定约束。DUP 理论同样也包含这一假设，并将其扩展至政治行为的主体：东道国政府与跨国公司。政治市场上跨国公司参与政治活动的目的也是追求利益最大化，其行为动机与单个消费者在商品市场上的选择动机是一样的，他希望他支持的政治家能够为其带来商业利益最大化。政治家的基本行为动机也是追求利益最大化，其利益为社会不同利益集团福利的加权和，并且与公共利益以及某一利益集团利益均存在差异。在政治市场上，各种集团、组织与政府彼此间进行交易，互换利益，政治过程本质上与市场过程是一致的。

（二）信息不对称假设

企业实施政治行为是为了获取政府赋予的垄断地位与不完全竞争，因此市场将不再遵循完全竞争的假设。这是由于这一假设的改变，使得市场主体地位处于不平等状态，与消费者以及政府相比，跨国公司通常拥有更多市场信息。在跨国公司与消费者的市场交易中，消费者通常只能处于价格接受者的位置，难以对跨国公司的行为进行有效监督，为维护消费者利益，以及确保社会福利在一定效用范围内，政府需对跨国公司行为进行一定程度的规制。在跨国公司与东道国政府两者的制度交易中，政府拥有制度决策权，跨国公司拥有真实信息，由此产生信息选择性传递与道德风险等问题。

（三）交易成本为正假设

以 Williamson 为代表的交易成本经济学（TCE）认为在缔结合约时，由于交易成本为正，使得交易双方均只有有限理性，因此双方很难签订一个包含所有合同期内可能发生的对合同执行结果产生影响的事件，且明确规定双方权责的合约。交易成本的存在使交易双方只愿签订短期合约，期满后再进行谈判，因此该契约为不完全契约。制度交易中不完全契约的存在，使得机会主义行为存在可能，因此跨国公司一方面可以利用交易成本为正限制政府获取信息的渠道，拥有信息优势；另一方面现存的政策规制为不完全契约，为跨国公司实施政治行为修正政府政策提供可能。

（四）政策结果均衡性假设

政策结果属于博弈论中的均衡，即完美贝叶斯均衡。该均衡意味着：①在政治环境中，参与者完全预测其他参与者如何应对自己的策略，且在均衡中的各参与者的策略选择均是对其他参与者的最佳反应；②在多期博弈中，参与者能够获取当期选择对自身后续博弈产生影响的相关信息；③即便该博弈过程中存在交易成本，均衡下的参与者能够及时根据新的信息对决策进行修正。

（五）风险市场假设

跨国公司的经济行为与市场行为的最终目的是要实现其经济目标，但由于未来的不确定性使企业目标可能无法实现，因此企业实施政治行为的直接目的之一，就是降低未来政治市场以及由政治市场导致的经济市场的不确定性。同时企业在实施政治行为过程中，同样存在风险。按行为的合法属性可将公司非生产性牟利行为划分为合法 DUP 与非法 DUP。一方面如果企业未能获得政治市场上的成功，DUP 将使企业存在沉没成本，同时如果企业竞争对手获胜，则企业的竞争优势被削弱；另一方面如企业实施非法 DUP，将面临相关监督部门查处的风险。同样 DUP 对东道国政府也存在风险，当东道国政府赋予跨国公司过大权重时，可能存在政府从其他相关利益方失去的支持大于从跨国公司获取的支持。

（六）外部效应假设

经济学领域的外部性是由马歇尔与庇古在 20 世纪初提出，用于描述经济主体的某一行为产生的社会收益与个人收益、社会成本与个人成本不一致的影响。DUP 理论中企业的政治行为带有明显的外部性特征。在政治市场形成均衡的过程中，竞争成功的企业获取了政府赋予的垄断租金，而这一租金的获取往往是由竞争失败的企业或未参与政治活动的企业承担，因此在竞争企业之间，DUP 存在明显负外部性，但在一定情况下，DUP 的实施可能会“间接”促进经济效率的改进，导致存在正的外部性。

第三节　研究内容与方法

一、研究内容

首先为导论，主要介绍研究背景与研究意义，并界定了跨国并购、公司非生产性牟利行为、政府规制与内生化投资政策等核心概念，提出研究的假设前提，为后续理论分析打下基础。最后阐述研究内容、研究方法、主要的创新点与不足。

第一章为相关理论梳理。本章首先按照理论发展的历史逻辑进行梳理：从早期重农主义与重商主义、古典经济学派和新古典经济学派对公司非生产性牟利行为与政府规制的认识。其次，对涉及DUP理论与政府规制理论的相关文献研究进行梳理与述评，前者涉及经济学、管理学、社会学和政治学等学科领域的交叉，后者作为产业组织理论的分支之一，涉及规制公共利益理论、公共选择理论、利益集团理论、激励性规制理论与规制公共实施论等，并对其主要思想进行归纳和总结，进一步认识DUP与政府规制的实质。

第二章是DUP的一般分析。在对DUP理论发展历程与概念梳理过程中发现，DUP具有政治性、资源消耗性、高获利性、零产出与综合效应不确定性等特征，并对DUP的制度属性与伦理属性进行探讨。参考巴格瓦蒂1982年提出的二分法与国内按照实施动机为标准，对DUP进行分类，指出DUP实施对经济影响的结果不能一概而论。

第三章借助均衡模型对DUP福利进行分析。依据第二章DUP分类，分析了以合法DUP谋取收益福利效应、以合法DUP谋取干预福利效应、以非法DUP逃避政府干预福利效应。

第四章研究跨国公司实施DUP的动因与影响。动因包括根本动因、完善性动因、规避性动因、竞争性动因与预防性动因。其中典型的DUP代表为商业谈判、政治合作、政治游说与商业贿赂。在不同阶段企业DUP投入面临的约束条件不同，但整体而言，在争夺垄断权阶段竞争越激烈、竞争对手投入越高，企业的DUP投入就会越高，甚至短期内超过租金收入，并在获取垄断权通过垄断利润弥补。

第五章重点研究了东道国对跨国公司 DUP 的规制。首先明确政府规制的概念。在此基础上分析东道国对跨国公司实施规制的动因与方式。保护市场竞争秩序、保护本国民族产业、维护国家安全和保护国家主权独立与完整是东道国实施规制的必要性。具体规制方式又针对跨国公司产生的垄断、外部性与信息不对称问题有所差别。涉及东道国政府对跨国公司 DUP 规制的实践中，发达国家对企业的管理主要是通过制定法律法规以规范和引导企业行为。而发展中国家为了竞争外资存在“竞争到底”的情况，但也从外资投资方向、股权要求以及有步骤地实施对外开放等方面逐步规范外资，使外国直接投资尽可能与东道国的目标相符。

第六章通过模型分析东道国规制对跨国公司决策的影响。基于离散时间模型，逐步放宽假设条件，依次构建无未预料政策调整、一期未预料的外资政策调整、两期未预料的外资政策调整三个模型，通过理论推导证明从跨国公司度看，东道国政府政策的可预见性、连续性与稳定性比外资政策本身更为重要。

第七章研究跨国公司 DUP 与东道国规制内在共生性。本章从新政治经济学的视角对跨国公司干预东道国政府规制过程的动机与影响机制进行了探索性分析。由于制度的非均衡、跨国公司 DUP 规模与政府干预经济间关系非线性，会不断引发租金消散与企业寻租行为。跨国公司 DUP 与东道国规制内在共生性会加强双方的路径依赖。

第八章构建跨国公司 DUP 对政府影响模型。以 TRIMs 为例构建企业 DUP 影响对政府规制的一般均衡模型。探讨企业合法 DUP 与非法 DUP 对 TRIMs 制定的影响，以及跨国公司 DUP 对 TRIMs 实施的影响。为研究适合中国跨国公司政治行为理论和实践寻找模型支撑。

第九章对中国企业跨国并购的发展阶段进行梳理。按时间逻辑以 1992 年、2001 年、2007 年与 2013 年作为时间分割点将中国企业跨国并购的发展历程划分为：萌芽、准备、起步、增长与“一带一路”引领四阶段，并对各阶段的主要特征进行简单归纳。

第十章对现阶段中国企业跨国并购主要特征进行归纳。2010 年后，中国企业跨国并购表现出并购规模逆势上扬至峰值后回归理性；并购资金由国内融资向境外融资逆转；高科技、制造业与消费类成为并购热点；民企活跃，存量与大型并购以国企为主；并购地理偏向发达国家；并购风险日益突出。同时“一带一路”沿线国家也成为中国企业跨国并购的热点之一。

第十一章针对“一带一路”倡议下中国企业跨国并购风险进行分析。在说明数据来源与处理方法后，先整体分析中国企业对沿线国家并购的基本特征，随后以此为基础对沿线并购的主要风险进行量化分析，并针对工业并购进行行业分析，以及子行业的主要风险。

第十二章以中海油竞购优尼科失败与中石油并购PK公司两个案例作为切入点，分别分析并购失败中中国企业DUP经验与并购成功中中国企业DUP经验。以此为基础，总结中国企业跨国并购中DUP劣势与优势及形成原因，判断在跨国并购中中国企业DUP可能存在的正面影响与负面影响。

第十三章为中国企业跨国并购DUP的实证分析。首先对中国企业跨国并购的成功率进行描述性分析，随后分析中国企业2005—2017年间跨国并购失败案例的主要特征：①对“一带一路”沿线国家跨国并购失败率更高；②集中于发达国家，且国家并购失败集中度较高；③能源资源类业仍是并购失败集中行业。随后对中国企业跨国并购中DUP进行实证分析。结果表明，制度质量的系数符号尽管与假设一致，但对中国企业跨国并购并不存在显著影响。企业在东道国的社会资本、已有的国际并购经验与交易中聘请专业的国际顾问公司均能对中国企业的跨国并购产生显著的正面影响。而并购企业的国有身份属性、东道国的产业保护以及并购企业性质与东道国产业保护的交互项均对中国企业的跨国并购产生显著的负面影响。而并购股权尽管系数符号与假设一致，但影响并不显著。

第十四章为主要结论与建议。在梳理主要结论的基础上，结合前文的理论分析与实证分析，提出规范中国跨国公司DUP的主要目标，即趋利避害。最后分别从政府、企业和社会三个方面提出若干规范跨国公司DUP的政策建议。

本书在分析和吸收前人研究成果的基础上，综合管理学、统计学、政治学与制度经济学等多门学科，从理论分析到经验分析两个方面对跨国公司DUP和东道国规制进行研究。首先对相关研究文献进行梳理与述评，在此基础上引入跨国公司与东道国政府这两个主要参与主体，对跨国公司DUP实施的动因、方式、效果以及东道国政府实施规制的必要性、方式、效果进行分析，并结合实证分析验证上述理论，最后依据理论与实证的分析结果给出中国企业跨国并购过程中规范DUP的政策建议。

二、研究方法

本书采用的研究方法主要有归纳演绎法、比较分析法、规范分析与实证分析相结合等方法。

（一）归纳演绎法

归纳演绎法是研究经济问题的常用基本方法之一，新古典经济学代表人物马歇尔在其《经济学原理》中表示：归纳法和演绎法都是探索科学思想的不可或缺的方法，就像人们用两条腿走路一样。本书在阐述DUP理论的发展脉络和DUP主体的分类均用到了此种方法，以廓清DUP与其他相似行为的界限，并高度总结特征分类的背后逻辑，使问题的分析更具条理性。

（二）比较分析法

跨国公司作为一个比较特殊的群体，因其所处行业以及发展阶段不同而对政治资源的需求也有所不同。本书从发达国家与发展中国家对跨国公司不同规制进行分析比较，并对其进行总结，在此基础上得出中国规制跨国公司政治行为的相应启示。

（三）规范分析与实证分析相结合的方法

本书在对跨国公司实施DUP的动因、方式及东道国对跨国公司规制的必要性、手段上采用规范分析法进行了逐一分析；在对两者的相互影响关系中构建计量模型，通过东道国企业 DUP 对中国企业跨国并购成败的影响进行实证检验，并在此基础上提出规制中国跨国公司 DUP 的政策建议。

第四节　研究目标与主要创新

一、研究目标

本书在分析和吸收前人研究成果的基础上，结合跨国并购理论、博弈论、制度经济学理论等从理论上构建 DUP 均衡分析框架，着重分析中国公司跨国并购过程中 DUP 的影响。首先对公司非生产性牟利行为与政府规制的理论发展历程进行回顾，从本质上认清 DUP 的特征、分类以及典型 DUP 的福利效应分析。其次探讨跨国公司实施 DUP 出发点及其影响，以及东道国对跨国公司 DUP 的规制。再次分别建立模型，依次分析东道国政府政策对跨国公司投资决策的影响，以及跨国公司 DUP 对东道国政策的影响。然后对中国企业跨国并购的阶段及现阶段特征进行描述性分析，同时对中国企业跨国并购面临的主要风险进行量化分析。然后对中国企业跨国并购中的 DUP 进行实证分析，最后总结主要结论，并在前文理论与实证的基础上提出规范中国企业跨国并购中 DUP 的政策建议，使 DUP 对中国跨国并购负面效应最小化，正面效应最大化。

二、主要创新

DUP 理论在西方的发展不过三四十年，中国对 DUP 理论的认识尚处于初期阶段。因此目前中国对 DUP 的理论研究多只停留在引进西方相关理论并介绍，或结合中国实际，尝试性地对中国公司非生产性牟利行为做出解释，专门论述 DUP 理论的文献并不多见，且多始于近十年。因此中国对于 DUP 理论尚有许多可探讨和可拓展的领域。本书在参照现有文献成果基础上，结合相关领域的研究，尝试对 DUP 理论进行系统分析，并结合中国跨国公司的活动，试图从以下几个方面形成自己的见解。

第一，将 DUP 理论运用至跨国投资领域。一方面本书将重点考察跨国公司 DUP 的实施动机与机制，探讨跨国公司 DUP 对东道国政策的影响。将跨国公司、东道国政府与本国公司纳入统一的一般均衡分析框架中，得出均衡分析的结果。另一方面对跨国投资理论加以深化，目前的主流跨国公司理论难以有效解释大量存在的跨国公司非生产性牟利行为，将跨国公司非生产性行为与 DUP 理论相结合，弥补之前只对跨国公司的显性经济市场行为分析，忽略其隐性非经济行为分析，拓宽跨国公司行为与投资理论的交叉区域。

第二，从组织间关系动态变化角度探讨公司非生产性牟利行为对企业绩效的影响。目前中西方学者对公司非生产性牟利行为对企业绩效的影响分析有所关注，但对其作用机制的研究相对滞后，更为重要的是现有对两者关系的研究中多以组织间静态关系为隐含假设，实际上组织间关系存在动态变化，这一变化使得两者的作用机制呈现出更为复杂的特征。因此从制度演化视角和理论层面上试图探讨在政府企业间关系强度变化的背景下，公司非生产性牟利行为对企业绩效的动态影响及其微观转化机制。

第三，尝试对 DUP 进行一般均衡分析。本书首先从经济学角度分析跨国公司行为与东道国规制间的相互作用机制，其次引入公司非生产性牟利行为的变量，构建 Logit 概率模型，检验 DUP 理论的分析结论。

第一章 相关理论梳理

众多经济学模型中，外部环境被视为外生变量，能直接约束企业行为，但企业却难以改变外部环境。同时企业利润主要来源于生产性行为。事实上，为降低企业外部环境对企业获利能力的影响，企业经常使用非生产性手段辅助其经营行为的进行，即通过非生产性手段影响甚至改变企业所处环境，推动市场开发，并使企业生产性行为的商业获利最大化，这已成为企业经营战略的一个部分，公司非生产性牟利行为的研究源于西方学术界对公司非生产性牟利行为的关注。20 世纪 80 年代，国际化发展成为西方企业的发展新趋势，国际化经营过程中企业对政治解决的依赖逐渐加深，政治行为与经济行为相伴日益明显与普遍。对公司非生产性牟利行为进行规划并将其提至战略高度的思想逐步形成。

第一节 DUP 理论发展历程

一、早期经济思想对非生产性牟利行为的认识

企业实施非生产性行为的最终目的是为了获取政府干预市场产生的租金，本质上是与政府进行制度交易对现有福利进行再分配的一种非生产性活动，以牟利为目的。重商主义与重农主义就已对生产性活动与非生产性活动进行了激烈争论。前者始于西欧封建社会末期认为金银是衡量财富的唯一标准，因此所有能创造金银的活动都是生产性活动。17 世纪后重商主义的一些政策对农业的损害日益明显，针对重商主义与自由放任主义的反对，形成了重农学派。重农主义将“纯商品”作为判断财富的标准，因此发展农业与改良土地才是生产性劳动，其余均属非生产性劳动。尽管两者争议不断，但对非生产性劳动也有部分共识，即以部

门或行业为标准划分，非生产性劳动无法创造社会认可的财富。

二、古典经济学对非生产性牟利行为的认识

尽管古典经济学家亚当·斯密的核心思想是放任经济的自由发展，但是也对生产性劳动与非生产性劳动的划分做了充分论述，对企业的非市场行为也有所涉及。他在《国民财富的性质和原因的研究》（简称《国富论》）中指出只有为资本家生产利润的劳动才是生产性劳动，除此之外均属于非生产性劳动，即与资本进行交换的劳动是生产性劳动，而同收入交换、不同资本交换的劳动是非生产性劳动。同时斯密也对厂商勾结形成垄断以获取垄断利润的非市场行为进行研究，他认为厂商出于逐利目的，联合起来抵消“看不见的手”的作用，以此改变市场秩序，迫使政府修改其决策。让·巴蒂斯特·萨伊在其代表作《政治经济学概论》中对工商业主规避政府规制的非市场性行为进行了规范分析与实证研究。指出在政府规制实施的过程中，规制者（政府）希望从中获取额外收入，被规制者（工商业主）则渴望前者实施于己有利的排他性管制以获取超额利润。瓦尔拉斯对政府在生产与分配方面的作用进行系统分析，认为政府对经济的干预能够实现社会资源的优化配置，其研究对政府干预提供了理论支持。

综上所述，尽管古典经济学家支持自由放任的市场经济，反对政府干预，但对市场中的企业非市场性行为与政府对经济的干预已有了一定认识，开始触及DUP的部分研究领域，但还缺乏系统性。

三、新古典经济学对非生产性牟利行为的认识

新古典经济学家开始关注资源配置问题，马歇尔在其《经济学原理》（1890）第六篇中详细探讨了分配问题，其研究方法中运用局部静态均衡分析，研究了各经济变量间的互动，这一方法被称为局部静态均衡方法（用于研究单一商品的均衡），因其具有广泛的实用意义，多被后人使用。另一经济学家里昂·瓦尔拉斯将数学分析引入经济学研究，开创了一般

均衡理论（用于研究所有商品的均衡）。在这两大分析工具基础上，新古典经济学认为政府对经济的干预是导致垄断形成保持的重要原因。无政府干预时，市场将自动运转良好。即便存在垄断，由于垄断产生了超额利润，在超额利润的驱使下，越来越多的竞争者进入，竞争的加剧促使商品价格重新回落至或接近完全竞争水平，即市场存在“垄断的自行瓦解”。垄断存在只是短期现象，最终均衡将是完全竞争，此时若政府实施干预只能使情况更糟。

但斯拉法却对此产生质疑，在其《竞争条件下的收益规律》（1926）一文中，他认为如某行业存在边际成本递减，随着行业发展与企业规模扩大，必将产生某一企业领导整个行业或垄断局面。单一企业一旦拥有对该行业的实际控制力，出于利益驱动，必将采取措施维护其垄断地位，无论这一举措是否得到政府支持，新的竞争者也难以进入行业分享超额利润。因此，之前经济学家所认为的“垄断自行瓦解”的假设难以成立。在斯拉法基础上，张伯伦与罗宾逊（1933）试图构建包含垄断与竞争在内的完全竞争模型，并运用该模型证明在完全竞争条件下，垄断最终将被竞争所替代。

西方国家早在资本主义初期就出现了政府企业间的互动。20 世纪 30 年代的经济大萧条使凯恩斯的政府干预主义开始盛行，结束了古典经济学强调政府放任经济发展在国民经济中的主流地位，成为政府企业间联系的雏形。自凯恩斯革命以来，政府力量对经济干预的有效性，尤其是宏观经济方面已获得经济学界的认可，但政治因素作为非经济力量对企业经营仍体现在行为约束方面。70 年代后，伴随着非市场经济主体对市场活动的介入以及非经济性目标的凸显，政府与非政府组织对企业经营活动的影响逐渐加深，企业经营活动的影响因素日趋复杂，纯经济手段的有效性逐步受到质疑和挑战。同时规模经济增效已达极限，企业开始关注范围经济。在范围经济思想的指导下，企业开始跨行业经营，这使不同企业关联加强，这种背景下，企业从经济共存向政治共存发展，不同企业间为了共同利益结成联盟。国际化经营的发展使政治行为与经济行为相伴逐渐凸显。

二战后，为恢复经济，加快发展，各国政府开始有意识对经济进行干预，引导企业行为，政府企业间关系开始逐步受到重视。以美国为例，该阶段不少企业开始关注国会活动，积极对其进行游说。国会通过的法律多是兼顾包含企业在内的多方利益的均衡结果。企业试图影响政府决策的行为开始引起各方关注。进入 20 世纪后，美国企业迫于政府干预开始积极寻找影响政府决策的途径，这引起了管理学家的兴趣，因此从微观角度对公司非生产性牟利行为的研究获得发展。目前西方学术界对公司非生产性牟利行为的研究已经形成系统。公司非生产性牟利行为的研究可追溯至 19 世纪末的利益集团理论，引起学术界关注却是 20 世纪 70 年代。进入 90 年代后，不同学科的研究人员对公司非生产性牟利行为进行了深入的理论分析，使公司非生产性牟利行为的理论研究得到快速发展。

四、理论来源论述

公司非生产性牟利行为领域的研究体现出经济学、管理学、社会学和政治学相互交叉。

（一）政治学科视角

该领域中的利益集团理论能有效解释企业实施非生产性行为的动机。

早在 18 世纪政治学文献中就已有利益集团的概念，至 20 世纪中期后公共选择理论的成形，利益集团重新引起经济学家关注。政府对某事项的偏好产生不同的利益集团。存在目标差异的集团，为从决策者处获取更多的利益保护或避免竞争对手从中获取利益，主要以政治游说的方式积极参与政策制定过程，使利于自身的立法或政策通过。即政府政策的决策过程是一个多方行动者相互博弈最终达到均衡的一个过程。事实上，这种企业与政府间的委托与代理关系在各国普遍存在，利益集团通过向政府传递它所关心的问题以获取政策偏移。奥尔森和麦克林还对利益集团进行分类。奥尔森认为，利益集团分为三类：①特权集团，规模小，集团成员承担所有成本；②中级集团，集团成员实现有条件合作，承担部分成本；③潜在集团，成员不愿提供公共产品，但选择性刺激使潜在集团变为现实集团，消除“搭便车”行为。麦克林将利益集团分为生产者集团、消费者集团和利他主义集团。学术界普遍认为公共政策的形成过程是一个多个利益集团相互博弈，最终形成均衡的过程，而这恰与许多西方国家的政府决策形成过程相符。

（二）经济学科视角

经济学科的相关理论主要用来解释公司非生产性牟利行为的动机，但各有偏颇。包括集体行为理论、公共选择理论、交易成本理论与寻租理论等。

1. 集体行为理论

该理论对不同规模群体对公共产品采取不同行为的原因进行探讨。大规模群体由于难以避免成员的“搭便车”行为，因此其成员存在享受公共物品却不分担成本的情况，行动力较弱，而小规模群体由于能克服“搭便车”的问题，行动力较强，甚至愿意承担更多成本。不少学者利用这一理论解释了公司非生产性牟利行为是如何随环境变化而演变的。Ullman（1985）解释了公司非生产性牟利行为是如何随事物生命周期变化而发生改变的，生命周期早期的公司非生产性牟利行为倾向产生公共收益，后期的公司非生产性牟利行为则能够为企业谋取私利。他认为当企业处于规模小、集中度高的行业时，企业因采取政治行为，以获取后期的私人利益；但如企业处于规模大、竞争激烈的行业时，由于难以避免“搭便车”问题，则不宜积极采取政治行为，但在生命后期则可能积极参与政治活动以确保长期保持竞争优势或避免竞争对手获取竞争优势①。

2. 公共选择理论

公共选择学派是西方经济学中以经济学分析方法研究政治问题的一个重要理论流派，该理论始于20世纪中期，60余年的发展中有三位公共选择理论研究学者获得诺贝尔经济学奖（Arrow，Buchanan，Sen）。该

① Ullman A. The Impact of the Regulatory Life Cycle on Corporate Political Strategy [J]. *California Management Review*, 1985, 28 (1): 140-154.

理论以新古典经济学的基本假设、原理和方法作为分析工具，研究和描述政治市场上的主体行为和政治市场的运行。该理论将政治过程视为政府与官员出于自身利益的考虑进行的一种市场交换，基于“经济人”假设否定政府官员以公众利益为首要选择，认为企业以大量有偿服务换取于己有利的政府干预，而政府官员通过满足企业需求的政府规制换取企业的政治和经济支持。即公共选择理论的重点在于承认政府官员追求私利，通过构建有效的约束和激励机制引导官员的行为。一般情况下，政府制定政策时很难拥有完全信息，此时拥有相关信息的企业通过向政府提供企业偏好且政府所需的信息引导政府制定对企业有利的政策，当企业信息的获取和提供成本小于由政府决策中获利时，企业将积极参与政治活动，而其受益往往是以不参与政治活动的集团利益受损为代价①。Stigler 与 Pelzman 在规制经济学领域的研究也支持了这一假设。他们指出，无论是从政府决策过程中受益的或是承担政策成本的企业均将积极参与政治活动，前者为了谋取超额利润，后者则是为了降低企业承担的相关成本。

3. 交易成本理论

上述理论侧重于研究企业实施非生产性行为的动机，而该理论则分析企业参与非生产性活动的形式。交易成本经济学讨论的是当交易成本一定时，如何有效地进行资源配置。这一理论由 Coase 提出，后经 Williamson 系统化，交易成本理论认为企业在实施非生产性行为前应选择独立进行非生产性活动（即将此功能内部化）或者以联盟的形式实施非生产性行为（即将此功能外部化）。该理论还提供了判定公司非生产性牟利行为内部化或外部化的工具：频率与事项特殊性。当频率与事项特殊性均较高时，企业立场与行业立场不一致且较为频繁时，应将政治活动内部化，以联盟的形式实施非生产性行为，并投入所需的永久性内部要素。当频率与事项特殊性均较低时，企业应将非生产性活动外部化。但该模型并未给出公司非生产性牟利行为中通用的有效策略。

---

① Golberman，Steven，Richard Schwindt. Testing hypotheses about business-government relations：a study of the british Columbia forest products industry ［J］. in Lee E. Preston（ed.）*Research in Corporation Social Performance and Policy*，1985，(7)：103-136.

4. 寻租理论

哈伯格（1954）在《垄断与资源配置》这篇文章中对由垄断导致的社会成本进行分析，并提出了著名的“哈伯格三角”。通过垄断前后消费者剩余与生产者剩余的对比分析指出，在由竞争向垄断发展的过程中，消费者的部分剩余转移至生产者，但仍有部分剩余是消费者与生产者均未获得的，此部分损失为无谓损失。哈伯格还运用这一模型估算美国1924—1928年的垄断对73个制造业造成的社会福利损失，但其估算显示垄断对美国制造业产生的社会福利损失不足美国国民收入的千分之一。针对这一理论与实践相矛盾的现象，不少经济学家分别从数据或假设条件方面入手，试图修正垄断造成社会福利损失被严重低估的现象。斯蒂格勒（1956）认为哈伯格的计算假设有误，凯默申（1966）以制造业的面板数据进行测量，小沃塞得（1973）以厂商数据替代行业数据，但测算结果均不理想。

公共选择经济学从批评哈伯格的垄断导致的社会成本模型的缺陷入手，创立寻求垄断特权的寻租理论。寻租理论的思想萌发于戈登·塔洛克1967年的《关税、垄断和偷窃的福利成本》论文中，但首次提出寻租这一概念的是克鲁格的论文《寻租社会的政治经济学》。塔洛克在1967年的论文中首次引入经济人假设，修改了前人关于垄断外生，由政府无偿给予厂商的假设。塔洛克指出，出于逐利动机，当企业通过寻租所获取的利润超过同样的资源投入从生产活动中所获取的利润时，厂商将试图通过游说或其他方式借助政府获取垄断利润。因此只要垄断和关税可能存在，厂商将不断花费资源争夺这一垄断利润，由此导致寻租成本的产生，即“塔洛克方块”。这一结果导致社会福利损失不仅仅包括哈伯格三角，还应包括塔洛克方块。

如图1-1所示，供给曲线为AS，需求曲线为AD，初期市场完全竞争时，产品的均衡产量与价格分别为Q_2、P_2。由于某种原因，市场形成垄断，达到新均衡时产品的垄断产量与价格分别为Q_1、P_1。产量降低，价格升高。消费者剩余减少S_1+S_2，生产者剩余增加S_1，市场结构发生变化后社会福利净损失S_2。因此哈伯格认为垄断造成的社会无谓损失仅有S_2，即哈伯格三角形。但是这一估算的前提是假定垄断形成费用为零。

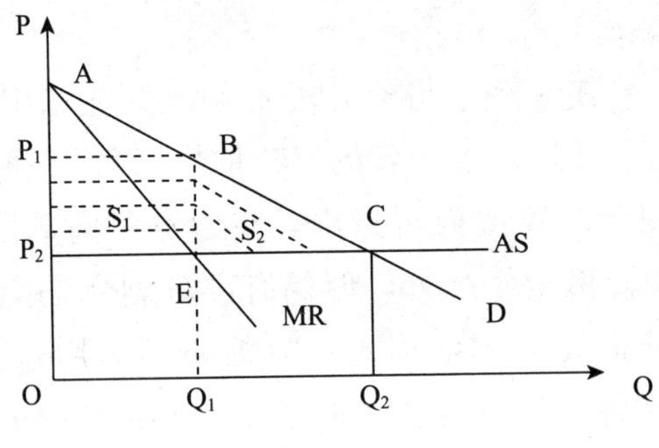

图 1-1　寻租成本

但实际上厂商为获取垄断地位需耗费大量资源，只要其投入成本小于成功后的垄断租金所得（即 S_1），厂商便是有利可图的，这一投入挤占了生产性资源，造成资源浪费，因此 S_1 也被认定为寻租成本，即塔洛克方块。

随着寻租理论国际贸易学派的发展，巴格瓦蒂指出，寻租可以通过合法手段或非法手段，但无论其法律属性如何，寻租活动本身将导致社会资源的浪费，即寻租活动对生产性的资源投入有挤出效应。由此产生的直接后果是市场机制扭曲、资源未能实现有效配置以及技术创新；间接后果是形成“避租”活动，加大资源的浪费，因此寻租是社会负和博弈。

（三）社会学科视角

社会学方面的理论来源主要有嵌入型理论、社会资本理论与庇护理论。

1.“嵌入性”理论

新古典经济学的缺陷之一就是忽略了现实经济中丰富的社会关系，将人际关系过于简化，忽略了社会结构对经济的影响。针对此，Granoetter（1985）阐述了“嵌入性”理论。将人视为嵌入具体、持续的社会关系中的行动者，同时假设建立在亲友或其他友好关系基础上的社会网络是经济关系和经济制度的基础。尽管其嵌入型理论仅涉及个人角度的微观层面，对更大的经济模式解释无力。Uzzi（1996）从中观层面上探讨“嵌入性”和网络结构对经济的影响。他认为作为一种交换逻辑，其独特性表现在行动者通过培育长期稳定的合作关系以获取未来收益。Uzzi 将

"嵌入性"作为企业获取融资的途径和成本的一个变量，探讨网络关系特征与链接结构对企业借贷绩效的影响。Fligstein（1996）对市场不同阶段中政治运作进行了考察，提出"市场即政治"。诸多行动者（如工人、工商业主等）与国家间的政治博弈形成了稳定市场的制度条件。其中，行动者为争夺控制权而进行的争夺赋予市场高度政治特征，因此市场制度的形成过程就是一个政治过程。其研究指出，一国政府不仅作为市场中各方的协调者，甚至会人为改变市场的竞争结构与博弈秩序。其中美国政府不仅干预市场活动，甚至是一些新兴市场的直接推动者。该结果对发达国家和发展中国家都是一个普遍存在的事实，即现实社会的经济是嵌入政治和国家干预的市场经济。

2. 社会资本理论

近年来越来越多的研究人员开始关注企业社会资本对企业战略的影响。社会资本最初由法国学者布迪厄提出，其代表作为《Distinction》，美国社会科学界首次使用社会资本这一称谓并进行深入论述的是科尔曼1988年的《作为人力资本发展条件的社会资本》一文。社会资本同物质资本、金融资本以及人力资本一样属于资本的一种，具有资本的基本属性，即：①资本是人们为了获取未来收益而投资的资源；②牺牲当前收益以获取未来收益，资本具有时间延续性；③资本作为一种资源存量，彼此间存在替代和挤出效应。在经济学领域中，我们更注重资本的第三种属性，比如在企业生产成本中劳动力资本与其他资本具有替代效应，不同要素组合形成不同生产曲线。

当社会环境中诸如权力、资金、知识、机会以及信息等资源在特定环境中成为稀缺资源时，行动者通过社会联系获取稀缺资源并从中获利的能力，我们称之为社会资本。社会联系通常包含两种，一种是个人作为社会某组织中的一员与该组织间的明确、稳定的联系，涉及成员资格问题，成员可通过该种联系从组织中获取稀缺资源。美国政治学者 Putnam（1995）针对美国二战后的研究指出，由于各自愿团体的参与人数减少，美国建立在该种"社会成员联系"基础上的社会资本下降。另一种是人际社会网络。进入人际网络无须正式团体认可，不涉及成员资格问题，由人们间的各种人际互动而产生和发展的。中国学者林南也有类似研究，林南（1982，1990）认为诸如权力、财富和声望等社会资源嵌入社会网络之中，缺乏上述资源的人可通过社会网络获取，对社会资源的有效利用是其实现目标的有效途径。

3. 庇护理论

庇护理论源于20世纪50年代的人类学研究。研究人员指出原始部落或小型农村社区中大量存在着地位较高者利用权力或资源保护地位较低者，后者以追随、服侍或尊重予以回报。庇护关系是一种初级、非对称的社会关系，只要资源稀缺和地位不平等，就可能形成庇护关系，是一种公开、互利的社会交换逻辑[①]。随着政治社会兴起，庇护关系由有限的、半制度化的双边关系发展为包含资源流动、权力关系和交换关系并使其合法化的社会安排。庇护者与被庇护者存在资源、权势和地位不平等的现象，地位较高的庇护者运用所拥有的资源保护地位较低的被庇护者，后者则向前者提供支持和帮助，庇护关系的形成与维持依赖双方合作的意愿与资源互补性。

“嵌入型”理论开始关注社会关系与结构对经济现象的影响，庇护理论则为政府企业间的关系提供了新的分析视角。但在社会学领域中研究人员普遍关注企业与外部利益相关者的关系，但社会学普遍缺乏对企业行为负面效应的分析。

（四）管理学视角

在管理学领域中，公司非生产性牟利行为的理论基础主要涉及资源依赖理论、交换理论、企业行为理论、制度理论与委托代理理论。

1. 资源依赖理论

该理论认为企业间资源的异质性使许多资源无法通过市场交易获取，社会资源与政治资源尤其如此。当企业无法拥有实现其目标所需的资源时，必对拥有该资源的特定组织产生依赖性。该理论从企业对于政府和其他利益相关者的依赖性解释公司非生产性牟利行为产生的原因，公司

① Eisenstadt, Roniger. Patron-client Relations as a Model of Structuring Social Exchange [J]. *Comparative Studies in Society and History*, 1980 (xxii): 42-77.

非生产性牟利行为能够有效帮助其控制环境风险，减少外部依赖以及提高资源运行能力。一个组织的核心资源依赖于另一组织时，被依赖组织的行为对依赖组织构成约束，而依赖关系的存在降低了组织行为选择的范围，使其稳定性受到威胁。因此该理论认为企业对政府依赖程度以及企业同相关利益者关系均影响企业实施政治行为的积极性。明显依赖于政府政策的企业应主动采取政治行为以获取竞争优势或降低对政府依赖导致的不确定性及对企业的负面影响。但并未讨论如何通过公司非生产性牟利行为能够降低企业对政府依赖程度。

2. 交换理论

交换理论与资源依赖理论密切相关，但两者也有不同之处。资源依赖理论侧重于企业对政府的依赖，基于依赖关系形成的资源转移最终满足的是优势方的利益，企业实施政治行为的目的在于降低对政府依赖。当企业能向政府或其官员提供其所需资源时，企业将因此获取更多资源获取能力或降低对政府的依赖程度。

而交换理论则强调企业与政府间的相互依赖。双方均拥有对方所需资源，需通过交换以实现自身需要，双方资源的转移能同时满足双方利益所需，企业实施政治行为不在于摆脱对政府依赖，而在于获得并积累源于政府授予的竞争优势，双方间的资源转移是以同时满足双方利益为目的。该理论较好地解释了当参与者存在能力差异时，能力较强的参与者更易形成竞争优势，当企业相对于政府的能力较强时，企业能够运用公司非生产性牟利行为形成竞争优势积累。

3. 企业行为理论

该理论作为企业决策理论一种，并未对积极进行非生产性行为的企业特征进行研究，但该领域的相关研究仍被学者运用于解释企业参与非生产性活动的动机。该理论认为组织资源影响组织集中度，组织集中度又对企业信息收集产生影响。组织集中度较低企业的管理者有较高管理判断能力和较好的信息收集能力。部分研究公司非生产性牟利行为的研究人员已注意到企业资源的重要性。他们认为企业实施非生产性行为的积极性源于其拥有资源的多寡，Hillman 和 Amy 认为企业拥有的资源与其实施政治行为间存在较高正相关性。其他研究成果也指出企业特征、历史和文化等外部环境也对公司非生产性牟利行为积极性造成影响。

4. 制度理论

该理论源于企业行为理论的发展。制度理论认为包括政治、文化在内的企业所处外部环境均为企业可运用的制度资源，公司非生产性牟利行为是其获取制度资源的方式之一。其对公司非生产性牟利行为研究的贡献在于：

(1) 解释不同企业间的非生产性行为存在差异的原因。政治资源是企业的竞争资源与制度资源，公司非生产性牟利行为是企业获得政治资源的有效手段之一，即当现存和潜在的制度无法满足企业需求时，企业通过利用自身政治资源，采取政治行为建立有利的制度环境，从而获取相应的竞争优势。制度理论认为公司非生产性牟利行为是将企业政治资源进行转化，以增加正式制度框架下竞争参与者的制度资源份额（或阻止份额减少）。

(2) 探讨企业基于自身与对手所拥有的政治资源进行政治策略选择的问题。Oberman 与 Williman 的研究指出，公司非生产性牟利行为是一种从政策制定者手中获取于己有利的政策沟通过程。与政策制定者有效的直接沟通要求企业拥有丰富的制度资源，缺乏制度资源的企业只能选择代理人进行间接沟通。与竞争对手相比，如果企业具有制度资源的相对优势，企业将与政府进行直接沟通或实施独立公司非生产性牟利行为，如企业不具备制度资源的相对优势，企业将采取间接沟通策略或与其他企业联合实施公司非生产性牟利行为。

制度理论不仅针对企业外部制度环境，还包括内部制度环境。研究指出，已经将政府企业间关联正式化的企业通常将公司非生产性牟利行为形成内部制度化，当企业面临困境时，无论是否有其他备选方案，管理者通常倾向于制度化解决。Brenner（1980）研究指出拥有专门处理政府事务机构或雇用拥有丰富处理政府企业间关系经验的管理人员的企业采取政治行为时更积极。

5. 委托代理理论

“委托—代理问题”是企业理论中的重要概念之一，指在企业所有权与经营权分离的背景下，企业经营者（代理人）为谋取私利不惜损害所有者（委托人）利益的行为。围绕此问题展开的一系列探讨，经济学家形成了“委托—代理”理论。该理论用委托方与代理方的代理关系来描述政府企业间的关系，政府企业间的关系对公司非生产性牟利行为产生直接影响。该理论对公司非生产性牟利行为主要贡献在于：

（1）将公司非生产性牟利行为视为产生代理方法之一。企业不能直接代替政府进行决策，而需要委托政府官员成为代理人，通过代理人影响政府决策。Keim 和 Baysinger（1993）指出代理人的数量是有限且固定的，同时每个代理人都拥有多个委托人，即公司非生产性牟利行为只是作为产生代理人方式的一种。

（2）将公司非生产性牟利行为理解为代理控制的方法。Getz 认为企业寻找代理人影响政府决策的原因在于企业与政府间的代理关系不明确，公司非生产性牟利行为的存在正是为了解决或减少代理关系不明确导致的问题。

（3）委托代理理论还对不同代理关系的效率进行了研究。Keim 和 Baysinger（1993）研究指出理想委托代理关系中，立法由多数立法者的委托人偏好决定。公司非生产性牟利行为实质上是企业试图改变立法者偏好的努力。个体委托人的行为实施效用取决于企业的市场地位与其政治偏好，单个企业策略实施成功的前提是企业拥有较高的市场地位与强烈的政治偏好。公司非生产性牟利行为的合理安排，可使立法者偏好企业目标，使企业获取政治优势。

资源依赖理论与交换理论均强调了企业对外部组织特殊资源的依赖，这种依赖对企业行为产生约束。因此企业需要采取政治行为降低外部环境的不确定性，并借此提高对关键资源的掌控能力，表达了一种企业从主动选择到操控外部资源的行为取向。制度理论强调企业实施政治行为的主要目的是从当权者手中获取合法性，这将使企业获取竞争优势。委托代理理论尤其适用于政府企业间的关系分析。当然多数情况下，需要借助多种理论对公司非生产性牟利行为进行有效分析。

五、DUP 概念的明确提出

最早对公司非生产性牟利行为领域进行研究的学者是 Epstein，其主要贡献在于将 1970 年后企业与政治组织关系的文献进行梳理，所查阅的文献也并未涉及公司非生产性牟利行为[①]。随后，Shaffer 运用利益集团理论、公共选择理论与组织理论对公司非生产性牟利行为动机进行解释，但其研究主要是为说明应将政治行为的研究与组织理论以及战略管理理论相结合[②]。Weibenbaum 则首次指出企业实施非生产性行为具有主动性。Mahon 将公司非生产性牟利行为的内涵扩展至企业与其他政治组织间的相互关系，甚至可能在政治组织的范围之外[③]。包括 Keim（1981）、Zeithaml（1986）、Mitnick（1993）等在内的部分学者则基于代理理论与公共选择理论将企业政治策略理解为组织与政府决策者间的代理关系。Baysinger 则将企业非生产性策略定义为企业为改善所处公共政策环境所做的努力[④]。Astley 与 Sachdeva（1984）认为公司非生产性牟利行为实质就是与政府相比，企业权利的获取、保持与使用的能力，而这种权利是指企业影响政府的能力，这一定义忽略了公司非生产性牟利行为的目的。Sethi 认为企业政治参与就是企业参与政府各项公共政策的制定与执行过程，尽管这一定义简单明了，但是内涵却包含太大，易与非商业行为混淆。Oberman（1993）将公司非生产性牟利行为定义为从政策决策者处获取有利政策的沟通过程，在 Hillman 与 Hitt（1999）之前，学术界常将企业政治战略、企业政治战术以及公司非生产性牟利行为混淆，但由于其分类未被各学派普遍接受，因此西方学术界对企业政治战略、政治策略与政治行为等相关概念尚无统一定义，目前学术界仍将政治战术与政治行为等同使用。

---

① Epstein，Edwin M. Business Political Activity：Research Approaches and Analytical Issues [J]. in Lee E. Preston (ed.)，*Research in Corporation Social Performance and Policy*，1980 (2)：1- 55.

② Shaffer，Brian. Firm- Level Responses to Government Regulation：Theoretical and Research approaches. [J]. *Journal of Management*，1995 (3)：495- 514.

③ Mahon J. F. Corporate Political Streatgy [J]. *Business in the Comtemporary Word*，1982 (1)：50-62.

④ Baysinger，Barry D. Domain Maintenance as an Objective of Business Political Activity：An Expanded Typology [J]. *Academy of Management Review*，1984 (9)：248-258.

六、DUP 理论在中国的研究与应用

西方学术界关于 DUP 拥有较为丰富的研究成果。尽管这些成果对中国 DUP 的研究有一定的指导和参考意义，但由于中国社会与西方国家存在明显的制度性和文化差异，且中国正处于经济转型时期，因此中国政府企业间的关系一方面某种程度上延续着计划经济体制下的政府企业间合一的模式，另一方面也存在市场经济改革过程中政府企业间分开的特点。西方国家经济处于市场经济为主、政府干预为辅的状态，而中国经济中政府干预仍广泛存在，因此 DUP 理论在中国的研究与应用有其独特性：一是各级政府对企业外部环境的影响远远多于西方成熟的市场经济国家，如中国社会与经济的平稳且快速的发展就得益于政府对经济强大的规划与干预力；二是与西方企业相比，中国企业界普遍地存在通过处理政府企业间的关系为企业谋求利益。

（一）DUP 理论研究

中国学术界对公司非生产性牟利行为的理论研究不仅滞后于西方国家，也滞后于本国公司非生产性牟利行为实践。且多数研究集中于诸如政府企业间的分离、行政干预等政治体制改革方面。改革开放初期，刚进入中国的西方跨国公司由于对中国社会特征与商业规则的不熟悉遭受巨大损失，西方学者针对此进行研究，普遍从“关系”角度入手，将中国公司非生产性牟利行为归属为中国历史悠久且微妙的关系问题，认为“关系”是根植于儒家文化、中国特有的一种社会现象。Xin 与 Pearce（1996）研究指出企业经理通过“关系”建立与政府官员间的信任，以降低制度环境的不确定性。Pearce Ⅱ与 Robinson（2000）认为中国企业与政党或行政领导的关系对工商业的成功有关键作用。但由于中国在文化、政治体制与经济体制方面与西方国家相差较大，因此部分西方企业普遍存在的政治行为在中国鲜见，难以用西方公司非生产性牟利行为理论对中国公司非生产性牟利行为进行有效解释与分析。

吴敬琏（1988）的《“寻租”理论与中国经济中的某些消极现象》引

发了国内学者开始关注政府企业间寻租理论的研究。张维迎（2001）《企业寻求政府支持的收益、成本分析》实质上开始了对中国公司非生产性牟利行为成本—收益分析。部分学者对西方的相关研究进行综述，并在此基础上对中国公司非生产性牟利行为进行研究。卫武、田志龙与刘晶（2004）指出政府已成为企业获取竞争优势或有利环境的社会组织，企业政治的成功与市场上的成功同样重要①。田志龙、孔旭升、温凉（2006）认为企业高层意识对公司非生产性牟利行为及其实施效果影响最大，但由于其缺乏制度性，难以形成持久效果②。朱鸿伟（2006）指出只要政府存在人为制造“短缺”，只要获得某种权力的机会不均衡，跨国公司的政治行为就将存在③。

与西方学术界相比，中国研究方法较少，对公司非生产性牟利行为影响因素主要停留在宏观层面上，对企业性质区分度不高，具体公司非生产性牟利行为的原因与绩效还有待进一步研究证实。DUP 理论被用作解释中国市场改革与经济转型过程中政府企业间的互动，研究者多将公司非生产性牟利行为盛行归因于政府对市场干预形成垄断租金。

（二）DUP 现象解释

企业在与政府打交道的过程中能够谋求两方面利益：一是通过加深政府企业间的相互了解，使对企业外部环境产生影响的法规与政策偏向于企业；二是提高政府服务功能与资源的利用效率，提高企业的竞争力。伴随中国经济改革的不断深入，公司非生产性牟利行为逐步受到学术界的关注（王叶敏，2008），国内学术界已经意识到政府对公司非生产性牟利行为有着非常重要的作用（胡子岚、彭倩，2011），卫武、李克克（2009）也指出由于中国政府对经济的干预力度和范围要比市场经济国家大得多，因此公司非生产性牟利行为在中国是普遍存在的现象，企业家

---

① 卫武，田志龙，刘晶．我国企业经营活动中的政治关联性研究［J］．中国工业经济，2004（4）．

② 田志龙，孔旭升，温凉．东湖高新区企业政治策略与行为研究［J］．当代经济，2006（10）．

③ 朱鸿伟．跨国公司政治行为的经济学分析［J］．暨南学报（哲学社会科学版），2006（1）．

花费大量精力经营政府企业间的关系以获取于己有利的政治环境。企业实施非生产性行为的根本原因在于政府对于经济强大的控制力。但在中国依然普遍存在将公司非生产性牟利行为狭隘地局限于企业非正当政治行为，甚至将其简单等价于腐败，认定是浪费社会资源、影响公平竞争的活动。

万建华（1998）基于利益相关者的角度介绍了企业影响政府决策的行为与方法；龙竹（2000）对企业参与的政企互动进行分析，瞿长福（1999，2000）与刘海藩（1999）对中国企业家的政治导向进行研究；张维迎（2001）指出企业家需花费大量的时间应付政府官员，其中民营企业花费的时间比国企要多。刘洪军（2002）与周其仁（2003）分析了企业家对制度创新的作用；徐小凤（2003）从委托代理角度探讨了人大代表对政府决策影响。田志龙、高勇强与卫武（2003）利用西方相关理论结合中国政治环境，通过访谈等手段对中国企业进行实地调查，总结中国公司非生产性牟利行为的类型，并对其所处的环境进行解读。高勇强与田志龙（2004）对中国的企业家参政这一现象进行了研究，将政府引入传统的五力模型，认为政治环境仅对企业的政治行为产生直接影响，中国企业独特的政治策略与行为与中国的政治体制以及经济背景有关。王叶敏（2008）就政府环境对公司非生产性牟利行为的影响进行分析，提出政府环境对公司非生产性牟利行为产生复杂影响。在中国经济转型过程中，公司非生产性牟利行为表现出一定的不正当性，即企业通过非法或非道德的政治行为获取商业利益。高勇强、陈磊与李根（2008）通过调查问卷的形式，经过因子分析，指出经济利益、竞争对手的非正当政治行为与处罚力度是引发公司非生产性牟利行为的重要原因。

随着中国民主化、法制化与政治利益多元化进程发展，企业对政府决策层尤其是当地政府决策影响程度越来越深。从决策制定过程来看，政府决策者制定政策的过程实质是一个政府相关部门与社会各方利益集团互动沟通的过程。越来越多的企业已不再被动地等待政策出台并受其约束，而是早在政策制定过程中甚至制定前就通过各种手段主动对政府实施影响，为本企业创造一个有利的外部环境。

（三）DUP 制度设计

国内早期关于 DUP 制度设计方面的研究多集中于为政府定位提供对策的政策建议性研究、政治体制改革角度的政府企业间的关系、政府企业间的分离以及政府干预等（田志龙，1997；吴邦国，2000；苏明吾，2000）。田志龙（1999）从公司治理的角度对规范企业高层行为的体制进行研究；田志龙、高勇强与卫武（2003）将企业纳入分析框架，将企业实施政治行为过程划分为资格入围与实际操作两阶段，利用相对收益的概念构建出两企业实施政治行为的竞争模型，首次将谋取垄断特权的公司非生产性牟利行为引入动态分析。高勇强与田志龙（2004）通过问卷调查的方式对中国公司非生产性牟利行为的规范性问题进行研究，但只提出原则性对策。卫武、田志龙与高海涛（2004）设计了企业政治绩效评价系统的模型。王亮和赵定涛（2006）以政府企业间相互依赖的关系为基础，探讨政府管制对企业的影响，认为企业应合理实施政治行为①。田志龙与高海涛（2006）认为企业游说并非是邪恶的，而是一种对社会负责的行为。高勇强与陈磊（2008）指出应通过加快法律制度建设、加大执法力度、倡导企业自律与转变政府职能等方面综合治理企业不当的政治行为②。孔小伟与王叶敏（2009）认为中国企业的政治行为应通过纳入经济管理战略、细化分类、丰富路径以及行为主体联合起来进行管理。高勇强、陈磊与李根（2008）通过调查问卷的形式探讨了中国企业非正当政治行为的动因，从稳步推进经济政治改革、尽早打击企业非正当政治行为与加大对其处罚力度等几方面对控制非正当政治行为提出政策建议。

涉及跨国非生产性牟利行为的规范性方面，多以跨国公司对东道国政府的政治行为为研究对象提出规范跨国公司在国内的政治行为。杨龙和吴光芸（2006）在讨论引发跨国公司 DUP 的动机基础上，从新制度经济学的角度，认为中国政府应该维持稳定政治环境、减少政府设租的机

① 王亮，赵定涛．企业—政府互动依赖关系与公司非生产性牟利行为［J］．公共管理学报，2006（3）．

② 高勇强，陈磊．企业不当政治行为治理：美国的经验与启示［J］．软科学，2008（6）．

会与规范政府行为方面减少跨国公司 DUP 的机会。赵平（2012）就跨国公司对东道国政府的非生产性行为的动机、方式及其影响进行研究，指出东道国政府应从正确评估跨国非生产性牟利行为、构建交流平台，引导其适度参与政治以及加快法治建设等方面应对跨国非生产性牟利行为。部分学者通过借鉴东道国非生产性牟利行为的经验或研究中国跨国公司对外的政治行为研究以规范中国跨国非生产性牟利行为。吴华山（2004）与魏家福（2005）均强调中国企业在走向国际市场时应加大对当地政府的公关力度，李岚（2009）以美国菲利普·莫里斯公司的针对政府实施更为严苛的烟草法令采取的一系列政治行为为分析对象，认为中国跨国公司应该积极实施政治行为，抛弃将政治行为等同于“腐败”的偏见以及与东道国政府有实质影响的人或机构建立长期稳定的关系等措施规范实施非生产性行为。

七、主要代表理论对 DUP 理论发展的简要评价

（一）各理论对 DUP 理论的贡献

通过上述分析，可以看到 DUP 理论是在众多学科的交叉领域发展而来，由于各学科侧重点不同，对 DUP 的研究也颇有差异。

政治学领域的相关研究集中于企业权力的来源与绩效以及政治过程中企业所处角色的转变。其中的利益集团理论能有效解释企业实施 DUP 的动机，这一理论使人们开始关注公共政策制定领域中利益集团的行为与影响，并且这一分析思路与西方诸多国家政府的决策形成的实际状况相符。

经济学科的相关理论主要是从各自不同的角度对企业 DUP 的动机解释。集体行为理论解释了企业在外部环境变化时应何时采取政治行为。公共选择理论是以经济学分析方法研究政治问题的一个重要理论学派，对 DUP 理论有着深远影响，甚至包括后文中要提高政府针对企业行为实施的规制理论也有所涉及。该理论的重要贡献在于否定了传统理论中政府进行经济决策时是以公众利益为首要的假设，承认了政府关于基于“经济人”的理性要求将利用其手中对政策干预的权力谋取私利，将政府

企业间的政治运作过程视为一个类似于经济市场的可交易的政治市场，为企业与政府进行制度交易提供理论基础。交易成本论则从成本—收益的角度研究了企业如何判定是应独立实施 DUP 还是与其他企业联合实施 DUP，抑或采取混合策略，但是并未指出通用的有效策略。寻租理论由于其研究的寻租行为与 DUP 无论是行为本质、实施动机抑或实施形式上均存在相重合的领域，因此不少研究者对两者的研究进行相互借鉴。

社会学科的相关理论填补了新古典经济学对社会关系的忽略，开始研究社会结构对企业行为的影响。嵌入性理论假设社会网络是经济关系与制度的基础，重要贡献在于指出了一个普遍存在的事实，即现实社会的经济是嵌入政治和国家干预的市场经济。庇护理论则源于人类学的研究，认为公司非生产性牟利行为的实质是一种公开交换、互利的社会交换逻辑，为政府企业间的关系提供了新的分析视角。但相关研究普遍关注企业与外部利益相关者的关系，缺乏对非生产性行为对企业负效应的分析。

管理学领域对公司非生产性牟利行为的研究发展相对完善，着重考虑政府规制对企业外部环境的影响以及企业处于应对这种变化而对政治过程所做的努力，即管理学侧重从战略的角度分析公司非生产性牟利行为的动机、影响因素与绩效，因此不少学者出于企业战略管理的角度对公司非生产性牟利行为进行研究。资源依赖理论认为企业实施 DUP，保持对政府的依赖主要是源于其对政府所拥有干预市场能力的依赖，其对政府的依赖程度以及同相关利益者的关系均能对其实施非生产性行为的积极性产生影响，但该理论缺乏如何使企业降低对政府的依赖程度。交换理论认为政府企业间相互依赖，企业实施 DUP 是为了获得并积累源于政府授予的竞争优势，同时满足双方利益，该理论较好地解释了能力较强的参与者更易形成竞争优势的积累。企业行为理论是属于企业决策理论范畴，但其中的相关领域研究仍被学者用于解释企业实施 DUP 的动机。制度理论认为 DUP 是企业获取制度资源的方式之一，其对 DUP 研究的贡献在于解释了不同企业间 DUP 差异的原因，以及探讨了企业如何在其拥有政治资源的基础上进行策略选择的问题。委托代理理论从代理关系的角度描述政府企业间的关系，主要贡献在于将 DUP 视为产生代理人与明确政府企业间代理关系的方法之一，并且对不同代理关系效率进行研究。

这些理论均认同企业参与政治活动的最终目的是为了实现自身的生存与发展，多数情况下，需借助多种理论对公司非生产性牟利行为进行综合分析。

（二）DUP 理论的进一步拓展

各理论由于学科侧重点不同，因此对 DUP 理论的不同领域的促进效果不一，存在许多不完善之处。

第一，争议最明显的区域是其概念的明晰化。各学派对于公司非生产性牟利行为的具体定义尚未统一，且各学派内部对与公司非生产性牟利行为相关的概念也并未划分明确，存在不少名称不同，但实质内容相同的概念，这导致各学科间以及学科内部难以形成统一、明晰的概念。应用更符合经济学范式的效用函数对 DUP 进行定义，使其概念更加严谨。

第二，前期的众多研究认为公司非生产性牟利行为直接导致市场扭曲、资源浪费以及社会福利下降。但当初期是扭曲时，公司非生产性牟利行为造成的另一种扭曲重叠之后并不一定造成社会福利的损失，可能降低了社会福利亏损。如中国改革开放后，公司非生产性牟利行为迅速发展并未导致经济倒退。因此公司非生产性牟利行为对社会总福利的影响不能一概而论。

第三，公司非生产性牟利行为将市场行为主体（企业）引入政治市场的分析框架中。此前不少经济学均将政策理解为外生变量，不受经济主体的影响。可实际上，越来越多的经济主体开始干预政治市场的运行，甚至与政府进行制度交易，因此将经济主体纳入政策内生的分析框架是不可避免的趋势。

（三）DUP 理论的不足

虽然 DUP 理论在公司非生产性牟利行为领域产生了许多重要而具有开创性的成果，但纵观近几十年来的中外文献，笔者认为这一领域的研究尚处于起步阶段，还有很大的空白领域需要开拓。目前 DUP 理论及其应用还存在以下几点不足。

第一，无论是中西方学术界关于公司非生产性牟利行为理论的研究均明显滞后于公司非生产性牟利行为的实践。在 DUP 理论提出前，公司非生产性牟利行为实践就已普遍存在，DUP 理论受到学术界关注的主要原因在于其给企业带来了明显的经济绩效，且难以被企业经济行为所替代。但由于其发展不足，公司非生产性牟利行为理论缺乏统一的体系。尤其在中国存在“政治是肮脏”的观点，导致中国对公司非生产性牟利行为的理论研究与现实存在明显差距。

第二，现有研究尝试将政府、本国利益集团或国外利益集团两两进行分析，但少有将其三方均纳入统一框架内进行分析，以剖析政府、东道国利益集团与国外利益集团之间相互作用，并且对不同利益集团规模对政治行为产生的福利分配也少有讨论。

第三，尽管部分学者对公司非生产性牟利行为的规范性进行了讨论，对社会依然普遍存在非生产性行为“不好”的观点，这一观点的普遍存在也同不少企业实施的非生产性存在法律性问题或道德性问题相关。而中西方对公司非生产性牟利行为的规范性研究中或以案例为基础注重微观性，或只泛泛而谈，缺乏对公司非生产性牟利行为的实际指导性与政治环境通用性的统一。

第四，综上所述，DUP 理论发展至今，尽管各学科均有涉及，但由于发展历程较短，依旧缺乏完整的理论体系。因此本书试图对现有理论进行梳理，以跨国公司为行为主体，重点研究跨国公司实施 DUP 的动因、效应与东道国对其规制的问题，并尝试借助计量经济学模型检验跨国公司 DUP 与东道国规制间的互动，以此提出规范中国跨国非生产性牟利行为的制度性建议。

第二节　政府规制理论发展历程

西方市场经济经历了较长时间的发展，但贯穿其中的经济思潮无非是经济自由主义与国家干预主义。前者强调市场机制的作用，反对国家干预经济；后者则强调市场机制的缺陷，主张国家干预经济生活。

自中世纪到19世纪，西方各国主要奉行的是重商主义国家干预理论，此后至20世纪资本主义大萧条之前，西方主要国家又多是实行经济自由主义。20世纪30年代后由于经济大萧条与国家垄断资本主义的发展，凯恩斯的国家干预理论又成为各国政府干预经济的理论依据，这一现状一直持续至70年代。西方国家陆续出现“滞涨”的局面，面对凯恩斯主义的无力，新经济自由主义成为当时西方各国制定政策的重要参考依据。90年代后西方各国经济新一轮衰退引发国家干预理论复兴。因此西方经济发展史上经济自由主义与国家干预主义相互交替、此消彼长。时至今日，两者已开始出现日益融合的趋势，越来越多的国家开始将两种理论中利于本国经济发展的政策主张进行综合利用。

一、早期经济思想对政府规制的认识

主张政府对市场经济的干预产生于重商主义，其核心思想是国家对经济的干预是保证财富增长的重要手段，通过国家干预促使国外货币大量流入本国，限制本国货币的流出。重商主义主要通过实施贸易保护主义以保证一国的贸易顺差，因此是一种原始的国家干预主义。18世纪中后期，西方资本主义国家相继进入自由竞争时期，各国政府多实行自由放任的经济政策，其理论依据是经济自由主义，重要的代表人物有亚当·斯密、萨伊与马歇尔。19世纪末，马歇尔将当时的经济学中的供求论、生产费用论、节欲论以及边际效用价值论等主流理论进行融合，形成了以边际效用为基础的“这种的理论体系”，该体系中的“外部效应”思想与其弟子庇古对这一思想的深化奠定了“市场失灵”的研究基础。

二、西方政府规制经济学理论述评

当代西方规制理论是从国家干预理论中演变而来。20世纪70年代前，仅有少数经济学家进行规制经济学的研究，且成果较为零散。1970年A. E. Kahn《规制经济学：原理与制度》的出版标志着规制经济学的诞生。

70 年代后美国国内由于垄断行业与消费者利益矛盾加剧，使得学术界重新对其进行关注。同期，《法经济学杂志》与《贝尔经济学杂志》相继发表了多篇该领域的论文，使规制经济学成为产业组织理论的分支之一。

（一）规制公共利益理论

19 世纪末，西方各资本主义国家陆续进入垄断资本主义阶段，规制公共利益理论以市场失灵与福利经济学为基础，为规制提供了经济上的合理性。该理论认为，当存在诸如垄断、信息不对称或外部性等市场失灵的情况下，政府作为公共利益的代表，能够通过向消极外部性征税或向积极外部性补贴的方式优化资源配置，提高社会福利。它强调政府是“仁慈的政府”，规制实施的目的是实现社会福利最大化。但后续许多研究指出该理论存在明显缺陷：①斯蒂格勒（Stigler）与弗瑞兰德（Friedland）1962 年的研究指出规制对价格的抑制作用十分微小，这与该理论认为的规制对价格具有明显的抑制作用相矛盾；②波斯纳（Psoner）1974 年的研究指出外部性或垄断性市场结构并不必然导致规制；③阿顿（Utton）1986 年研究指出并非所有规制都是出于纠正市场失灵的目的，政府实施规制还可能考虑许多其他的微观经济因素。

（二）公共选择理论

该理论属于经济学与政治学的交叉学科，与传统经济学“仁慈政府”的假设不同，公共选择理论将“经济人”的假设推广至政治学领域，认为人参与政治活动的目的是为了实现自我利益的最大化，其行为取决于投入产出的分析。该理论认为政府官员具有自利本性，倾向于实现自身利益最大化的选择，因此政府官员在规制的决策中可能为实现自身私利而设租，从而产生被管制者寻租的行为。按照该理论，参与者能够通过政治市场对规制进行交易，规制产生过程的本质是制度交易的过程，其参与者的行为以成本—收益的分析为基础。

（三）利益集团理论

利益集团理论延续了公共选择理论中关于政府“经济人”的假设，

认为规制实施的目标是政府本身的福利最大化，而非社会福利最大化。其将规制置于制度供求框架下进行分析，认为其是内生变量，重视利益集团对公共政策的作用，在此基础上形成了规制俘虏理论与规制经济理论两个分支。

规制俘虏理论是早期的利益集团理论，由乔丹（Jordan）正式提出，以施蒂格勒（Stigler）为代表。经验数据表明规制的发展多利于生产者的利益，因此学术界提出了规制俘虏理论。该理论认为立法机关与政府部门并非代表一般公众利益，而是代表某一特殊利益集团利益，具有实力的利益集团对决策者实施寻租活动，双方共同分享由规制形成的垄断利润，规制成为被规制者获取利润的一种工具。即便由此产生一定的社会福利，也并非规制制定与实施的初衷。这一理论对特定行业中规制总是利于其发展的现象进行了有力的解释，但却没有解释产业利益集团是如何“俘获”规制的，并且对于现实中大量存在的许多规制并不被所涉及产业支持解释无力。

综合规制的理论分析与实践，学术界提出了规制经济理论。该理论将政治行为纳入经济学分析框架中，利益集团通过向决策者提供其所需的支持换取对规制的影响。美国经济学家乔治·施蒂格勒 1971 年《经济规制理论》一文的发表，标志该理论的诞生。该理论较好地解释了为什么是生产者利益集团俘虏了规制，而非消费者或其他利益集团。佩尔兹曼（Peltzman，1976）在其基础上提出规制者并非仅对某一利益主体服务，规制者的服务对象根据产业性质有所不同，其在竞争性产业中为生产者利益集团服务，在垄断型产业中为消费者利益集团服务。贝克尔（1983）的政治均衡模型从被规制者入手，分析了包含多个利益集团的政治均衡，提出利益集团为获取有利规制将彼此竞争。麦克切斯尼（McChesney，1987）的抽租模型认为政治家不仅能够创造租金，还能通过威胁消灭私人租金的方式进行抽租，强调政治家在设租与抽租中的主动性，弥补了规制经济理论对于供给方关注的空白。埃利格（Ellig，1991）在贝克尔模型的基础上，将规制变迁作为经济系统内生变量处理，提出动态的政治均衡模型，得出规制变迁将沿无谓损失最小化的路径进行。该理论在西方规制理论中占有重要地位，它将经济人假设、供求最大化、无差异曲线等经济学概念运用于规制分析中，被主流经济学所接纳，能够解释实践中的实施规则与放松规制的原因。

（四）激励性规制理论

该理论诞生于20世纪90年代，以拉丰（Laffont）与蒂若尔（Tirole）的《政府采购与规制中的激励理论》一书的出版为标志，西方规制经济学吸收了诸如博弈论、信息经济学等微观经济学的前沿理论与分析方法后形成了激励性规制理论，也被称为新规制经济学，该理论侧重于规制结构的设计。其对传统规制理论的突破表现在两个方面：一个是以信息不对称为前提，将交易成本引入规制决策程序中；另一个是在传统的包含规制者与被规制者的两层结构的基础上加入国会，使其成为三层结构。在前者的基础上发展出了公共利益范式下的激励性规制理论，在后者的基础上发展出了利益集团范式下的激励性规制理论。

公共利益范式下的激励性规制理论坚持了政府追求社会福利最大化的假设，认为规制者同被规制者间是委托代理关系，由于信息不对称存在的道德风险与逆向选择的问题，规制的实质是设计一个引导被规制者行为与规制者利益相符的激励性契约。尽管理论上如果政府能够掌握每个厂商的详细信息，就能据此制定出完全契约，实现社会福利的最优。但由于现实中政府难以获取足够的信息，因此只能通过激励机制的设计，以向规制者出让信息租金的方式诱导规制者自己说实话，因此据此设计出来的规制只能实现次优。但由于该理论一系列严格的假设降低了其普适性。

利益集团范式下的激励性规制理论从规制的供求方面着手进行分析。Laffont建立了一个包括国会、规制者与被规制者的三层结构模型，假定国会是追求社会福利最大化，但规制者却存在与规制者合谋的可能。Boyer在其模型假设中，将国会中的政治家也视为“经济人”，存在与利益集团合谋的可能。该理论认为利益集团要影响政府决策的条件是：①政府决策影响了利益集团的利益；②利益集团有能力影响政府决策；③规制影响的利益集团利益不小于其俘虏规制机构的成本。

（五）规制公共实施理论

该理论以施莱佛为代表，该理论认为政府既非追求社会福利最大化的“仁慈政府”，也非利益集团的“俘虏者”，而是中性的。能够有效控制市场制度的制度是根据实际情况动态变化的。公共实施的能力根据制度安排产生的社会成本在无序与专制间分布，而交易费用则是非法者破坏公共实施的能力。该理论作为一种新的规制理论坚持内生博弈观，既包容了对公共利益理论的批判，也在一定程度上承认政府干预，为理解政府规制提供了新的启示与思路。但也存在明显缺陷，一是忽略了公共强制力的存在，二是仍未超出契约理论与俘虏理论的范围。

三、国内政府规制经济学理论述评

中国对政府规制的研究是从 20 世纪 90 年代介绍与引进西方政府规制理论开始，其实践研究尚处于起步阶段。最早引进并翻译的西方政府规制经济学的著作是潘振民翻译斯蒂格勒的《产业组织和政府规制》（1989），随后是朱绍文翻译植草益的《微观规制经济学》（1992），此外，余晖等译史普博《管制与市场》（1999），于立等译 J·卡布尔的《产业经济学前沿问题》（2000），陈甬军等译 W·维斯库斯的《反垄断与管制经济学》（2003）等。同时也有部分学者对政府规制理论进行研究。余晖（1997）出版《政府与企业：从宏观管理到微观管制》对中国规制进行探讨，吕福新（1998）对转轨时期的政府规制进行分析，张昕竹（2000）在其著作《网络产业：规制与竞争理论》中探讨并研究了网络产业的政府规制，王俊豪（1998，1999，2000）在多本著作中对中英两国的自然垄断产业领域的政府规制与体制改革问题进行了专题分析，陈富良（2001）对政府角色定位进行讨论，并探讨与社会主义体制相适应的政府规制模式，李郁芬（2003）对中国转轨时期的政府规制问题进行系统研究。整体而言国内对政府规制研究主要存在以下问题：①侧重引进与介绍西方政府规制经济学理论及其变迁，对中国政府规制理论的研究缺乏系统性；②侧重研究具体产业的政府规制，对普遍性的规制缺乏系统；

③侧重于经济性规制的研究，对社会性规制研究较为薄弱；④更多地从政府角度研究规制，对从企业或政府企业间互动的角度研究政府规制较少。

四、政府规制概念的明确

规制英文为“regulation”，其中文翻译源于日语，中国研究学者一般通用管制、监管与规制这几个概念。近年来，伴随学者对政府规制的关注与研究，政府规制出现了泛化现象。在经济学领域，政府实施的干预与行为均成了政府规制（曾国安，2004）；在法学领域，几乎所有的经济法与市场规则均代表了政府规制（于雷，2003）。这种概念泛化现象已超出了政府规制的实践范围，导致了对政府规制概念的误解。

对于规制的概念，各学者均有不同的看法。以 Stigler 为代表的利益集团理论注重规制的实证研究方法，以 Laffont 与 Tirole 为代表的激励性规制理论善于通过数学模型对其进行分析。尽管他们对规制领域的研究取得了重要的成就，但其研究成果侧重于规制的实践价值与操作。Stigler（1971）认为规制是国家根据产业所需，为维护其利益设计并操作的一种强制权力的运用。Mitnick（1980）指出规制主要是从公共利益角度出发，针对私人行为的行政政策。Selznick（1985）将规制定义为公共机构针对能够影响社会的重要活动实施的持续、集中的一种控制行为。Kahn（1988）认为政府规制是指包括价格决定、进入控制、服务质量在内的，政府针对产业结构与经济绩效的一系列规定。布雷耶尔（1996）则强调规制的法律基础是由多种法规组成，这些法规允许政府明确公司的服务权利。

中国的经济学家多引用植草益（1992）定义规制的概念，或在前者基础上继续发展。余晖（1997）认为规制是指政府机构处于治理市场失灵的需要，依据法律，以大量的规章制度为手段，对以企业为主的经济活动主体不公平的市场行为直接干预。于立（2001）指出规制是政府对私人经济活动的直接干预的行政手段。王俊豪（2007）认为规制是具有法律地位的规制机构依照法规对以企业为主的被规制者实施的一系列管理与监督的行为。该定义未能有效区别政府规制与其他行政管理，容易导致理解误区。谢地（2003）强调政府实施规制的目的是为实现公共政策目标。陈富良（2001）认为政府规制是指政府部门或社会公共机构依据法律和法规，通过合法手段，对企业产生外部性的活动施加影响的行为。但该定义未能充分阐明政府规制的本质。

考虑到规制的产生与发展历史，规制就其本质而言是一种政府管理行为，同时应该考虑到政府规制是在当时的制度背景下针对特定的企业或产业采取的有限理性的管理活动，因此政府规制的概念应该明确政府实施该种管理行为的目的、方法与对象，将其与其他政府行为和法律行为区分开。因此对于政府规制的理解应该抓住以下几点：①政府规制实施的基础应该是市场经济；②尽管在规制实施的过程中可能存在某种程度上被规制者俘获规制者的情况，但政府等公共机构作为规制者依然处于规制的上位；③规制制定与实施的根本目的是保护公共利益；④规制主要针对特定的产业或经济领域中的组织或经济行为。

五、主要代表理论对政府规制理论发展的评价

西方规制理论的发展与规制实践紧密联系。在规制实施初期曾获得成功，但由于其随后带来的无效率，20 世纪 70 年代各国政府开始放松规制。为应对规制放松带来的负面效应，各国政府又于 80 年代后开始实施激励性规制。与之相对应，每一阶段的规制理论都带有明显的实践痕迹，在实践与理论间相互推进发展。

公共选择理论与利益集团理论关注政府实施规制的动机，打破了正统经济学中关于“仁慈政府”的假设，从“经济人”的角度解释了政府设租导致寻租行为产生的原因。在跨国并购的规制中，东道国政府的“经济人”特性成为跨国公司 DUP 的现实诱因，在设租与寻租领域该理论对现实更具解释力。

利益集团规制理论使规制经济学更接近现实，因而具有更好的解释力，但该理论对利益集团、立法者与规制者间的关系假定仍与现实存在一定差距，同时也没有对不同制度差异对规制效率的影响进行讨论。规

制俘虏理论更符合规制的经验观察，但这也恰是该理论的缺陷，即缺乏理论基础。同时该理论也仅能解释现实中的部分规制现象，对同一机构对利益相矛盾的产业的规制，以及价差补贴的现象等均缺乏有力解释，但需要肯定的是，该理论为科学制定与实施政府规制敲响了警钟。

激励性规制理论开始关注规制的实施形式并开始探讨信息不对称情况下激励机制的选择，增强了规制理论对实践的指导意义。该理论突破了传统理论的假设，对传统规制经济学起到一定的修补作用，使其融入主流经济学中，为人们认清规制内涵与更加合理地运用规制提供了更有效的发展空间。

规制公共实施论则将政府设定为中性，对转型经济体有一定的指导意义。其理论变迁也表现出规制理论由脱离实际向现实贴近的发展。

公共选择理论将规制视为外生变量；利益集团理论将规制视为内生变量，但只关注规制需求方的分析；激励性规制理论修正了完全信息的假设，将规制的供需双方置于委托—代理分析框架中；规制公共实施论的政府中性的假设，能够对规制实践给出更多合理的解释。正是这种变迁，规制经济学对规制政策的指导作用日益明显。公共利益理论作为规范的经济规制理论，其规范性分析指明了政府实施规制的目标，即便现在，也适用于社会性规制的解释，因此它是经济性规制与社会性规制的重要理论依据。但其遭到实证与规范两方面的批判，前者是指实际中许多规制的产生并不能用该理论进行解释，后者是指该理论缺乏公共利益向立法动机转让的机制。

在西方政府规制经济学中，政府规制是一个包含众多内容的概念，研究学者从不同的理论角度与现实需要对其进行研究，给予政府规制的界定也有所差异[①]。但整体而言，经济学家对政府规制的特征有以下共识：①规制的实施者应该是国家或政府；②被规制者应该是市场中的经济主体——企业与消费者，但以前者为主；③政府规制的实施依据是正式的法律规范与公共政策；④政府规制的实施能够对市场的交易机制产生直接影响；⑤政府规制的实施需要考虑成本—收益问题。

① 陈福良，万卫红．企业行为与政府规制［M］．北京：经济管理出版社，2001.

第二章 DUP的一般分析

经济学的理论分析中通常将获利设定为企业存在的主要目的之一，现实中设立企业并实现可持续经营的重要考量指标之一也是企业获利能力。企业实现获利的主要行为通常分为生产性获利行为与非生产性获利行为。前者泛指经济学分析中企业通过向社会提供产品或服务获取利润的行为，通常伴随社会整体价值增值与福利创造过程。而后者是指企业为实现获利或避免损失而实施的一系列与前者相对的行为，非生产性牟利并不能增加社会总产值与总福利，但是能够提高企业获利能力，即存在福利转移。已有研究中一部分文献将其称为非生产性努力（Shlerfer and Vishny，1994；曹会勤、储小平，2010），如企业进行非生产性投入维护其与政府部门的关系，从而优先获取政府补助、融资、税收减免或免遭侵占等。国内管理学领域从企业面临的外部发展环境出发，将企业应对“非市场因素”的行为统称为“非市场行为”，西方学术界则侧重于“企业政治行为”的研究。本书所研究的DUP是非直接生产性牟利(Diectly Unproductive Profit-seeking)，与企业生产性获利行为相对应，实施目的是为企业获得更好的市场（或行业）地位，或避免企业利益遭受损害。

传统的战略管理理论强调企业通过市场战略来影响企业外部环境来获取持续性优势。但在实践中，企业外部环境不仅包含市场因素还包含非市场因素。

西方学者通常将美国企业政治行为作为企业非市场行为主要代表，20世纪70年代美国企业政治行为数量攀升与形式多样化等将CPA引入管理。研究指出在面临外部环境改变时，企业不再是被动性适应，而是通过实施政治行为主动影响政府政策与法规的形成与实施过程。如美国MCI借助对AT&T诉讼致使后者解体，并推动政府行业管制制度变迁，为自身发展创造市场机会。

第一节 DUP特征分析

在对DUP理论发展历程与概念梳理过程中发现，DUP具有政治性、资源消耗性、高获利性、零产出与综合效应不确定性等特征。

第一，公司非生产性行为的提出源自与生产性行为相区分。企业通过非生产性行为牟利逻辑在于通过非生产性行为介入企业与相关利益者的关系（如政府、社区等），改变企业面临的外部环境，从而影响企业利润获取，因此具有政治性①。DUP行为主体与客体处于非市场环境。实施主体面临的是包括国家、社区与其他压力集团在内的非市场环境中，而实施的客体则包括诸如政府游说、政府事务处理、企业联盟与诉讼等合法的政治手段，实施的目的在于获取政府授权的垄断、优惠政策、政治地位或政府庇护等一系列政治资源。

第二，公司非生产性牟利行为具有资源消耗性。实施过程中公司非生产性牟利行为将消耗真实资源，减少经济社会可使用的资源。在不存在资源闲置的情况下，政治行为将对原本用于产品生产的生产性资源产生挤出效应，缩小生产规模，使生产可能性曲线内移，这也是诸多学者认为公司非生产性牟利行为将导致社会福利降低的关键原因。如以合法DUP寻求收益、以合法DUP寻求政府干预或以非法DUP逃避政府干预时均存在资源消耗性②。

第三，公司非生产性牟利行为具有较高获利性。尽管早期研究多将之忽略或仅作为一种游走于合法与非法领域间的边际手段加以谴责，但其获利性不容忽视。公司非生产性牟利行为之所以得到学术界的关注就是因其较高的获利性，而企业也只有在政治行为导致的获利高于生产性行为获利时，才有积极实施动力。企业实施DUP的根本动机在于获取政府干预经济产生的福利转移。如寻求收益则是基于制度不均衡改变生产

① 如西方学术界习惯于用企业政治行为CPA（corporate political action）替代这一概念。

② 本章第三节以此三种行为作为典型的DUP进行福利效应分析。

要素的机会成本获取货币收入；寻求政府干预则是谋求其产生的制度租金；以及逃避政府干预可降低企业成本，使其与竞争对手相比企业竞争优势获得提高等。

第四，公司非生产性牟利行为具有零产出性，即公司非生产性牟利行为并不直接获得增加进入效用函数的产品或服务①。经济学指出社会财富是指所有物品的价值总和，而价值的基础是效用，因此创造效用等于创造财富。尽管 DUP 消耗真实的生产性资源且具有较高获利性，但其直接产出为零。DUP 的获利来源于对现有社会财富的重新分配，而非增加社会财富。

第五，公司非生产性牟利行为具有综合效应不确定性。DUP 对社会福利的效应具有不确定性。早期学术界对公司非生产性牟利行为的研究多认为其是不值得关注的边缘性行为，或多谈及其产生的负面影响，如资源浪费、干预竞争公平性、加重经济扭曲等，多认为其对经济绩效与社会福利均产生负面影响。但随寻租理论与企业非市场行为研究的深入，学者们逐渐发现尽管公司非生产性牟利行为不存在直接的生产性，但是存在间接的生产性，尤其是当 DUP 实施背景为经济已存在扭曲的情况下，DUP 使其产生进一步扭曲，结果反而有可能促使社会福利的间接性增加。其典型事例为当经济存在扭曲情况时，生产存在浪费，现存制度的僵化使得资源不能实现有效配置。此时若使用部分生产性资源进行 DUP 用于制度改进。成功后，制度效率获得提升，生产要素自由流动的非市场干预成本下降，社会总损失较 DUP 实施前减少，经济实现增长，社会福利得以改善。

第二节　DUP 属性分析

管理学、制度经济学、博弈论等多个学科的研究均对 DUP 有不同层面的涉及，对应提出的学术性称谓不同，对应的概念解析均有差异。但社会上普遍对“企业政治行为”“政企关系”“非生产性行为”“非市场性

① 无直接生产性，但有时 DUP 具有间接生产性，即福利改善。

行为”等与DUP有内容重合的概念持较为片面甚至负面的印象，因此对DUP制度属性与伦理属性进行分析。

一、DUP制度属性

西方国家自20世纪初期就开始针对企业行为规范问题颁布了一系列法律，如《逖尔曼法案》（1907）、《塔夫特—哈特力法案》（1947）等。在20世纪90年代，就已有学者指出企业应对利益相关者（包含社会）的利益服务（Donaldson and Preston，1993）或对后者负责（Pave，1995）。Faccio（2006）指出大量的企业非生产性行为在法律层面上完全合法，不简单等同于腐败。尽管人们对公司非生产性牟利行为表示担忧，但从法律角度讲公司非生产性牟利行为本身是合法的。如美国宪法修正案中明确指出公民享有言论自由以及向政府请愿的权利，这一权利应得到法律保护。企业作为社会成员之一，同样享有向政府表达意愿的权利。事实上，西方的民主制度赋予了企业参政的权利与机会，认为这样能够有效避免“少数人专政”。因此当企业与其他组织或个人产生利益冲突时，并不代表企业为追求自身以及利益相关者利益的行为就一定是非法的。

根据公司非生产性牟利行为是否有章可循或制度约束划分为制度化DUP、非制度化DUP以及灰色DUP。①制度化DUP受到明确规章制度约束，具体包括：直接参与的非生产性牟利行为，程序公开的企业向政府有关部门寻求支持或反映情况以及企业通过行业内正式渠道与政府部门对话的行为等。②非制度化DUP缺乏明确制度约束，受社会潜规则制约。企业通常通过内部运作，利用私下关系网通过财务刺激与领导者建立关系，或雇用前政府官员为企业工作等。③灰色DUP则是游离于制度化与非制度化之间。其特点是行为实施过程部分或全部不透明，如企业寻求政府官员作为其顾问，或政治关联度较高的企业使其经营战略迎合官员政绩等，以及企业为政府或官员活动提供相关支持。但不可忽略的是DUP制度属性判别标准是制度本身，而社会制度不断演进，因此三类DUP在一定条件下能够发生转变。

二、DUP 伦理属性

舆论媒体与公众常从伦理角度将 DUP 视为不道德行为，这忽略了 DUP 实质是政府企业间互动的产物。在对 DUP 伦理属性研究历程中，学术界对 DUP 伦理属性的看法经历了“障碍或负面为主→行为本身不涉及伦理→多角度依标准判断”。①20 世纪 70 年代至 90 年代初，DUP 是民主障碍或存在负面影响（Lindblom，1977；Keffer 和 Hill，1997）应对其进行约束（Moberg 等，1981）；②90 年代中期开始对 DUP 伦理属性保持中立态度，如 Hamilton 和 Hoch（1997）；③进入 21 世纪后，研究人员提出标准判断 DUP 伦理，如 Oberman（2004）注重是否损害系统竞争力；Gao（2008）构建道德功利观、公正观及权力观的道德判定框架；Mantere 等（2009）提出六项道德标准。对于 DUP 伦理判断，学术界尚无统一标准，现有文献多借助主流伦理理论对 DUP 动机、绩效、类型等综合考虑，予以判断，而道德研究相对滞后（王小龙，1998）。尽管社会舆论普遍认为 DUP 是一种不道德的现象，但 Pave 和 Krausz 指出公司非生产性牟利行为是一种对社会负责、合法的行为。政策制定者在决策的过程中很难拥有决策所需的完全信息，因此当某一组织拥有某一社会问题的局部信息时，从伦理角度上考虑，实施政治行为不仅是一种权利更是一种义务。即当某一企业对一社会问题具有部分责任，而该问题的解决又需要借助政府的公共政策时，该企业就应该积极参与政府的决策过程，丰富政府的决策信息。而在中国提及企业政府公关，由于规范与非规范的 DUP 多交织在一起，多会使人们联想到“月亮的背面”。民众对这一领域的了解多存在误区，将其等同于非法活动或有悖于社会道义等。但随着关于公司非生产性牟利行为理论研究的推进，以及政府运作体制的完善与改进，政府工作进一步系统化、程序化，因此我们更需要通过正规的渠道，以规范且符合社会伦理要求的公司非生产性牟利行为加强政府企业间的互动。

因此本书认为，DUP 就本质而言并非邪恶的，而是一种对社会负责的行为，并不能简单地将其归为道德或不道德领域，而应该综合其具体的实施方式与最终产生的结果予以判断，但由于：①随着经济发展，现代社会的关注点不再局限于企业追求自身以及利益相关者的利益，而希望企业行为符合基本的伦理要求。②信息获取与交流技术的升级与普及，使企业行为信息更易获取，促使社会各方对企业行为的伦理展开讨论。尤其当企业涉及“寻租”与“设租”这种非伦理性行为，使社会中弱势群体的利益被强势集团通过合法手段掠夺被曝光后将对企业产生负面影响，伦理原则迫使企业开始关注自身行为的伦理性，以避免负面影响。

第三节　DUP 分类

一、两分法的 DUP 分类

上节指出，尽管 DUP 活动占用了部分生产性资源，但其最终的福利结果却可能是间接改善。参考巴格瓦蒂 1982 年对 DUP 活动的二分法，根据 DUP 活动产生前后的经济状况是否扭曲、活动是否合法以及对经济资源造成的结果角度将 DUP 活动从规范性角度进行分类与整理（表 2-1）。

表 2-1　DUP 活动的分类

（1）开始扭曲，最后仍扭曲		（2）开始扭曲，最后不扭曲	
合法	非法	合法	非法
寻求额外收益	逃税或走、放私活动	减少或取消关税的游说	贿赂官员进行游说
（3）开始无扭曲，最后扭曲		（4）开始无扭曲，最后也无扭曲	
合法	非法	合法	非法
寻求垄断或关税保护	逃避最优关税	零关税游说	偷窃

这一分类指出，DUP 对社会福利影响不应仅关注 DUP 是否造成资源浪费，而应关注其对社会经济最终影响。在扭曲背景下，消耗资源的 DUP 活动可能会自相矛盾地产生福利改善的效果，而那些破坏现有扭曲，且设计时以获取最优福利为目的的 DUP 有可能导致福利恶化的结果，而在非扭曲的情况下，DUP 活动由于消耗了真实资源，必然引致福利损失。巴格瓦蒂纠正了公共选择学派中寻租必然导致社会福利下降的观点。在 DUP 实施前，如果经济高度扭曲导致生产要素影子价格为负

时，浪费资源获取能够改善社会福利。

（一）开始扭曲，最后仍扭曲

此类情形中，DUP 活动由初始的扭曲情形引发。上述所讨论的政策外生时通过合法手段谋取收益或通过非法手段逃避政府干预均属于该种情形。企业出于自利性利用制度短缺获取制度租金而进行的游说活动，均有可能产生社会福利改善的效果。无论是合法寻收益还是非法逃避干预，因此这些行为的扭曲性政策是外生的，其最终结果是一种次优状态。如反对自由经济企业的寻收益活动将导致比自由经济条件下更低的产出，企业将花费更多的资源以寻求更大的保护。

（二）开始扭曲，最后无扭曲

在该种 DUP 中，初始情形仍处于扭曲状态。尽管该扭曲是外生的，但最终结果却实现了非扭曲。因此该种行为对社会福利的影响是两种效应的综合作用：①类似于开始扭曲最后仍扭曲 DUP 效应，资源流入非生产性活动中的福利影响；②DUP 削减了扭曲的福利影响。前一种福利效应可能为正也可能为负，后一种福利效应为正，因此最终福利效应由两种福利效应综合决定。

（三）开始无扭曲，最后扭曲

如在初始状况下无扭曲时发生 DUP，由于对生产性资源的占用，将必然导致生产可能性曲线内移，因此社会福利受损。如前文所述的企业通过合法行为寻求政府干预对社会福利的综合效应最终为负。

（四）开始无扭曲，最后无扭曲

尽管实施 DUP 的前后均无扭曲情形，但该种模式下 DUP 直接消耗生产性资源最终导致社会福利损失。最典型的例子是两个利益存在偏差的企业同时向政府进行游说，但当两种游说相互抵消时，即企业游说并未对政府决策产生实质影响，经济依然处于无扭曲状态，但是两个企业的 DUP 消耗了资源，因此在未对经济产生任何人为干预情况下，生产可能性曲线内移，必然导致社会福利倒退。

通过上述分析，可以发现当初始状态是扭曲时，将资源由直接生产性活动转向直接的非生产性活动，实施 DUP 可能增加社会福利，实现次优。但打破现存扭曲并试图获取无扭曲 DUP 可能导致社会福利损失。而在初始无扭曲背景当 DUP 对生产资源的消耗必然产生社会福利的损失。

二、外生性 DUP 与内生性 DUP

国内相关研究领域按实施动机将 DUP 分为效率性动机、战略性动机与功利性动机；按照企业反应态度分为消极性动机与主动性动机。国内学者田志龙等（2007）借鉴 Steiner（1980）与 Meznar（1993）的分类方法从企业环境策略角度出发，划分为积极影响型、积极适应型、消极应对型与忽视型四类。企业实施 DUP 最初动机是通过 DUP 改变企业所处环境，提高企业商业回报，改善企业福利。因此根据企业实施动机分为外生性 DUP 与内生性 DUP 两种。外生性 DUP 是针对已经存在的政策实施行为，根据行为的合法性进一步划分为以合法手段获取收益与以非法手段规避外界干预。内生性 DUP 是企业试图主动改变所处环境，使环境向于己有利的方向改变（图 2-1）。

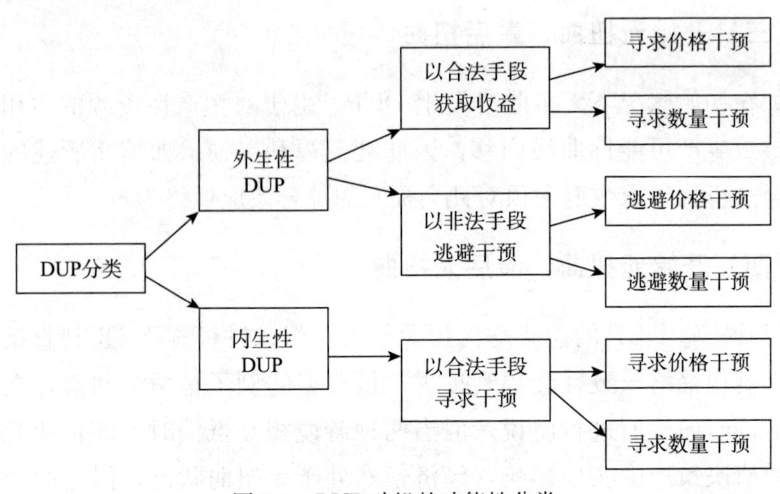

图 2-1　DUP 动机的功能性分类

第四节　DUP与经济增长机制

由上述分析可得出DUP与经济绩效的关系。20世纪60年代，经济学家开始考察社会经济制度，并在此基础上发展出了制度经济学。该学科的研究特点是制度及制度变迁及其与经济绩效间的关系。新制度经济学认为社会经济制度通过影响所有权结构、交易费用与不确定性而影响经济绩效。新制度经济学的研究表明在制度的变迁中，高效的制度总会替代低效的制度，并最终促进经济增长。尽管新制度经济学家也认为利益集团出于私利的需要将对社会规则进行一定程度的修正，由此降低经济制度的效率或质量。但贝克尔对利益集团采取了更为中立的立场，认为其行为选择构成的市场是有效的。

主流经济学普遍认为任何寻租活动都将阻碍科技进步、造成资源浪费，从而降低最终产出。因此任何非生产性活动的投入都将对经济产出造成负面影响。但是上述结论是建立在一定理论假设的基础上，即非生产性投入追求的要素租金是在市场机制作用下该要素报酬超过机会成本的余额，在自由竞争环境中，这种余额将不存在，因此为获取该部分租金就需利用人为手段干预要素自由流动。而这种干预侵占生产性资源，对经济绩效产生负面影响。

但上述理论假设与现实不符。现实经济中，要素的机会成本受到许多非市场因素影响，使要素的最佳价值难以有效实现。因此非生产性投入可能降低了受人为因素影响的要素机会成本，这种机会成本的降低将对经济绩效产生积极效果。

关于经济增长理论的研究指出，优化生产性资源的投入及配置是实现经济增长的充分条件，科技进步是其必要条件，而制度则是确保上述两者充分发挥作用的外部环境约束。因为制度不仅能够影响资源配置，也能影响科技进步对经济增长有效性的发挥。而归根结底，降低资源流动和优化其配置是经济增长的根本动力。当制度或制度变迁导致阻碍了资源正常流动与合理配置，经济增长则难以实现，但此时非生产性的投入如果能够通过降低要素的机会成本来实现要素的合理流动并增加配置效率，尽管浪费了部分生产性资源，但最终能够实现经济增长。

当现存经济社会制度僵化，即该制度不能实现社会资源配置最优，生产性资源合理流动成本极大时，尽管大量生产性要素被投入，但经济产出的效果却不尽如人意。假设社会产出为 Y ，生产要素投入为 X ，均衡产出 $\overline{Y}$ ，最优生产要素投入为 $\overline{X}$ 。在当前技术水平下，产出与要素投入关系为：$Y_1 = f(X_1, X_2, \cdots, X_n)$ 。由于现存制度僵化，使得生产要素自由流动的非市场干预成本极大，因此上述生产函数不满足产量一定时，要素投入最少的原理，即 $X_i > \min(X_1, X_2, \cdots, X_n)$ ，投入生产要素存在一定浪费，由于制度僵化，社会经济总损失为：$L_1 = (\overline{Y} - Y_1) + \sum (X_i - \overline{X})$ 。

若对生产要素流动或配置进行人为少许调整，将能够获得比原来更多产出，即 $Y_2 = g(X_1, X_2, \cdots, X_n)$ ，且 $X_i > X'_i = \min(X'_1, X'_2, \cdots, X'_N) \geqslant \min(X_1, X_2, \cdots, X_n)$ 。制度效率的改进使得社会经济总损失降为：$L_2 = (\overline{Y} - Y_2) + \sum (X'_i - \overline{X})$ ，此时 $L_2 < L_1$ ，因此非生产性的投入由于降低了生产要素自由流动的非市场干预成本，降低了社会总损失，实现了经济增长。

制度的低效使经济生产中要素的名义投入量比与其他要素的实际匹配量要大。由于生产要素无法按稀缺程度合理配置，因此生产中的要素存在激励不足，大量资源被浪费，导致社会实际产出远低于潜在产出。

具体影响过程为：非生产性的投入打破现存僵化制度，降低要素自由流动的非市场干预成本。同时社会制度的改变使经济主体行为约束发生变化，主体间的博弈活动进一步促进社会制度效率的改革。制度变迁前后的要素投入量的差额 $\Delta X = X_i - X'_i$ ，在生产要素并未增加的情况下产出增加，则意味着在制度变迁前生产要素存在浪费 ΔX 。在制度变迁过程中，将 ΔX 分解为 ΔX_1 和 ΔX_2 ，前者表示为非生产性投入对生产要素的占用，及传统意义上认为的非生产性投入对生产要素的浪费。后者是指制度变迁后由原先浪费的资源中解放出来可用于生产投入的资源，及制度约束改变后，滞留在生产领域的剩余要素将部分重新进入生产。

尽管制度约束改变后仍然存在资源浪费，但小于初始情况，由此增加经济产出。在这种条件下的非生产性投入能够促进经济增长。如图2-2所示，在有非生产性投入的情况下，社会最优产出 $\overline{Y}$ 难以实现，但能够实现次优 Y_2 。

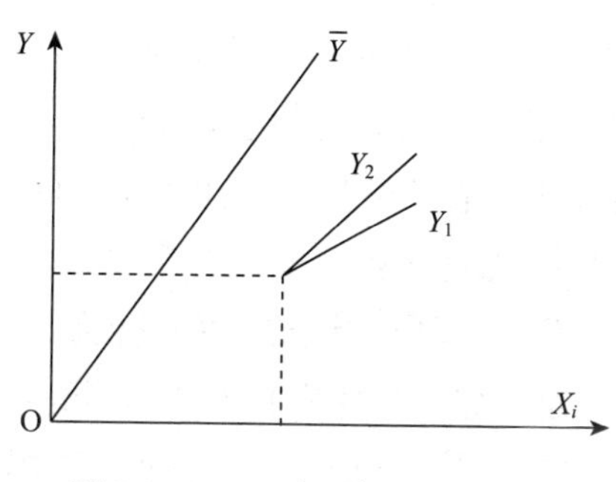

图2-2　DUP对经济增长的影响

经济主体进行非生产性投入的根本利益动机在于追求经济利益，实施方式分为：

(1) 保持生产要素机会成本不变，游说政府人为控制要素流动，提高要素报酬获取租金。

(2) 保持要素报酬不变，游说政府放弃或降低干预，降低生产要素流动的机会成本，获取租金。

这两种非生产性投入都占用部分生产性资源，但产生两种不同的经济效果。前一种加重社会经济制度扭曲，后一种对经济社会制度进行一定程度改良，得如下推论：

(1) 非生产性投入经济效果与其依存社会制度密切相关。

(2) 任何限制或阻碍生产要素自由流动非生产性投入都将降低社会经济产出；任何促进生产要素自由流动的非生产性投入都将提高社会经济产出，能实现次优。即非生产性投入对社会经济的最终效用不取决于是否浪费了社会资源。

第五节　本章小结

本书所研究DUP是非直接生产性牟利（Directly Unproductive Profit-seeking)，与企业生产性获利行为相对应，实施目的是为企业获得更好的市场（或行业）地位，或避免企业利益遭受损害。在对 DUP 理论发展历程与概念梳理过程中发现，DUP 具有政治性、资源消耗性、高获利性、零产出与综合效应不确定性等特征。社会上普遍对与 DUP 有内容重合的概念持较为片面甚至负面的印象，因此对 DUP 属性进行分析。根据 DUP 是否有章可循或制度约束划分为制度化 DUP、非制度化 DUP 以及灰色 DUP。而在伦理领域，学术界对 DUP 伦理属性的看法经历了“障碍或负面为主→行为本身不涉及伦理→多角度依标准判断”。本章认为，DUP 就本质而言并非邪恶的，而是一种对社会负责的行为，并不能简单地将其归为道德或不道德领域，而应综合具体实施方式与最终结果予以判断。

对 DUP 分类中，首先参考巴格瓦蒂 1982 年提出的二分法，根据 DUP 活动产生前后的经济状况是否扭曲、活动是否合法以及对经济资源造成的结果角度将 DUP 活动从规范性角度进行分类与整理，依次分为：①开始扭曲，最后仍扭曲；②开始扭曲，最后不扭曲；③开始无扭曲，最后扭曲；④开始无扭曲，最后也无扭曲四类。分析发现，当初始状态是扭曲时，将资源由直接生产性活动转向直接的非生产性活动，实施 DUP 可能增加社会福利，实现次优。但打破现存扭曲并试图获取无扭曲 DUP 可能导致社会福利损失。而在初始无扭曲背景当 DUP 对生产资源的消耗必然产生社会福利的损失。其次，参考国内相关领域，按照实施动机为标准，将 DUP 分为外生性 DUP 与内生性 DUP 两种。前者针对已经存在的政策实施，后者是企业试图主动改变所处环境，尝试构建新政策。DUP 实施对经济影响的结果不能一概而论：①非生产性投入经济效果与其依存社会制度密切相关；②任何限制或阻碍生产要素自由流动非生产性投入都将降低社会经济产出；任何促进生产要素自由流动的非生产性投入都将提高社会经济产出，能实现次优。即非生产性投入对社会经济的最终效用不取决于是否浪费了社会资源。

第三章　DUP福利分析

根据公司非生产性牟利行为是为应对已有政策还是为寻求新的政策将 DUP 划分为外生性 DUP 与内生性 DUP。前者指企业针对已有政策对政府采取非生产性行为以期利用现有政策制度缺陷合法获取收益或非法逃避干预，后者是指在制度非均衡情况下，企业作为潜在制度需求者向政府寻租，以制度交易形式促使政府进行诱致性制度创新，该模式下制度视为内生。本章对典型 DUP 进行福利效应分析。

第一节　以合法 DUP 谋取收益福利效应

谋取收益是指当相关政策以保护的理由既定存在时，通过改变这种限制而获得利润的行为。以合法 DUP 谋取收益是指企业利用现存政策的制度不完善，以合法 DUP 从中获取制度租金，包括减少支出或增加转移支付等。

采用 2×2 的模型假设，存在一个生产部门与一个“非贸易”部门，在关税政策外生的情况下，该非贸易部门仅从事有关税产生的收益的游说活动。图 3-1 中自由贸易生产点为 P^* ，关税政策下的生产点与消费点分别为 P_t 和 C_t ，产品 X 的关税收益为 EF。该寻收益活动需消耗资源 L_t 与 K_t ，当租金 r 与工资 w 给定时，K_t/L_t 的比率将最小。该模型中，生产为不完全专业化情况，国内含税产品价格比率决定要素价格比率与 K_t/L_t 比率。

游说非贸易部门将对税收产生约束，关税政策下的生产点 P_t 所消耗的总要素等于该税收收益的总量，关税总收益包含寻收益产生的收入与总量性转移支付。首先考虑完全谋取收益的活动。

仅存在寻收益活动时，由于寻收益行为对生产性资源的占用，使得生产部门可利用的生产要素减少。有商品与要素价格的固定性证明，本国的

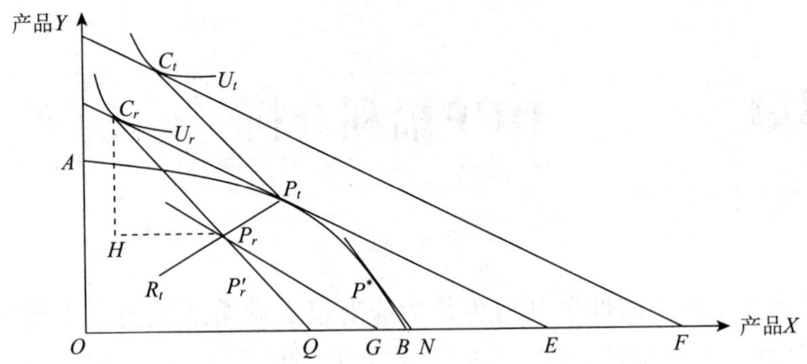

图 3-1　以合法 DUP 谋取收益的模型

产品消费位于本国支出曲线上，即 P_tE 所示的国民收入上。本国支出等于寻收益的均衡条件下的国民收入，后者等于产品生产所使用的要素价值与寻收益活动消耗要素价值之和，其与 P_t 点相关联。本国支出曲线 P_tE，消费在 C_t 点处，此时 C_rQ 是经过 C_t 点的世界价格线。新的生产均衡点将位于 C_rQ 线上，也同时位于一般化的雷布任斯基线 P_tR_t 上（它是连续的生产点的轨迹，在不变的本国产品价格比率 P_tE 上，由于为了谋取收益活动，要素以比率 K_t/L_t 从总资源中连续退出）。满足上述要求的生产点为 P_r，C_r 与 P_r 的差额部分表示进口水平，GE 为关税收益，OG 为产品生产要素中的收入部分，GE 为谋取收益中的要素收入，总要素收入为 OE。

寻收益活动导致部分生产性资源的浪费，社会效用曲线由 U_t 下降至 U_r，但如果用于寻收益活动所消耗的生产性资源来自于原本扭曲的行为时，如部分收益作为米德类型的总量性转移处理时，剩余部分被竞争性获取，使转向谋取收益的要素总价值少于总收益。在图 3-2 中，收入-消费线的斜率与含税国内价格比率相等。差别是雷布任斯基线 P_tR_t 比国际价格线 P_tN 更平坦，此时寻收益的生产和消费均衡点为 P_r 与 C'_r，GE 为获取总收益，GJ 为寻收益活动的收益，JE 总量转移支付。当 $U'_r > U_r$ 时，$GJ/GE < 1$，社会福利得到改善，因此寻收益活动并不一定导致社会福利恶化。

寻收益活动导致福利改善的必要条件是谋利活动使原先生产不足的产品产量增加。即如图 3-3，自由贸易情况下，生产点为 P^*，关税条件下生产点移至 P_t，产品 X 产量减少。当寻收益活动使生产点转向区域Ⅰ内时，产品 X 产量增加，较无寻收益活动时实现次优，小型开放经济的在 P_r 点的福利大于存在关税而无谋利活动的生产点 P_t。但此仅为福利改善的必要条件而非充分条件，当生产点落入区域Ⅱ时，则不足以改善社会福利。

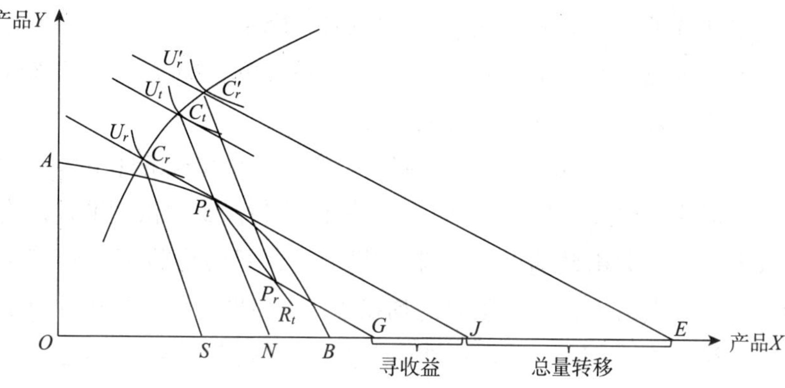

图 3-2　存在总量转移时以合法 DUP 寻求收益的模型

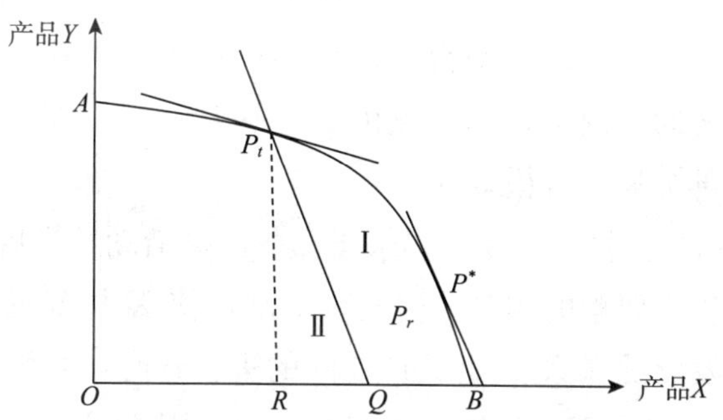

图 3-3　以合法 DUP 寻求收益与福利改善

第二节　以合法 DUP 谋取干预福利效应

上述模型均假设政策给定，即政策是外生的。但由于制度的非均衡性[①]，政策存在内生化的条件。相关利益集团为寻求由政府干预经济产生

---

① 是指当现行制度安排的净收益小于另一种供选择的制度安排时，将产生新的潜在制度需求者与供给者，并且这种潜在的制度需求将大于供给，为捕捉这种获利机会，人们将试图改变现存制度。详见张曙光．论制度均衡和制度变革［J］．经济研究，1992（6）．

的租金，将积极干预政府政策制定过程，使政策内生化，利益集团由此获得一种收入。假设政府为仁慈的独裁者，出于对国家利益的考虑将对谋取者的行为进行一定程度的限制。假设政府出于平衡利益集团需要，政府使用部分干预所获收入去补贴游说者，降低其游说需求，是在某干预程度上，游说者实际上与政府形成了利益分享，而游说者从该收益分配所获取的收入与收益分配前收入相等。

图 3-4 为以合法 DUP 寻求干预的模型。自由贸易条件下生产的均衡点为生产可能性曲线 AB 上的点 P^* ，假设某利益集团试图通过以合法手段寻求干预以获取由政府政策产生的租金。在只考虑将资源转移至游说活动时，生产点由无政府干预时的均衡点 P^* 短期内移至向内收缩的生产可能性曲线 $A'B'$ 上的点 P_1 ，长期内移至点 P_t^* 。$P^* \rightarrow P_t^*$ 的变动可以划分为三部分：

(1) $P^* \rightarrow P_1^*$ ：由于游说活动等价于紧缩了经济的可利用资源集合，造成生产资料的损失，因此使得生产可能性边界发生移动，在产业结构与技术水平不变的情况下，均衡点由 $P^* \rightarrow P_1^*$ ，与之对应的 X 产量由 $X_1 \rightarrow X_2$ ，这部分属于规模效应。

(2) $P_1^* \rightarrow P_1$ ：技术不变，寻求干预的游说活动结束后，由于政府对市场的干预，生产要素的相对价格发生变动，使 X 与 Y 的相对价格发生改变，从而引发资源在 X 产业 Y 产业间的重新分配，均衡点由 $P^* \rightarrow P_1$，与之对应的 X 产量由 $X_2 \rightarrow X_3$ ，这部分属于结构效应。

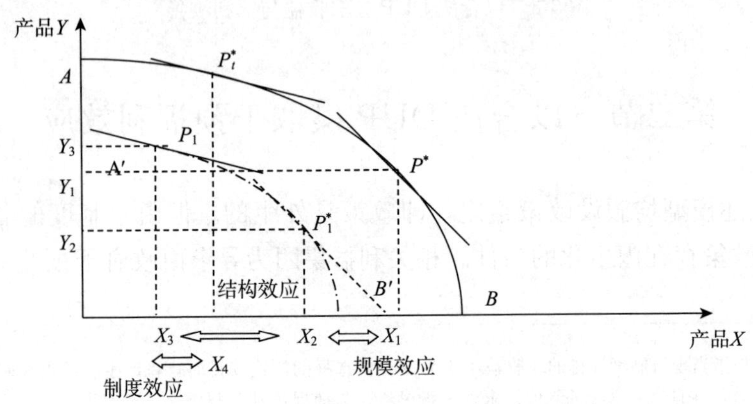

图 3-4　以合法 DUP 寻求干预与福利效应

(3) $P_1 \rightarrow P_1^*$ ：政府干预下用于生产 X 和 Y 的生产要素相对价格发生变动，由此引发 X 与 Y 的制度效率的改进，使得生产曲线发生实质性外扩（可能并未扩至 DUP 前的 AB 曲线），与之对应的 X 产量由 $X_3 \rightarrow X_4$，这部分属于制度效应。因此，正如所解释的，整个损失 X_4X_1 可分解成三个组成因素，其中前两个明确为负，后一个可能为正，整体的福利效应取决于三个效应的叠加。

在国家要素流动的情况下，国内利益集团通常采用游说政府的方式获取产业保护或提高竞争优势作为其面临国际竞争的反应。国外产业能够对国内产业产生竞争压力的一般包括技术或资本密集型的朝阳产业与劳动密集型的夕阳产业。对于前者，国内企业通常游说政府采取关税或非关税措施限制其在国内市场的份额，而国内劳动者则希望其在本国进行 FDI，通过转移生产获取更高的报酬；对于后者国内企业通常也偏好高关税以提高自身竞争优势，同时也鼓励放松移民限制以获取更多廉价劳动力，但国内劳动者则反对放松移民限制，避免来自国外劳动力的竞争。

第三节　以非法 DUP 逃避政府干预福利效应

如现有制度允许政府以合法手段干预企业的经营活动，当这种干预降低了企业利润或增加企业成本时，企业经营者将试图通过 DUP 逃避这种干预，以将政府干预对企业的负效应最小化。此处以国际贸易中逃避非禁止性关税为例。

一、巴格瓦蒂—汉森模型

巴格瓦蒂与汉森 1973 年创立了逃税的福利效应分析模型，引入了萨缪尔森 1952 年提出的 Iceberg transport cost（冰山运输成本）假设，具体含义是指：一单位运往外地的产品中只有一部分能够到达目的地，其余部分“融化”在途中，消耗的应视为运输成本。该模型为 2×2 模型，合法产品与非法产品为同质产品，其中非法贸易隐含的特征是其出口与进口的转换率低于合法贸易的转换率，即运入国内时剩余 1 单位产品所

需的产品量 $\xi > 1$ 。模型简化如图 3-5。

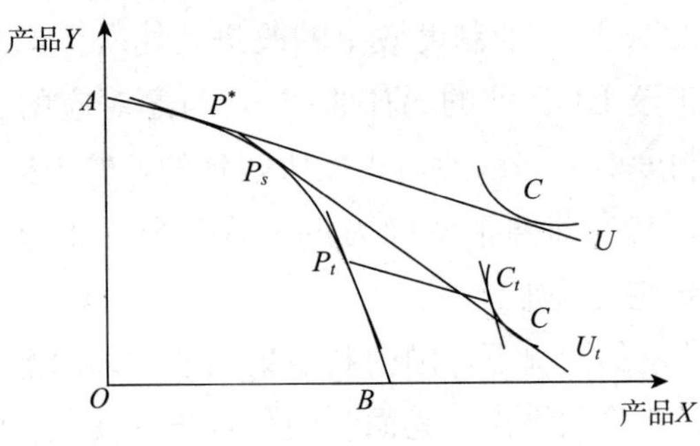

图 3-5　逃避关税模型

当不存在政府干预时，生产均衡点位于 P^* 出，此时国内消费与福利均为 C^* 与 U^* ，当政府开始征税时，如果所有产品均通过合法贸易进行，即企业不通过 DUP 规避政府干预，则生产点、消费与福利均移至 P_t 、C_t 与 U_t 。假设存在一个小国，无关税的合法贸易价格比率为 $P^* C^*$ ，包含关税的合法贸易价格比率 P_tC_t ，逃避关税的非法贸易价格比率为 P_sC_s 。自由贸易下的价格比率最为平坦，其次是逃避关税的非法贸易价格比率，而包含关税的合法贸易价格比率最为陡峭。即由于逃避了关税，使得非法贸易品的价格比率较合法包含关税贸易品的价格比率更有优势。此时若用关税同盟中的伙伴国替代非法贸易，用同盟外的其他国家替代包含关税的合法贸易，可发现在新均衡下，较好的非法贸易使该小国福利得以改善，而较差的包含关税的合法贸易条件使该小国福利恶化。

当非法贸易价格比率等于含税的合法贸易价格比率时，则存在非法贸易与合法贸易共存的情况，如图 3-6 所示。

模型中两种贸易并存，生产点由 P_t 上升至 Q ，消费点由 C_t 移动至 C_s ，效用曲线由 U_t 下移至 U_s 。该模型与上一模型相比唯一的区别在于非法贸易与含税合法贸易的价格比率相同。此种情况下，无法判定所有贸易中两种贸易形式各占的比例。但由于非法贸易中运入国内时剩余 1 单位产品所需的产品量 $\xi > 1$ ，即存在商品的浪费，因此非法贸易的福利水平低于含税合法贸易，即在同等贸易条件下，非法贸易规模越大，社会福利损失越多，福利水平越低。

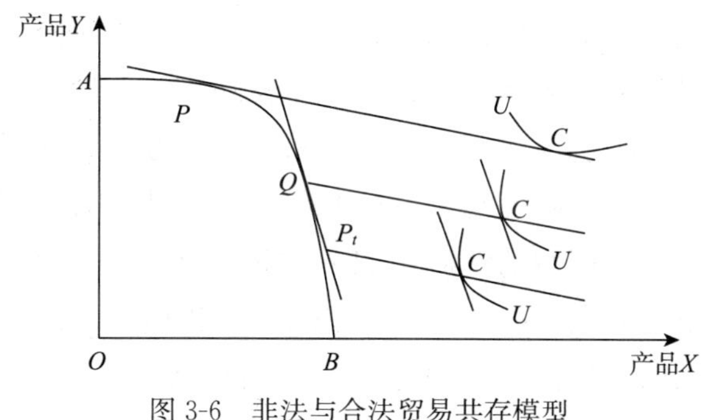

图 3-6 非法与合法贸易共存模型

二、希克模型

希克（1974）在巴格瓦蒂—汉森模型的基础引进了非法贸易产生的风险对可贸易品生产可能性曲线的改变，提出了希克模型。巴格瓦蒂—汉森模型中假设非法贸易的存在并不影响可贸易品的生产可能性曲线，但希克认为非法贸易存在风险，风险的存在将使走私成本呈递增变动，即非法贸易的存在影响可贸易品的生产可能性曲线，且非法贸易规模越大，该影响越明显。

巴格瓦蒂—汉森模型中，当非法贸易与合法贸易并存时由于非法贸易导致该国贸易条件受损，同时生产与消费收益并未增加，因此将导致国家福利损失。希克模型假设非法贸易直接利用了初级资源，导致生产可能性曲线的变动，因此当资源转移进非法贸易时将降低可贸易产品的生产资源占有量。但由于关税本身就是一种扭曲，因此贸易产品可利用生产性资源的减少并不必然带来社会福利的恶化，即在希克模型中，即便非法贸易与合法贸易共存，社会福利也可能得到改善。这个结论意味着对福利水平的影响是由生产与贸易建模的结构差异决定的。

三、皮特模型

巴格瓦蒂—汉森模型与希克模型均假设可贸易品的国内价格总是反映含税的可进口品价格与不含税的可出口品价格，在国际上交易的产品无论是通过什么途径进入国际市场的，其市场价格均相同。但实际上由于非法贸易的风险性，部分非法贸易品可能将在一个较低的价位上结清。但皮特（1981）对印度尼西亚的咖啡与橡胶出口贸易中发现，当国内可贸易品的价格与含税合法贸易品的价格不等时，上述模型的假设无法成立。因此皮特在上述模型的基础上引入含税合法贸易品的国内价格比率与实际国内价格比率之差——“价格差额”，在印度尼西亚的出口贸易中非法出口品的国内价格高于含税合法贸易品价格，当出口关税按从价税 t_x 征收时，外国 FOB 的价格是 p_x，合法贸易中本国国内价格是 $p_x(1-t_x)$，这意味着合法贸易总能导致社会福利损失，并抵消非法贸易的获利。由于非法贸易与合法贸易可共存，本国价格比率介于本国含税价格比率与仅存合法贸易时国内含税价格比率之间，因此非法贸易带来生产与消费的收益。因此皮特模型的结论是合法与非法贸易共存的社会福利将大于只存在合法贸易时。

以上模型通过对假设的逐步放松，主要考察了合法贸易与非法贸易共存情况下的不同特征及对社会福利影响的含义。通过分析，非法贸易与合法贸易共存模型得出共存情形会引致社会福利的损失，而希克模型和皮特模型则产生共存情形将有助于改善社会福利的结论。之所以产生不同的结论，主要是由建模条件与结构差异造成。

第四节　本章小结

合法 DUP 谋取收益是指企业利用现存政策的制度不完善，以合法 DUP 从中获取制度租金，包括减少支出或增加转移支付等。该行为导致部分生产性资源的浪费，社会效用曲线下移。但如果该活动所消耗的生产性资源来自于原本扭曲的行为时，能够改善社会福利，即寻收益活动并不一定导致社会福利恶化。寻收益活动导致福利改善的必要条件是谋利活动使原先生产不足的产品产量增加。

放宽假设，将政策内生化后，企业可以实施合法 DUP 寻求干预，对福利的影响需要考虑规模效应、结构效应与制度效应。社会福利改变是三个效应的叠加。在国家要素流动的情况下，国内利益集团通常采用游说政府的方式获取产业保护或提高竞争优势作为其面临国际竞争的反应。国外产业能够对国内产业产生竞争压力的一般包括技术或资本密集型的朝阳产业与劳动密集型的夕阳产业。对于前者，国内企业通常游说政府采取关税或非关税措施限制其在国内市场的份额，而国内劳动者则希望其在本国进行 FDI，通过转移生产获取更高的报酬；对于后者国内企业通常也偏好高关税以提高自身竞争优势，同时也鼓励放松移民限制以获取更多廉价劳动力，但国内劳动者则反对放松移民限制，避免来自国外劳动力的竞争。

而在企业试图以非法 DUP 逃避政府干预时，借助国际贸易中逃避非禁止性关税模型进行分析。①巴格瓦蒂—汉森模型的逃税模型指出，非法贸易的福利水平低于含税合法贸易，即在同等贸易条件下，非法贸易规模越大，社会福利损失越多，福利水平越低。②希克将非法贸易风险引入巴格瓦蒂—汉森模型，提出希克模型。即便非法贸易与合法贸易共存，社会福利也可能得到改善，即最终福利取决于生产与贸易建模的结构差异。③皮特在巴格瓦蒂—汉森模型基础上引入“价格差额”，即含税合法贸易品的国内价格比率与实际国内价格比率之差，提出皮特模型。

以上模型通过对假设的逐步放松，主要考察了合法贸易与非法贸易共存情况下的不同特征及对社会福利影响的含义。通过分析，非法贸易与合法贸易共存模型得出共存情形会引致社会福利的损失，而希克模型和皮特模型则产生共存情形将有助于改善社会福利的结论。之所以产生不同的结论，主要是由建模条件与结构差异造成。

第四章 跨国公司DUP动因及影响分析

前文论述了DUP特征、分类以及一般均衡下福利。本章在前文基础上将研究对象由DUP理论转向跨国公司DUP，通过分析跨国公司DUP，了解跨国公司实施DUP动机以及对跨国公司绩效的影响。

依据公司非生产性牟利行为各主体所处的社会地位，将其划分为规制者与实施者，后者又可进一步划分为既得利益者与潜在利益者。规制者是指对企业行为进行管理的政府相关部门，实施者则是试图改变现有生产要素的流动状况，以人为干预获取制度安排赋予的租金或减少资源获取的机会成本。其中既得利益者与潜在利益者处于对立的位置。既得利益者是指已从现有规制中获取收益的群体，潜在利益者则是现有规制的受损者或试图改变现有规制使其利于自身，从中获益的团体。

根据企业实施政治行为时参与主体的多少将公司非生产性牟利行为划分为个体独立DUP、集体DUP、个体行为主导的混合型DUP与集体行为主导的混合型DUP。Getz、Keim、Baysinger等学者认为有充裕的政治资源以及将自身各种资源有效结合的企业能够实施个体政治行为，同时还需对竞争对手的能力进行分析，以免使其政治成果具有独享性。而Staber、Aldrich、Astley、Fombrun与Russo等学者认为企业所在行业面临外部威胁、企业有效资源不足或其他企业单独行动难以实现其政治目标时，企业应该与其他利益相关者联合起来采取集体政治行为。但由于个体公司非生产性牟利行为对企业能力要求较高，而集体公司非生产性牟利行为要求企业放弃部分独特性，因此不少企业采取混合型政治行为。这样又进一步可划分为个体行为主导的混合型政治行为与集体行为主导的混合型政治行为。

第一节　跨国公司实施 DUP 动因

非生产性牟利行为的参与主体应该包括企业内部所有有意愿并且有能力的非生产性活动参与的自然人，但实际占主导地位的主体仅包括最高权力拥有者、最高权力享有者以及特殊资源垄断者等。公司非生产性牟利行为客体主要是指受控制的一方。企业政治的本质是权力游戏，要对企业政治有全面清晰的了解，必须了解企业的权力构成。宏观方面，公司非生产性牟利行为参与主体是企业内部最高权力拥有者，客体则包括供应商、消费者、行业协会、现有竞争者、潜在竞争者、投资人员和政府官员等相关利益方。

DUP 理论中的基本前提假设是：企业能通过合法渠道对政府决策产生影响。跨国公司实施 DUP 的根本目的是为了获取风险调整后的经济收益最大化。DUP 存在的基础是企业与政府间的相互依赖，政府可以对企业施加直接或间接影响改变企业经营环境，企业也可通过一系列政治行为影响政府的政治过程。在与政府等相关利益者的互动过程中企业的高层领导有着不可替代的作用。企业高层凭借企业掌握的政治资源构建对政府和相关利益方的影响路径，实现获取对己有利的政治资源，并最终将政治资源转换为核心竞争优势，成为推动企业经济绩效，提升内在动力。

一、根本动因：跨国公司与东道国政府间目标差异

东道国与跨国公司作为国际直接投资活动中的利益主体，两者的关系为竞合共存。一方面，双方通过跨国公司的跨国直接投资创造出新的经济增长点，共同实现了帕累托改进；另一方面由于双方的目标并非完全一致，在经济利益的分配上双方表现出竞争性，其目标差异如表 4-1 所示。

表 4-1　东道国政府与跨国公司各自的目标

	东道国政府	跨国公司
总目标	促进本国经济发展，提高本国社会福利	强化其全球市场竞争力 实现利润最大化
子目标	得到先进技术 通过 FDI 促进出口 增加当地采购，强化关联效应 偏好合资项目 获取技术扩散或技术外溢 利润再投资 新建厂房的投资	进入当地市场 母公司对关键技术和设备的控制 偏好独资 利用知识产权保护维持技术垄断优势 利润汇回 并购投资
产业偏好	基础设施、环境友好产业等	利润回报大的产业

就总目标而言，东道国引资主要是为了促进本国经济发展，而跨国公司投资则是为了实现全球市场的资源优化配置，提高利用效率，借助东道国的市场与资源实现利润最大化。因此在具体目标实践下，东道国政府希望获取跨国公司的先进技术、促进出口、增加企业的当地消费与投资，以及尽可能多地减少企业的利润外流；而跨国公司则希望母公司保留核心技术，偏好独资或鼓励子公司采用成熟技术，并且由于其最终目的是实现商业利润最大化，因此多偏好将利润汇至收益较高地区进行投资。而这些差异的存在使得跨国公司为了降低其所处环境的不确定性与维持较高的获利水平，频繁地对东道国政府实施政治行为，如中国对内资企业与外资企业实施的“两税合一”政策由于在华跨国公司的干预，该政策从提出至实施历经了 10 年历程。

二、完善性动因：向政府传递有效信息，完善政策环境

政府对某事物的立场表达将反映其利益偏好，这一偏好将使各利益群体与政府间的利益存在差异。格罗斯曼与赫尔普曼在其研究中已经指出：政企间的利益偏差不仅影响政府对企业的信任程度，同时影响双方利益分配格局。当其他条件不变时，与政府利益偏差较小的集团提供的

信息可信度较高，与其他利益集团相比，政府决策走向将具有该集团利益偏好。政府在决策的制定过程中，需要企业提供相关信息并进行反馈，企业通过政治行为选择性地向政府提供对己有利的信息，由于采用信息的偏向性，使得政府决策是建立在其采用信息的集团利益基础之上。同时基于政治资源与政治优势的可积累性，积极参与政治活动的企业利益获取通常是以不参与政治活动或未被政府采纳的信息提供者的利益损失为代价。

不同利益群体为了尽可能从决策制定者处获取政治资源建立竞争优势，同时避免其竞争对手获取竞争优势，将积极参与政企互动，向决策者输送带有利益偏好并且可能成为政策制定基础的信息。公司非生产性牟利行为的实质就是试图改变立法者的偏好，并以此引导规制者行为。政策制定过程是一个多个利益集团相互博弈，决策者从中权衡，最终形成均能满足各方最低要求的一个过程。当政治本身允许企业充分表达其利益诉求时，企业将十分愿意与政府建立政企联盟。

跨国公司在东道国的经营受到东道国政治环境影响，而国际法又赋予东道国政府自主选择对跨国公司的态度，即东道国政府对其政治领域内跨国公司的经营活动是鼓励、支持、限制或禁止，这一基础态度将对跨国公司能否顺利开展商业活动产生根本性影响。因此与国内公司相比，跨国公司由于面临更多的投资风险与不确定性，将更积极地向东道国政府传输信息，并鼓励其采用。

三、规避性动因：降低现有政策负面影响

对于东道国而言，政府在引进外资刺激经济增长的同时，出于经济、政治与国家安全等因素，需规范外企发展路径与投资领域，因此制定相应政策引导外资流向，同时规范外企市场与非市场行为，使外资发展尽可能符合本国根本利益。外资政策是东道国政府唯一可自主掌握，以自身意愿及时调整，同时直接影响外商投资行为的重要因素。通常一个国家制定相关的外资政策并据此对跨国公司的投资行为进行干预的目的多是为了收入再分配；为了推动对本国经济至关重要的产业的发展；为了

国际收支平衡等原因。但投资政策的直接影响是造成投资在国内和国际市场上的价格差异，因此对跨国公司的投资绩效产生直接影响，尤其是其中的限制性投资政策。面对诸如产业准入的限制、发展规模与管理模式的限制以及政府的多边关系对跨国公司经营环境的影响，跨国公司能够通过政治游说、商业贿赂、商业谈判等 DUP，降低政策实施过程中对企业经营产生的负面影响。

四、竞争性动因：影响政府未来政策走向

越来越多的跨国公司不再是被动地等待东道国政府的政策颁布后再采取被动的应对措施，以拖延政策的实施或降低政策实施的负面影响，而是在政策酝酿过程中就开始施加 DUP，甚至主动提出政策议题，引起政府关注，掌握政策制定过程中的主动权，以填补政策的制度性空白的形式成为制度寻租的先动者，获取剩余利益分配，并以此积累政治资源。通过影响政府未来政策走向，不仅可以降低相关领域出现未预料的风险概率，为企业经营提供稳定的外部环境，同时首先采取行动的企业将获取“先动优势”，成为市场秩序的构造者。在保持自身竞争优势的同时，削弱竞争对手的竞争优势，提高潜在竞争对手的行业进入壁垒，实现福利转移。

五、预防性动因：弥补公司与政府不完整合同

但在交易成本政治学（TCP）中，政治合同一方是被统治者（公民、利益集团等），另一方是统治者（党派或规制机构等），合同是政策与选票的承诺。可实际上，政治合同的契约方存在一对多的现象，即多重代理；另外政治合同内容更为模糊，存在逃避责任的漏洞，尤其是对代理方而言。而政治经济学中的共同代理的典型特征是低度激励，这一特征使得信息披露机制不可行。Willamson（1989）对政府代理者角色研究中指出：一方面政府作为代理人有多方面的投入与产出，且难以被观察和证实；另一方面政府处于多重任务代理中，每个委托人都试图影响代理

人的行为，委托人为使代理人对自己委托任务的投入最大化，同时防止代理人对其他委托人任务的投入，此时委托人对代理人的激励程度将被减弱。由于利益集团与官僚机构的显性合同等同于贿赂，因此半公开或非正式契约随之出现，这使政策合同的有限理性更为明显，政治合同更不完善。企业通过政治行为构建有效地约束和激励政府官员行为的机制，能够对政府企业间不完善的政治合约起到一定的弥补和监督作用。

第二节　跨国公司典型 DUP

跨国公司典型 DUP 主要包括：商业谈判、政治合作、政治游说以及商业贿赂等。

一、商业谈判

当东道国政府对跨国公司商业行为进行干预时，商业谈判是跨国公司有效的即期行为之一。东道国政府引进外资主要是为了实现经济发展、引进先进技术、增加就业、改善国际收支以及弥补国内资源不足等一系列经济、社会、政治的综合目标，而跨国公司对东道国进行投资尽管可能存在战略布局上的考虑，但其根本原因在于借助东道国的资源实现其经济目标。因此两者必然存在目标上的结构差异，即存在政府企业间的利益偏差。这一矛盾在东道国引资过程与跨国公司对外投资过程中无法避免。在东道国投资的过程中，跨国公司与东道国政府为了最大限度地获取投资收益的分配，商业谈判是不可避免的。其实质是双方依据各自所拥有的资源进行博弈，最终取得一个双方能够按其最低限度接受的结果。这一过程中跨国公司通过政治行为以其所有的资源获取于己有利的制度安排。F. R. Root（1978）论述了关于东道国外资政策与跨国公司在长期内对于收益与成本评估的变化，指出以跨国公司进入东道国进行投资作为时间划分点 t_0 ，t_0 之前跨国公司具有谈判优势，t_0 之后东道国政府具有谈判优势。双方谈判能力的变动，直接影响到东道国外资政策和跨国公司战略的变动。邓宁在其研究基础上指出，不断变动的谈判关系影响了东道国外资政策动向，并得出相关推论：如果东道国不及时调整外资政策，会造成东道国福利损失；如果跨国公司不及时调整经营战略，会造成跨国公司收益的损失。

二、政治合作

跨国公司的政治行为源于其与东道国利益偏差，而这种偏差有时导致双方冲突，有时导致双方合作。能够与东道国进行合作无疑降低了投资过程中可能遭遇的政治风险，相当于获得了政府给予的长期稳定收益的隐性承诺，同时有效地实现了跨国公司和东道国的双赢。跨国公司为追求长期稳定的经济收益，通常愿与东道国政府进行政治合作。具体表现为：①通过政府公关以期建立良好政府企业间的关系，如在正式与非正式场合拜会决策者；②与相关政府机构合作，协助政府部门完成其政治业绩；③与地方政府建立友好的合作关系。在现代社会制度安排下，东道国与跨国公司之间的博弈实际上是合作博弈。双方由此将产生非合作博弈所不能获取的合作收益。实际操作中的问题在于：双方履约的基础是什么？这里参考美国匹兹堡大学 David Gauthier 教授提供的分析路径：履约中，双方合作并接受对方要价的约束条件：①分割合作收益尽可能多的部分；②其福利状况不比不与对方交易时差。在自动合作博弈中，给予理性假设，双方均会做出相对相等的利益割让。避免参与方投机的动机在于该合作博弈是在明晰产权的制度环境中进行的，即合作双方拥有道德基础。根据冼国明和李诚邦的加入实施机制的博弈模型，当制度安排不够完善时，可通过道德变量控制参与方的投机行为；当制度安排完善时，可通过约束机制控制参与方的投机行为。

三、政治游说

通常是指跨国公司对相关部门进行游说，以期影响政府决策的政治活动。具体表现方式为：①与能够直接影响政府决策的本行业重要的特殊利益集团合作；②谋求与政府各形式的联合，包括正式与非正式；

③在专业领域与双边或多边团体合作；④利用外交渠道通过母国政府向东道国政府游说或施加政治压力，主要指跨国公司通过外交渠道向东道国政府施压。外商直接投资的利益集团在各种类型的社会中都发挥了异常突出的政治作用。跨国公司通过向政治家游说、向公众提供其所需且带有企业偏好的信息、参与游行与捐助、实施选民基础计划等方式影响政府决策的制定与实施过程，借此提高其自身的福利。跨国公司通过游说将预期捐献与政府的政策选择联系起来。当利益集团可能在政策向量的构成要素中有直接利益，并且不同的利益集团在共同的政策要素中可能存在不同程度的利害相关，则他们能够从易受影响的政策向量中得到一定的效用。如果一个利益集团希望影响政府的政策选择，它应该使政府清楚地意识到其决策与政府能从利益集团处获取的政治捐献间的关系，即捐献规模将因政府决策的变动而变动。

四、商业贿赂

商业贿赂是指跨国公司以行贿的方式收买相关政府官员，使其对东道国政府的决策进行干预，为跨国公司牟取不正当利益。该行为具有明显的违法特征，具体表现形式包括商业回扣、提供服务或以其他机会与其交换（交易机会或出国的机会）。商业贿赂直接影响东道国的公共收入，损害国家经济利益，形成政治上的权力腐蚀，成为造成东道国政府官员腐败的源泉。与前三种合法的政治行为最大的区别在于政治贿赂是跨国公司的腐败活动，其违法特征使得许多国家（包括 FDI 母国与东道国）从法律角度进行严惩，从而使政治贿赂的风险明显大与前三种合法 DUP。

第三节　DUP 对企业绩效影响

学术界对 DUP 对企业绩效的影响有不同的争论。部分学者认为 DUP 对社会总福利并未产生正面影响，只是形成福利由社会公众向利益集团的转移，并且在这一转移过程中可能存在社会福利的无谓损失。也有学者认为在这一过程中，政策对各方面潜在影响得到充分披露，有助于社会福利的提高。另外还有学者认为政策的制定受到各种制度与程序的影响，利益集团对其影响不大，因此DUP对社会福利的影响也就无从说起。现有文献中，部分学者认为公司非生产性牟利行为能够使其获得巨大回报（Shaffer，1992；Mash，1995），DUP与企业绩效的关系通常是企业通过DUP获取持续性竞争优势，并通过竞争优势提高企业绩效。但是相关研究多集中在企业集团或行业层面，而涉及单个企业的理论或实证研究的结果较为零散。

以政治活动为例，Cory（1995）对DUP与企业绩效关系进行实证研究，指出实施DUP的企业比未实施DUP的企业的绩效要好，企业绩效与维护政企关系投入规模和强度成反比。Hillman和Bierman等（1999）对单个企业通过政治行为对政府政策制定的影响进行研究。研究指出当企业能够通过政治行为建立良好的政府企业间关系时，企业交易成本减少，并获取其他经济收益。但是由于政治行为的隐蔽性，难以获取足够的数据进行实证分析，因此部分学者通过事项研究方法对两者关系进行研究，结果表明企业对政府企业间关系的积极投入将影响企业价值，且可能使企业获取其竞争对手难以模仿的特殊的政治利益。

已证实的是企业非生产性行为已成为企业生存以及取得商业成功不可忽略的因素。企业非生产性行为通常与生产性行为相互交叉，相互支持，并且能对企业的经济绩效产生显著影响。研究指出组织间的关系能给双方提供信息共享、增强资源交换效率的机会，从而增强组织竞争力。中西方学者对公司非生产性牟利行为对企业绩效的影响分析有所关注，但对其作用机制的研究相对滞后，更为重要的是现有对两者关系的研究中多以组织间静态关系为隐含假设，实际上组织间关系存在动态变化，这一变化使得两者的作用机制呈现出更为复杂的特征。因此本书试图从制度演化视角，从理论层面上探讨在政府企业间关系强度变化的背景下DUP对企业绩效的动态影响及其微观转化机制。

公司通过DUP影响政府企业间的关系进而获取政府对企业的支持，并以此实现企业的经济目标。而政府企业间的关系形成与作用机制受到多个因素的影响，制度影响尤为突出。各经济体间公司非生产性牟利行为表现形式上与其绩效差异的主要原因在于其经济体特殊的制度安排。

混合经济状态下，由于政府对资源的配置能力，企业往往争相从政府处获取其赖以生存的稀缺资源。与经济市场遵循价格机制实施资源配置的机制不同，政治市场上，资源通常以行政命令的方式进行分配。政治市场上的资源分配更加注重企业的政府企业间的利益偏差、价值观以及对政策指令的遵循程度。因此合法性是确保政府企业间的资源交换实现均衡的关键。社会学中的合法性是指“表现为文化方面的协同性、法律规章方面的一致性以及规范性的支持”。而新制度主义认为合法性实质是作为组织获取外部资源的一种有效手段，据此推论，组织的合法性由资源的控制主体赋予。因此当公司非生产性牟利行为能使两者制度趋同时，政府能够成为企业的合法性来源，即公司非生产性牟利行为通过加强政府企业间的关系，缩小两者利益偏差，加强组织合法性及其获取外部资源的能力。具体来说，DUP 为企业从政府获取强制权力提供便利，有效促使政府企业间两者组织结构的制度性趋同，企业的合法程度与资源优势由此得到增强。与竞争对手相比，企业的相对资源优势直接决定了企业竞争力，因此资源优势较弱的企业纷纷仿效资源优势较强的企业行为方式，包括学习其政治行为，引起权力机构的关注与认可，增强自身合法性。

通常情况下，随政府企业间的频繁互动，政府企业间的关系将随时间推移日趋紧密，企业的政治资本也得到积累。但随着政府企业间关系的加强，政府企业间关系将由强关系网络向弱关系网络转变，因此其获取资源的效率将逐渐偏离生产性功能，同时虽然政府支持使企业降低了交易费用，但是企业用于政府企业间关系的维护将带动管理成本的增加。因此公司非生产性牟利行为对企业绩效的影响难以简单判断。

图 4-1 展示了跨国公司 DUP 对其绩效的影响路径。企业的外部环境与内部现有资源共同决定了企业资本，企业将这些资本分散于经济活动与政治活动。经济活动能对企业的经济绩效产生直接影响，政治资源决定了企业实施政策行为的能力基础，但具体的实施策略与方法还将受到企业利益相关者行为的影响。企业通过 DUP 影响政府决策，政府在与企业的互动中，企业的经济绩效将对政府决策产生间接性影响。当政府偏

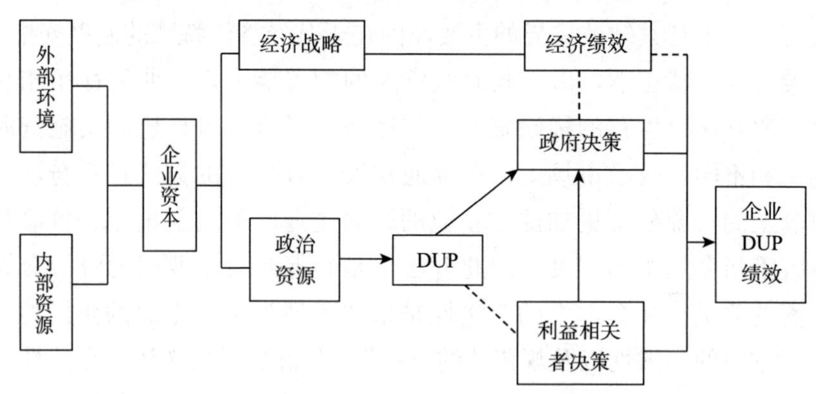

图 4-1　跨国公司 DUP 对其绩效影响

好经济绩效时，经济领域获得成功的企业更易受到政府偏爱，决策过程中将考虑其利益诉求，此时企业的 DUP 实施效果较好，但当政府偏好其他的考虑目标，如本土企业利益、劳动力就业等其他因素，企业的经济绩效对企业通过 DUP 影响政府决策的程度将有所减弱。因此跨国非生产性牟利行为的实施绩效将受到东道国的政治环境、制度因素、政府偏好以及相关利益者的行为的综合影响，难以一概而论。

第四节　企业实施 DUP 阶段分析

企业实施 DUP 主要是为了获取政府对市场的干预时产生的制度租金，但 DUP 实施过程中随阶段性不同，不同企业间面临的竞争市场环境也不同。早先研究认为厂商为追求制度租金最大化并不会使寻租投入等于租金，追求垄断特权的厂商均衡条件是投入的边际收益等于边际成本。塔洛克与波斯纳等人对寻求垄断特权的成本收益分析是静止且孤立的，未考虑多个企业共同竞争某一垄断特权的情况。实际情况中，由于垄断特权能够带来丰厚的制度租金，因此对其争夺的竞争十分激烈，这些企业的竞争行为与后果是相互影响的，即结果不仅取决于企业的直接投入，也取决于其相对投入。之前的学者仅对垄断特权的竞争结果进行描述性分析，较少涉及竞争过程的分析。但是获取垄断租金的前提是企业能够在众多竞争者中脱颖而出，获取垄断权，这个过程的竞争程度很高，一旦失败则意味着前期投入无法收回，因此企业可能付出巨大代价，随后是在成功获取垄断权后，将其转变为经济收益以弥补先前投入并获利。因此第一阶段称为竞争性阶段的 DUP，第二阶段称为垄断性阶段的 DUP。

假定有两个争夺垄断权的竞争者 A、B，双方争夺垄断权的结果仅取决于自身的投入，并且竞争者仅拥有自身相关的信息。

一、竞争性阶段 DUP

（一）两企业初始状况相同

两企业初始状况为 Q_0，寻求特权投入分别为 C_a、C_b，V 为垄断权收益，r 表示两者的相对效用。由于竞争者在竞争阶段并不知道对方投入，因此 r 取决于两企业效用之比。$\frac{\partial V}{\partial C}>0$，$r=\frac{V+Q_0-C_a}{Q_0-C_b}$。两企业非合作博弈如表 4-2 所示。

表 4-2　竞争性阶段两企业非合作博弈

		B	
		成功	失败
A	成功	—	$\frac{V+Q_0-C_a}{Q_0-C_b}$，$\frac{Q_0-C_b}{V+Q_0-C_a}$
	失败	$\frac{Q_0-C_a}{V+Q_0-C_b}$，$\frac{V+Q_0-C_b}{Q_0-C_a}$	—

（1）竞争性寻租阶段，企业极力排他，为寻求垄断权的领先一步原则；

（2）竞争性寻求垄断权阶段的投入与垄断租金呈正相关，但相关程度由竞争程度决定。当竞争程度非常高时，投入可能超过租金；

（3）竞争性结果不仅取决于自身投入，也取决于竞争对手的投入。

由此可知在竞争性阶段，垄断权的取得者仅有一方，但其他竞争者也耗费大量资源且无法获得回报，而所有竞争者的投入均构成寻求垄断的社会成本。可得以下推论：

（1）寻求垄断权竞争者越多，社会成本越大，即对社会福利的负面影响越明显；

（2）寻求垄断权的社会成本投入总和可能大于垄断导致的社会损失，验证了塔洛克关于寻求垄断权的社会成本大于垄断租金的猜测性描述。

数学证明：

假设 A 成功，则其相对效用水平大于 1，

即：$r=\dfrac{R+R_0-C_a}{R_0-C_b}>1$

即：$R+C_b>C_a$，则可能出现 $C_a>R$ 的情况。若 B 成功，证明亦如此。

（二）两企业初始状况不同

当放松假设，A、B 两企业实施 DUP 前规模分别为 Q_a 与 Q_b，$Q_a\neq Q_b$；政府企业间的关系分别为 R_a 与 R_b，$R_a\neq R_b$。企业成功获取垄断权的概率 ρ，不仅取决于自身的绝对投入，还取决于其相对投入。企业保持政府企业间的关系需要成本投入，A、B 企业用与政府企业间的关系维护的成本为 $S_i=mR_i{}^{\gamma}$（$R_i\in[0,1],\gamma>2,i=a,b$）

因此：$\rho_a=k_1\left(\dfrac{Q_a}{Q_b}\right)^{\alpha}\left(\dfrac{R_a}{R_b}\right)^{\beta}$，$\alpha,\beta\in(0,1)$

$\rho_b=k_2\left(\dfrac{Q_b}{Q_a}\right)^{\alpha}\left(\dfrac{R_b}{R_a}\right)^{\beta}$，$\alpha,\beta\in(0,1)$

企业实施 DUP 成功后所获利润分别为：

$\pi_a=V(\rho_a)-mR_a^{\gamma}=V\left[k_1\left(\dfrac{Q_a}{Q_b}\right)^{\alpha}\left(\dfrac{R_a}{R_b}\right)^{\beta}\right]-mR_a^{\gamma}$，

$\pi_b=V(\rho_b)-mR_b^{\gamma}=V\left[k_2\left(\dfrac{Q_b}{Q_a}\right)^{\alpha}\left(\dfrac{R_b}{R_a}\right)^{\beta}\right]-mR_b^{\gamma}$

由于概率高者成功，且获取全部垄断租金，因此对企业而言，高成功率与高利润相联系。通过纳什均衡一阶条件求解，可得：

$R_a^*=\left(\dfrac{\sqrt{k_1k_2}\beta}{m\gamma}\right)^{\frac{1}{\gamma}}\left(\dfrac{k_1}{k_2}\dfrac{Q_a}{Q_b}\right)^{\frac{\alpha}{\gamma-2\beta}}$；$R_b^*=\left(\dfrac{\sqrt{k_1k_2}\beta}{m\gamma}\right)^{\frac{1}{\gamma}}\left(\dfrac{k_2}{k_1}\dfrac{Q_b}{Q_a}\right)^{\frac{\alpha}{\gamma-2\beta}}$

为便于分析，假设 $Q_a > Q_b$，

（1）k_i 上升，则政府对资源分配的干预力度加大，则 R_i 增加，即当政府对资源配置干预力度加大时，企业获取较高的政府企业间的关系有利于其政治行为的成功且能带来更多商业利益。

（2）β 越大，则意味着政府决策中主观性越强，企业对 DUP 的重视程度相应提高，但易造成企业 DUP 投入过度。

（3）γ 越大，则企业维持政府企业间关系的成本投入上升越快，相应的 R_i^* 越小，即政府对非法 DUP 惩处力度越大，企业采取非法 DUP 的成本越高，能够有效避免公司 DUP 过度投入与保持健康的政府企业间关系。

（4）企业相对规模与相对政府企业间关系越大，其实施 DUP 的成功率越高，在第一阶段的竞争中更易成功，获取垄断权。

因此：①在寻求垄断权的竞争中政府介入程度与其创租程度呈正相关；②如考虑政府企业间关系，根据局内人优先原则，与政府亲密度高的企业更易获取垄断权。

二、垄断性阶段 DUP

垄断权的竞争成功者将在第二阶段通过运用垄断权实现其经济利益，包括第一阶段的竞争投入、生产性投资与超额经济利润。因此第一阶段的成功是实施第二阶段的基础，第二阶段的经济目标才是竞争者竞争垄断权的最终目的。竞争成功的厂商将按自身生产投资与竞争投入的规模重新确定商品的市场供给规模与价格，此处隐含条件有：①商品价格需求弹性较小，垄断价格的实施不能明显影响市场需求量，且消费者也难以找到类似替代品；②市场不存在能与之抗衡的竞争对手。因此厂商在制定垄断价格时只需考虑：厂商投入、消费者集团影响力、政府价格管制与政府寻租意图。

竞争阶段的胜利是实施第二阶段的前提，因此竞争者将以巨大的成本投入试图取胜，并以此威胁试图进入该领域的潜在竞争者，因此竞争者一开始就有扩大投入的倾向与动力。根据奥尔森理论，当垄断厂商面

临的是影响力程度不大的消费者集团时，厂商往往具有更强的提价动力，且更易成功。当政府拥有厂商的完全信息且严格执行规制时，厂商的提价措施将受到阻挠，但当政府对厂商信息拥有不完全，且存在政策缓冲时，厂商较易实现提价。当政府寻租意图明显，且创租、抽租频繁时，政府出于实现自身利益考虑更以支持厂商的提价，且双方更趋向于合作。因此：

（1）第一阶段竞争越激烈，其获胜者在第二阶段提价的压力越大。

（2）为获取部分租金，政府有与垄断厂商合谋的动力，将进一步提升垄断价格。

（3）与垄断厂商相抗衡的压力集团影响力越弱，厂商提价越容易。

考虑到公共选择理论中关于政府通过出卖权利与政策获利假设，得出另一推论。

（4）当政府接受盈利性组织的捐助时，可能导致其行为扭曲。

第五节　本章小结

跨国公司实施 DUP 的根本目的是为了获取风险调整后的经济收益最大化。因此跨国公司实施 DUP 动因包含五方面：①根本动因：跨国公司与东道国政府间目标差异；②完善性动因：向政府传递有效信息，完善政策环境；③规避性动因：降低现有政策负面影响；④竞争性动因：影响政府未来政策走向；⑤预防性动因：弥补公司与政府不完整合同。跨国公司典型 DUP 主要包括：商业谈判、政治合作、政治游说以及商业贿赂等。涉及理论研究的典型 DUP 包含四方面：商业谈判、政治合作、政治游说以及商业贿赂等。

学术界对 DUP 于企业绩效的研究中存在争议，部分学者认为 DUP 的结果是福利由社会公众转移至利益集团，甚至形成社会总福利的损耗，但部分学者强调 DUP 促使部分企业拥有竞争对手难以模仿的相对资源优势，以此增加实施 DUP 企业的综合商业绩效。

企业通过 DUP 获取政府对市场的干预时产生的制度租金，即获得垄断权，但涉及竞争过程的不同阶段时，企业 DUP 投入面临不同的约束条件。假设 A、B 两企业通过 DUP 争夺垄断权，且只拥有自身相关信息。在竞争性阶段，①两企业初始状况相同时的非合作博弈下，仅有一方取得垄断权，且该阶段的企业投入可能超过租金，因此竞争者越多，社会福利损失越大；②两企业初始状况不同时，高成功率的企业获得高利润，政府介入程度越高，租金越高，而与政府关系密切的企业更易获得。而在已经形成垄断阶段，垄断权所有者将在该阶段通过运用垄断权实现经济利益，并收回前一阶段投入成本。因此综合来看，第一阶段竞争越激烈，第二阶段提价压力越大。

第五章 东道国对跨国公司DUP规制分析

第一节 东道国对跨国公司DUP规制动因

政府规制又被称为政府管制，是指政府按照一定的规章制度对社会主体与经济主体的活动进行一定程度限制的行为，有时也用于描述政府相关部门依照一定的法律程序对企业行为进行干预的过程。实施目的主要是针对诸如不完全竞争、自然垄断、信息不对称与外部性等一系列市场失灵的现象，政府在其法律授权内依据规制措施对经济主体的行为进行干预。按其功能将规制划分为社会性规制与经济性规制。前者是指政府出于保护公民生活安全、公众身体健康以及社会安全的目的对商品服务、社会环境以及公共场所实施的社会化管制；后者是指政府出于维护市场公平竞争与稳定经济等目的对经济生活进行行政干预。随着社会经济的发展，两种规制已经没有明确的划分界限，本书对政府规制的研究侧重于后者。按其实施目的不同，可分为竞争性规制与保护性规制。前者是指政府通过分配特许权或服务权以规范经济主体行为，后者是指政府为了维护公共利益，设定一系列的规章制度对私人行为加以限制。按其手段又可分为直接规制与间接规制。前者是指为防止经济中出现对社会福利存在负面影响的市场绩效，政府通过行政或法律手段直接干预经济主体的行为；后者是指为维护竞争秩序，以政策引导等手段间接影响企业行为。

在经济学发展过程中从未中断有关政府是否应干预经济的争论。20世纪的经济危机中，由于凯恩斯主义在经济复苏中的作用占据经济学主流地位，同期主流财政理论也主张通过预算手段干预市场，由此政府干预论盛极一时。政府有意识干预经济主体的行为始于19世纪中后期政府实施的反垄断政策，跨国公司则是一种产生于19世纪下半叶着眼于全球市场的企业形态。在 20 世纪 30 年代经济大萧条后，政府对经济主体行为的干预进一步加强，政策开始具有宏观调控的特征。二战后，跨国公司的兴起模糊了国家权力与公司权力的界限，逐步打破了国家的经济界限。20 世纪 70 年代以来，国际上对跨国公司行为进行规制的要求日益突出，许多国家为了削弱其垄断势力，降低其对社会资源的调动力，开始制定并实施了针对跨国公司的管理法规。但由于各国主权的约束，无法建立起全球性的财政预算与凌驾于国家之上的政治机构，因此各国对跨国公司管制的形式、效率、公平性均有差异。

一方面跨国公司在其发展过程中凝聚丰富的经济资源与由此衍生出的社会资源与政治资源，凭借对其拥有资源的综合运用，跨国公司拥有了足以影响社会公共行为与政府政治决策过程的垄断性力量，但这只能在一定程度上侵蚀国家主权的独立性，而非完全取代；另一方面由于政府对跨国公司进行规制的根本原因在于使其更好地服务于本国需要，因此东道国本质上仍然是需要跨国公司的投资，为使规制更好地实现双方的共同目标，并使规制的负面影响最小化，东道国在制定规制时通常与跨国公司进行谈判，以谋求一个双方均能接受的结果。因此跨国公司有实力且有机会对东道国规制产生影响。跨国公司从进入一国投资到最终退出都需与政府进行谈判，其谈判的频率与涉及内容的深度取决于政府对市场的干预程度和跨国公司的反应速度。在双方的谈判过程中，政府的谈判实力与其对国内市场的控制力成正比，与对外资的依赖程度成反比，而跨国公司的谈判实力恰与之相反。

跨国公司对一国的投资不可避免地带来对当地的负面影响，因此东道国政府均在一定程度上对本国的跨国公司的行为进行规制，使其投资对本国社会福利正面影响最大化，负面影响最小化。而东道国政府规制跨国公司行为的必要性多集中在以下几点。

一、保护市场竞争秩序

当实力雄厚的跨国公司进入发展中国家时，由于发展中国家企业通常实力较弱，无法与之抗衡。跨国公司通常通过以下三种渠道实现其垄断地位：①兼并东道国企业，隐性绕过东道国准入限制；②进入前期与东道国企业合作或合资，待其熟悉东道国市场后再扩大其股份权；③设立控股公司进行资源调配，影响生产要素的流动。跨国公司垄断地位的形成直接导致竞争者数目的减少，垄断者之间为了避免过度竞争导致的两败俱伤，常以秘密或公开的方式结成产业同盟，共同限制竞争，以实现阻碍新竞争者进入，共同瓜分市场的过程。并且为了实现利润最大化，巩固其垄断地位，跨国公司寡头将试图参与东道国的政治决策，加剧市场竞争秩序的扭曲，产生市场支配地位的滥用。东道国作为本国福利的代表，需对其影响市场正常竞争秩序的行为进行干预，维持市场竞争的公平，维护社会稳定，促进经济健康发展。

二、保护本国民族产业

当跨国公司进入到东道国之后，便与东道国同行业的公司成为竞争对手。为获取市场垄断地位并维持该种垄断权利，在无第三方干预时，跨国公司运用其强大的经济实力一方面扩大其市场份额，另一方面并购东道国的其他企业。当跨国公司对该行业的领导地位或垄断地位确立后，该行业的竞争格局被转变，跨国公司凭借其垄断将获取垄断租金，形成东道国消费者福利与同行业其他竞争者福利向跨国公司转移的局面，并且由于垄断形成东道国无谓的社会福利损失，对国民经济的发展产生不利影响。同时由于跨国公司通常掌握先进的核心技术，造成东道国企业对其技术依赖与市场竞争中的劣势。即便跨国公司向东道国企业进行技术转移，也多为成熟的落后技术，已失去市场竞争力。另外，市场也是技术的基础，企业只有拥有足够的市场，才有足够的资金投入技术研发中，但由于跨国公司对市场的垄断，使得东道国企业的技术研发陷入投入不足的困境。因此需要东道国政府对跨国公司的垄断性商业行为与技术转移做出必要干预，以保证本国产业有足够的生存空间。

三、维护国家安全

无论是发展中国家还是发达国家均对跨国并购可能涉及国家安全的领域进行严格限制，这也是东道国政府对跨国并购规制的重点。不仅限制跨国公司对国家防务的进入，甚至对涉及国家防务的国内相关生产领域与技术研发领域都禁止或严格限制跨国并购的进入。不仅如此，东道国还对关系到国家经济基础产业中的跨国公司的进入与运营均有较为严格的规定，使其行为在政府可控范围之类，维持本国企业在本行业的实际垄断地位，便于国家相关政策的贯彻实施，减少外资竞争产生的本行业的波动由此引发相关行业的不稳定。

四、保护国家主权独立与完整

Neil Hood 与 Stephen Young 在其《跨国企业经济学》一书中指出东道国规制跨国直接投资必须建立在维护国家主权的基础之上。尽管这与经济效益判断存在某种程度上的不符，但这是规制实现公平与效率的基础。跨国公司进入东道国后，将对其经济、社会与文化等方面产生影响，其经济行为的无国界影响到东道国的主权独立性与完整性。首先，跨国公司为追求其全球战略目标与东道国间存在目标上的结构性差异，跨国公司可凭借其丰富的经济资本与社会资本，以政治行为改变立法者的偏好，影响东道国政策的走向，干扰东道国主权的独立性。其次，跨国公司通过公司文化与经营理念的推广，对东道国的社会价值观产生影响。第三，跨国公司利用东道国制度的不完善，进行制度性寻租，损害国家经济利益。如跨国公司对发展中国家国有企业并购过程中，利用其“所有权缺失”低价收购国有资产，侵吞国家财富；跨国公司利用东道国税收体制的漏洞，通过转移定价等方式，人为造成账面上的亏损，损害国家利益，如 2003 年，在华跨国公司平均亏损 51%～55%，其中三分之二属于非经营性亏损。第四，跨国公司的经营还涉及母国政府的支持，当跨国公司在东道国某一行业形成垄断时，一旦东道国与其母国发生利益冲突时，跨国公司通常会维护母国利益。因此东道国政府去对跨国公司的非经济行为，尤其是政治行为进行规制。

政府规制问题实质是激励机制的问题，跨国公司采取与东道国政府利益不符的行为，并非因为跨国公司不愿遵守东道国政府的要求，而是因为该行为能降低生产成本或获取额外收益。通过合理的制度规制，当跨国公司行为与东道国政府不符且将因此受损时，跨国公司就主动规范其行为。

第二节　东道国对跨国公司 DUP 规制方式

一战前东道国规制与跨国公司的关系一般较为简单，主要源于资本来源国试图通过对外投资实施对殖民地的统治，此阶段的 FDI 带有明显母国政府意愿。二战之后至 20 世纪 80 年代，伴随着发展中国家政治独立，多数国家已经形成了较为完备的投资政策框架，但出于对殖民主义在经济领域残余的敏感，东道国对跨国公司的 FDI 控制较多。80 年代后，越来越多的计划经济体制国家向市场经济体制转型，伴随区域经济与新型工业化国家的兴起，发展中国家开始重视通过吸引 FDI 促进本国经济发展，各国间的引资竞争加剧，纷纷制定优惠政策以吸引跨国公司的 FDI 进入（UNCTAD，2000）。同时跨国公司对东道国外资政策关注度逐步提高，不少研究指出发展中国家的外资政策对跨国公司投资决策产生重要影响（冼国明、葛顺奇，2002），部分研究提出跨国公司通过利用引资国间的竞争以获取更多收益分配（OECD，2000）。从历史发展来看，东道国的外资政策随东道国政府与跨国公司关系的变化，经历了蜜月期、冲突期与自由化时期的发展（谢康，1999）。

政府对跨国公司实施规制实质是东道国对跨国公司权力扩张的一种反应，但规制的变化过程则是东道国与跨国公司力量的对比。对于政府而言，国内资本与技术的缺乏是迫使政府放松规制的主要动因。发展中国家 70 年代爆发的债务危机使其 80 年代难以从国际商业银行获取满足其经济发展的商业贷款，同时由于经济衰退，发达国家同期也明显削弱了对发展中国家的经济援助。为获取足够的资金用于发展经济，80 年代各国普遍开始放松跨国公司规制。据统计，1991—1996 年的 6 年间，各国政府对外国直接投资规制的调整中有 95%是趋向自由化的。

针对跨国公司在东道国并购产生垄断、外部性与信息不对称问题，东道国制约其行为的规制有所不同。

一、对跨国公司垄断的规制

世界各国通常会依据反垄断法规制跨国公司的垄断行为，主要涉及准入规制、股权规制与并购规制。

（一）准入规制

即东道国政府根据其经济与政治利益需要，对外资能否进入某行业、以何种方式进入以及进入的特殊要求等方面的限制性措施，多为关系到国家安全的基础性行业，如国防、能源、通讯与传媒等。东道国对外资设立准入壁垒主要是出于国家安全、经济目标或公共道德等公共政策问题的考虑，此方面的限制体现了政府优先考虑本国发展目标。各国具体情况不一，因此对禁止外资进入的领域规定差异较大。为使外资经营与东道国利益目标相符，东道国通常运用产业政策引导外资的投入方向，引导其进入本国亟待发展或重点发展的行业。如美国法律规定对进入工业技术、国防机密与能源领域的外资需通过安全审定，德国反垄断法规定涉及食品、银行、医药、饮食与旅游业等产业外资需经政府特许，俄罗斯与加拿大均已明确表示本国油气资源领域将限制外国国有企业进入。

（二）股权限制

即对外资进入的不同产业或企业的持有股权予以限制或规定。这种限制并非对于外资的排斥，而是为了鼓励本土企业的参与。各国对外资的股权限制一般分为两类：规定一个适用于一切行业的股权比例，或针对不同行业设定不同比例。实施前一种方法的国家越来越少，多数国家采取后一种。当东道国产业竞争力较强且对国计民生影响不大时，东道国通常实施较为宽松的股权限制，甚至允许外商独资。对于起步性产业且该产业的相关产业较多，如钢铁、汽车制造等，则实施较严的股权限制要求，鼓励合资或合作，以此支持东道国企业从与跨国公司的联合经营中获取技术、管理的外溢效应。对于重要行业，尽管允许一定比例的外资进入，但行业的领导地位或垄断地位需由国有企业掌控，如中国的石油、金融服务等。对于产品销售渠道不同的企业，其股权限制也不相同，如以出口为导向的企业，其外资股权的限制较为宽松，以国内市场为导向的企业，其股权的限制较为严苛。

（三）并购限制

即对跨国公司对本国企业的并购行为进行限制。通常对于关系国家经济基础的企业并购，不予批准；对重要行业中垄断地位的国有企业的并购，予以禁止；对于跨国公司并购行业竞争者的行为，根据具体要求规定不尽相同。对于非重要行业中的微利或亏损企业并购，通常允许实施，以实现资源效率的优化配置，对跨国公司为实现一体化对上下游企业的并购，规定也较为宽松。

二、对跨国公司外部性的规制

为吸引外资，弥补本国区位优势不足，或为扩大跨国公司行为的外部正效应，缩小外部负效应，避免由于外部性影响跨国公司在东道国国内运用先进技术的积极性，东道国通常采取一定的鼓励性规制以激励跨国公司的技术创新与应用，以期对当地经济产生外溢效应。

（一）财政鼓励措施

东道国通过减免税收、特定行为的奖励或给予补贴等财政手段对外资的鼓励措施，通常能够有效地吸引外资，发展中国家偏爱使用该种激励措施，且不少国家经验证明，该措施短期内能够有效促进外资规模的增加。对于拥有世界先进技术或东道国所需技术的跨国公司给予针对性的税收减免或补贴，缩小外企技术转让时的社会收益与私人收益的差距，鼓励其技术投入，以此产生“辐射效应”。但此种措施的实质是东道国向跨国公司进行让渡部分利益，以增加后者的盈利空间，换取其投资，但如果引资国间仅依靠此种措施竞争外资，则易形成“竞争到底”的被动局面，造成国家福利向跨国公司的过度转移，社会福利并未因外资投入而有所增加。在这一种竞争模式中，经济实力较强的国家多是胜者，经济实力较弱的国家福利进一步受损。

（二）金融鼓励措施

指政府通过贷款、担保、保险、投资与汇率等金融手段对外资的鼓励措施。发达国家受到财政约束且国内金融市场发展较为成熟，因此偏好使用该种措施吸引外资。具体包括政府对投资项目予以补贴、给予投资项目优惠性贷款或对贷款进行担保、公共机构参与投资项目以及政府优惠费率保险等。

三、对跨国公司信息不对称的规制

（一）价格规制

竞争度较高行业的产品或服务的价格能够通过价值规律来确定，但如果跨国公司与政府间存在信息不对称时，为保护消费者权益，政府需对该行业的产品或服务进行限价规定。具体包括边际成本定价、次优价格定价与平均成本定价。

（二）数量与质量规制

数量规制是指政府对外资产品的生产与进出口的数量进行规制。质量规制是指当消费者不易判定产品或服务的质量时，政府将对其进行规制。但通常情况下政府将两种措施联合使用，即价格规制中包含质量规制。

（三）当地权益要求

发展中国家通常要求外资在本国的经营需有当地企业的参与。当地权益使外资与当地企业产生联系，避免由于外资突然撤资导致当地经济混乱的局面。同时当地权益要求还迫使外资更有效地遵守东道国法律。通过当地权益要求，能够增强东道国弱势行业中外资先进技术与管理经验的溢出效应。

（四）管制与征收

外资进入东道国是有条件的，当外资不再符合相应的条件时，东道国将依法对其进行管制甚至征收。如东道国对审查通过的外资颁发许可证，当条件不符时，许可证将被撤销。

东道国针对跨国并购采取何种规制取决于不同时期的政策需要与跨国并购对东道国产生综合性影响。当东道国需要保护民族工业时，倾向对跨国并购实施较严的规制，当东道国继续引进外资发展本国经济时，则采取较为宽松的规制，甚至对外资给予充分的优惠待遇与“超国民”待遇。当跨国并购对东道国产生的正面效应大于其负面效应时，东道国将对跨国并购采取支持的态度，当跨国并购对东道国产生的负面效应大于正面效应时，东道国将对跨国并购采取限制甚至反对的态度。

参照青木昌彦的经济制度运行理论，将制度过程类比于博弈过程，分别将制度看作博弈的参与人、博弈规则和博弈过程中参与人的均衡策略，并且将博弈规则解释为内生的，即通过包括实施者在内的博弈参与人之间的策略性互动而最终得以自我实施，制度的结果，最终是一种博弈均衡的结果。如前文所述，跨国公司与东道国间存在明显利益偏差，但在全球经济一体化的进程中，两者又不可避免地相互依赖。Leone（1986）指出由于政府对市场干预的各项政策与措施对不同企业的影响程度不一，因此出于对利润的反应，企业将设法参与政策制定过程，通过实施政治行为获取倾向性的政府规制，并以此获取竞争优势。东道国政府规制与跨国公司 DUP 相互影响机制如图 5-1 所示。

东道国政府政策的实质是政府以其强制力作为保障，向社会各成员进行利益的重新分配。利益分配给谁？按多少比例进行分配？均由政府决定。因此任何政策都有可能导致企业间的利益转移。基于利益最大化的追求，企业将通过 DUP 影响政府决策。试图从某项政策中获利的企业将全力支持该项政策的推广与实施，而因该政策损失利益的企业将采取

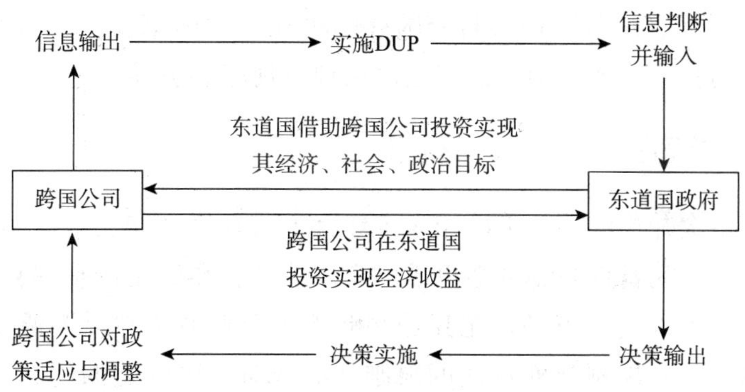

图 5-1　东道国政策与跨国公司 DUP 相互影响机制

各种措施，试图阻止或延迟该项政策的推广与实施，甚至可能采取一系列市场与非市场行为迫使政府修订或废止该项政策。政府的决策过程实质是企业用于拓展其生存空间的一种竞争工具，因此企业 DUP 与政府决策间是相互影响的关系。政府对经济的干预导致企业外部环境的不确定性，从而增加交易费用，而企业通过 DUP 成功获取其潜在利益将直接影响企业经济绩效与其核心竞争力。

跨国公司经济目标与东道国社会目标存在结构性差异，这种矛盾非但不利于促进东道国经济健康发展反而可能对其造成负面影响，因此东道国政府需要制定相关外资政策对 FDI 进行引导和规制。政府对经济活动的干预，使跨国公司进行投资决策时需考虑现存外资政策和政策调整对投资收益的影响，并采取相应的投资策略。越来越多研究指出东道国外资政策对跨国公司投资决策产生重要影响。

第三节　东道国政府对跨国公司 DUP 规制的启示

由于发展水平与经济制度方面的差异，各国对外资的规制存在明显差异。部分管制措施在本国投资者与外国投资者间存在明显的歧视性差异。

一、发达国家对跨国公司 DUP 的规制

FDI 流向的数据表明，尽管近年来发展中国家或地区的 FDI 得到了

迅速发展，但绝大部分 FDI 与跨国并购仍在发达国家发生，西方发达国家对企业的管理主要是通过制定法律法规以规范和引导企业行为。

（一）美国：注重竞争与效率

经过多次并购浪潮，美国作为全球首个对外资并购实行规制的国家，其规制模式的完备性与制度性也成为全球典范。尽管美国提倡自由经济，但外国资本进入美国市场，尤其是并购美国企业时仍然需要通过一系列严密的国内并购规制与外资法的限制。美国对跨国并购的规制主要由国会的三个规制并购法律体系与政府的规制并购行为准则组成。

联邦议会与州议会的三个法律体系是联邦反托拉斯法律体系、联邦证券法律体系与州一级的并购法律体系。联邦反托拉斯是美国规制跨国并购法律的核心，其历史发展具有由严至宽的趋势。其中《谢尔曼法》（1980）是美国第一步反垄断法，旨在禁止垄断，保护竞争。《联邦贸易委员会法》（1914）旨在取缔商业中不公平的竞争与欺诈行为。对《谢尔曼法》进行补充的《克莱顿法》（1916）对跨国并购产生深远影响，该法对垄断进行界定，认定“大大削弱竞争或导致垄断”的并购是非法的。针对《克莱顿法》的弊端，《罗宾逊—帕特曼法》（1936）、《赛勒—凯尔法》（1956）、《哈特—斯科特—罗狄洛法》（1976）与《反托拉斯程序修正法案》（1980）分别从价格歧视、导致垄断的资产收购以及联邦与各州的立法审查权等方面对《克莱顿法》进行补充。

联邦证券法律体系主要由三部法律构成。《联邦证券法》（1933）要求以股换股的收购要约应向 SEC（联邦证券交易委员会）注册。《联邦证券交易法》（1934）规定 SEC 实施证券法案，对证券交易进行管理与监督。《威廉姆斯法》（1968）是设计并购的联邦证券法的核心。该法的主要目标有：①强制收购人向目标公司股东就有关事项进行信息披露；②规范并购程序，保证要约严肃性以及目标公司的股东不受不正当压力；③保护股东待遇的平等性；④确保收购方与被收购方的管理部门间竞争环境公平。

州一级的并购法律的特点是限制或惩罚敌意性并购，从法律上支持被并购方的反并购行为。由于各州法律相差较大，美国最高法院于 1982

年判决取消州法律，但在具体实践中，州法律仍能给予被并购公司较好地保护，尤其是应对跨国并购时。

在执行机构方面，美国对并购进行管理的是联邦贸易委员会(FTC)、司法部与各州相关部门。司法部为了增强实施效果，每隔数年就颁布一次并购准则，以划分何种并购可被政府批准，何种并购将得不到批准。目前，美国先后公布了 5 个企业并购指南，用于指导并购活动。前三次由司法部颁布，第四次由司法部与 FTC 联合颁布，第五次是 1997 年的修订。

美国针对跨国并购的特殊限制主要体现在国家安全法与产业政策法方面。国家安全法方面具有代表性的是“埃克森—佛罗里奥修正案”即《国防生产法》第 721 款。该修正案规定，当国外公司在并购美国公司的过程中涉及国家安全产业时将受到外国投资委员会（CFIUS）[①] 的审查，同时授权在一定情况下允许总统依据“可信证据”搁置或取消该交易，即使该交易已经完成，依然可根据该交易中是否存在未履行的通知义务而剥夺该外国投资人的权利。该法案为跨国并购威胁美国国家安全时，美国对其进行规制提供了法律依据。《国家防务授权法案》（1993）第 873 条（a）有对该法案进行补充与完善，将调查范围扩大至：并购者受到国外政府控制或代表国外政府活动；并购“可能”导致美国跨州商务的活动个人被控制，并且这种控制“可能”影响美国国家安全。产业政策方面，美国在部分重要的行业中限制外资进入，如通信行业、交通运输行业、资源开采业、金融保险业与国防工业等。

实施过程中，美国通常采用双重标准，对国内企业间的并购规制较松，有效促进国内资源的整合，但对跨国公司对本土企业的并购规制较严，涉及竞争政策、产业政策与安全审查制度等，不仅限制跨国并购对本国的负面影响，同时限制国外企业竞争力的增强。

（二）加拿大：公共利益标准

加拿大作为全球利用外资最多的国家之一，对外国资本，尤其是美

① Committee on Foreign Investment，简称 CFIUS，是美国财政部下属负责对海外并购交易进行国家安全审查的机构。

国资本依赖严重。其对跨国并购的规制经历了开放→限制→再开放的螺旋式发展过程。加拿大基于公共利益原则考虑，对跨国并购的限制严于对国内并购的限制，并且在重点部分实施重点保护。

加拿大地广人稀，但其国内资本不足，因此发展初期严重依赖国外资金，对外资实施开放政策。大量外资的涌入促进了加拿大经济的发展，但过量的外资也对其产生不利影响，主要表现在外国资本占比较大，不仅直接影响加拿大的经济结构布局，甚至直接影响加拿大主权的独立性。尤其是二战后，美国资本几乎控制了加拿大重要的行业部门，其中制造业美国资本占比 80%，石油天然气行业占比 70%，交通设备工业占比 76%。而加拿大 500 家公司中，外国资本控制了 280 家。由于加拿大主权独立性受到影响，国内“经济民族主义”盛行，促使加拿大政府 1974 年颁布了《外国投资审查法》，明确保护国内“关键部门”，并要求所有在加拿大投资的外资项目均需要经过相关政府机构的审批。审批机构有权决定是否批准投资或设立其他限制条件。由此加拿大对跨国并购的规制进入限制阶段。20 世纪 80 年代后，由于全球经济不景气，加拿大经济低迷，为促进本国经济发展，加拿大政府 1985 年颁布《加拿大外国投资法》，实施自由化外资政策，逐步放开国内产业，以吸引外资促进本国经济发展。但对跨国并购的审查仍严于新建投资。

外国投资者并购加拿大本国企业时，需依据《加拿大外国投资法》的规定按照并购交易规模或资产额向加拿大外国投资局申报或提交审查申请。前者是指当交易额或资产额未超过规定时，仅需向外资主管机构通报交易情况即可；后者是指当交易额或资产额超过规定时，并购方需向外资主管机构提出审查申请，并接受审查。其中当被并购目标位于特殊产业（如金融、能源、交通与文化通讯）时，政府机构将对其进行更为严格的审查。《加拿大外国投资法》规定，国外投资者并购加拿大公司时需通知政府，由政府决定是否进行正式审查，而审查的标准是该并购是否对加拿大产生净收益。当跨国并购符合加拿大净收益时，加拿大政府予以批准；当跨国并购不符合加拿大净收益时，政府予以驳回。若未经审批或审批不予通过的交易已经实施，将按要求剥离相关资产使其符合加拿大净收益标准，对于拒不执行剥离资产决定的国外公司，加拿大政府将采取强制措施执行。

从发展历程看，加拿大政府对于跨国并购的规制依据其经济需要经历了自由到限制，又到自由化的历程。尽管现行的跨国并购规制逐步趋于宽松，但是针对外国投资的规制依旧严于国内投资，而针对跨国并购的规制依旧严于新建投资。因此加拿大政府对跨国并购规制的放松是螺旋式的上升的放松，而不是简单地实施自由化。加拿大在外资并购规制中始终以公共利益为原则，尤其是针对关键部门的并购规制上。

（三）日本：保护国内市场

日本对外资的基本政策是保护国内市场，限制国外资本的流入，鼓励本国企业对外投资，因此是有限开放的规制体系。

尽管二战后，日本国内资本匮乏，但日本没有通过引进外资来促进本国经济发展，而是以自主创新模式实施工业化，以国家信贷的方式给予大中型企业资金扶持，从国外购买先进技术后投入本国市场，并不断进行改良以形成自身的技术优势促进产业发展。尽管日本曾先后多次宣布资本自由化措施，但整体上实施效果不佳，日本对本国资产有着浓厚的保护主义，对针对本土企业的跨国并购实施较为严苛的规制。

1. 对外资进入行业的限制

对国家安全与敏感产业基本上禁止外国资本的渗透。明确外资禁止进入烟草业与盐业，对海运、空运、广播电视、有线电视、军工、核能、麻醉药品以及电讯等多个部门名义上实施“国家安全”方面的限制，但实质上基本禁止外资进入上述部门。此外对采矿业、农林业、水产业、毛皮加工业与石油天然气行业等均对外资进入实施严格控制。日本一向注重保护与扶持竞争力较弱的本国产业，奉行“先保护育成，再开放竞争”策略，因此推迟资本自由化进程，对外资并购规制严格，避免外国资本支配本国产业。

2. 对外资持股比例的限制

日本根据产业、商品竞争力的大小分阶段、渐进式地实行自由化措施。1963 年前，外资在日本的控股比例一直限制在 49%以下，1963 年后，尽管有所提高，并且部分限制性产业也对外开放，但外资的进入依旧受到严格审查。日本 1967 年颁布《对内直接投资自由化决议》中规定：将综合竞争力较强且与外国企业差距小的产业划为第一类自由化产业，该外资可拥有产业的企业100%股权；将具有相当竞争力，但与外国企业差距较大的产业划为第二类自由化产业，外资拥有该产业的企业股权不得超过 50%；第三类产业为非自由化产业，对外资的出资比有严格限制。

3. 对外资并购的审批制度

日本对外资并购的审批经历了由严至宽的渐进过程。如今，外资在自由化产业领域的新建投资，不再实施审批，而实行申报。凡符合法律规定的投资项目在按法定程序提出申请后 30 天将自动获取许可，但对符合下列条件之一的项目将进行审查：①不利于国家利益、公共秩序与安全；②严重影响日本企业活动与经济发展；③该投资来自于日本无双边投资保护条约或其他国际协定的国家；④其他情况需要经过审批的交易。但是对非自由化产业的外商投资与各产业中现有企业的跨国并购，仍需经个别审查批准。此外对农林渔业、矿业、石油提炼与皮革制品加工等行业的并购以及与国家安全有关的外资项目均需经过个别审查，外资收购上市企业 10%的股权或获取非上市公司股权时均需事先通知日本政府。如外国投资者未按规定事先申报和审批，将被处以 3 年以下有期徒刑并处罚金。

日本由于较强的内向民族意识与其企业特殊的“日本式”经营方式，因此对跨国公司并购一般持“原则禁止，例外自由”的态度，不利于日本企业国家竞争力的提升。

发达国家对跨国公司并购的规制具有共同点。

（1）规制跨国公司并购的目标基本都是通过规制跨国并购行为，减少或防止市场扭曲的产生，维护正常的竞争秩序，促进本国经济持续发展。

（2）发达国家多已具备完善的并购法律体系，这种并购规制的高度法制化特征有助于东道国将跨国并购纳入本国经济运行轨道。其中尤以美国最为完备。美国并购法律体系包括反垄断立法、外资法、公司法与证券法等已达到阻止垄断、促进竞争的目的，通过产业政策法与国家安全法等以维护本国的产业经济安全。

（3）以反垄断法为跨国并购规制的核心。发达国家多崇尚自由竞争，而跨国并购易形成垄断，因此各国对跨国并购规制的首要任务就是反垄断。但是，发达国家并非一味反对跨国并购形成的垄断，在对并购的经济效益进行综合考核后，也会给予禁止垄断的豁免。

（4）跨国并购规制的主要内容类似，主要包括投资行业的限制、外资企业持股比例限制、跨国并购行为的审查均存在对跨国并购实施规制的政府机构。

但发达国家由于其所处历史背景、经济水平与社会文化的差异，其政府规制也具有不同的特点。

（1）规制目的差异。美国等发达市场经济国家基本按照市场失灵边界确定政府规制范围，规制实施的目的是为了弥补市场失灵。而日本实施规制的目的是加大政府对微观经济领域的干预，加速经济发展。

（2）规制重点差异。美国等市场经济发达国家受消费者驱动，其政府规制积极保障消费者权益，体现“消费者主权”，实施重点是对垄断与寡占进行规制，减缓扭曲，维护正常的市场秩序。而日本的规制则体现出“生产者优先”的原则，政府规制重视生产者间的协调与利益分配，几乎未涉及由于垄断遭受损失的消费者权益，规制重点始终是产业的保护与扶持。

（3）规制方式差异。美国作为规制性规制国家，政府机构严格遵照法律规定，通过一定的司法程序实施政府规制，立法程序公开透明。日本作为操作性规制国家，其规制实施过程不仅包括正式制度的法律法规，还广泛采用非正式制度的行政指导，规制存在相当程度的不透明，不少条文中仅明确原则性条款，给实施者留下很大的自由操作空间。

（4）规制机构的设置差异。具体表现在规制机构独立性与监督机制不同。美国规制体制强调规制机构独立性，规制放松由专门独立设置的政府机构实施，日本规制体制具有建立在集中性特征，中央各部同时担当主办者与规制者角色，即制定和实施规制的主体与推进规制放松的主体相同。美国政府的规制行为受到法律限制，日本政府规制行为较少受司法制约与执政党影响，日本政府拥有较大行政自由处置权。

(5) 规制成效的差异。美国规制具有明显的法制特征，政府依法克服市场失灵，推动本国经济发展，成果显著。日本的规制则包含了纠正市场失灵与扶持产业两方面，导致规制过剩，抑制市场价格机制的作用，造成扭曲，弊端明显。

二、发展中国家对跨国公司 DUP 的规制

多数发展中国家对外资实施较为宽容的政策，为竞争外资，甚至存在发展中国家间“竞争到底”的引资竞争，但为了使外国直接投资尽可能与东道国的目标相符，发展中国家仍会采取一定的规制对跨国公司的投资行为进行引导与限制。

(一) 引导外资投资方向

不同的发展中国家对于外资有不同的产业偏好，且由于其国内企业竞争力较弱，多数发展中国家对外资采取较为严格的审批制度，以此准确把握外资方向，引导外资进入本国急需发展的行业，限制外资进入本国尚需保护或影响国计民生的行业。发展中国家对投资范围的规定通常可划分为两类：明确不允许外资进入的行业与鼓励外资进入的行业。后者又可进一步划分为：①不列举具体行业，仅设立大致的范围并确定重点与目标；②规定具体的行业，以及鼓励外资优先进入的行业，并且隔一段时间后进行调整。

通常情况下，发展中国家限制外资进入的领域主要包括涉及国家安全的行业、基础产业、具有战略意义的敏感产业以及本国已具备竞争力的产业。产业引导政策能较好体现东道国的意图。

(二) 股权控制

这种限制并非对于外资的排斥，而是为了鼓励本土企业参与。股权限制一般分为两类：规定一个适用于一切行业的股权比例，与针对不同行业设定不同比例。实施前一种方法的国家越来越少，多数国家采取后

一种。且可进一步划分为规定下限但不规定上限、对上下限均规定以及无上下限规定，但提供选择比例，且该比例在不同产业中不同。当东道国产业竞争力较强且对国计民生影响不大时，东道国通常实施较为宽松的股权限制，甚至允许外商独资。对于起步性产业且相关产业较多时，实施较严的股权限制要求，鼓励合资或合作，以此支持东道国企业从与跨国公司的联合经营中获取技术、管理的外溢效应。对于重要行业，尽管允许一定比例的外资进入，但行业的领导地位或垄断地位需由国有企业掌控，如中国的石油、金融服务等。对于产品销售渠道不同的企业，其股权限制也不相同，如以出口为导向的企业，其外资股权的限制较为宽松，以国内市场为导向的企业，其股权的限制较为严苛。

（三）有步骤地实施对外开放

发展中国家由于其经济实力较弱，需借助外资促进本国经济发展，但同时国内企业竞争力不足，无法在短期内直接面对跨国公司强大的竞争力，因此为平衡经济发展与本国企业需求，发展中国家往往是通过一段时间，有计划地分步骤开放国内资本市场，对外资的规制也由严至松。有步骤、分阶段地扩大允许外资进入的领域与程度，能够有效避免重要产业部门（比如工业）被外资控制，防止外资掌控国家经济命脉，影响国家主权的独立性与完整性。如韩国 1984 年修改《外资引进促进法》放宽了对外资的限制，规定外资可在 472 个产业中进行直接投资，1988 年韩国再次扩大对外资开放的领域，将允许外商投资的产业扩大至 762 类，1998 年 4 月韩国政府宣布对外资开放的领域再增加 31 个，截至 1998 年 9 月除了与国家安全与文化相关的 21 个产业领域外，韩国对外资开放的领域已达到经合组织中发达国家的标准。

三、政府对跨国公司 DUP 规制的启示

为避免跨国并购对东道国带来负面效应，同时将其正面效应最大化，各国根据基本国情对跨国并购实施规制。通过对发达国家与发展中国家对跨国并购的规制分析，我们能够得到以下启示。

第一，规制需与国家发展阶段适应。各国均对涉及国家安全领域禁止或限制外资进入，但整体而言，发达国家限制较少，发展中国家限制较多。具体为：①国民待遇方面，发达国家通常对内外资实施国民待遇原则，发展中国家则专门针对外资设定法律法规；②政策导向，发达国家以竞争政策为主，且越来越多地通过反垄断法依法惩处外资进入后的反竞争行为，而发展中国家偏好通过产业政策引导外资进入领域；③反垄断审查标准，发达国家采用相对标准，而发展中国家采用绝对标准。

第二，明确规制目标。通过美国与日本的政府规制分析可看出，应以反垄断作为规制跨国并购的目标。自由竞争是资源配置效率最高的市场结构，而垄断则是削弱了竞争程度并造成市场扭曲。美国依法对跨国并购实施严密监督，使其成为世界上外资流入最多的国家，但并未出现外资控制美国经济命脉的情况。

第三，体系化立法思想。跨国并购因其复杂性涉及多个利益主体，因此规制实践中不能仅靠一部单行法。应该以反垄断法为核心，多部门法规为支持，并且实行实体法与程序法的统一。

第四，规制宽严适时适度。即便是发达国家也存在较严政府规制时期，而发展中国家过于宽松的政府规制对本国经济产生了严重负面影响，比如巴西。成功的政府规制通常是一个动态的变化过程，因此各国应根据本国国情适时适度地实施规制。

从经济角度看，政府的功能在于向社会提供秩序与政策，提供的过程中便产生了规制。规制的结果有两种：①促进市场竞争，反垄断；②替代市场，形成垄断。而这两种结果都构成了非市场环境即所谓的“外部政治市场”。对于跨国公司而言，只要政府的行为能够提高其在市场中的获利能力，那么寻求政府干预比依靠经济策略更具诱惑力。只要跨国公司从政府干预过程中的获利高于寻求政府干预付出的成本，跨国公司就将选择通过政治行为影响政府决策过程，以其换取于己有利的规制。只要政府通过干预经济，人为使某种资源处于短缺状态，或使社会成员获得某种权利的机会不均等，跨国公司就拥有足够的动力对政府实施政治行为，以期获得差别待遇，并从中获利。

国际金融危机后，各国政府为应对国内经济增长乏力、民族主义、他国以邻为壑等全球化负面影响，对相关投资政策的制定更为复杂、多样且不稳定，投资争端数量不断提高，且国际间也开始对已有的国际投资政策框架进行反思。

《2017 世界投资报告》显示，截至 2016 年世界上至少有 108 个国家制定专门的投资法以治理跨境投资。社会与政府对国际资本的介入日益增加，2016 年全球至少采取了 124 个投资政策措施，创下了 2006 年以来的新高。越来越多的国家开始对本国部分产业放宽了外资进入门槛，简化注册流程，实施新的激励方法推进私有化进程。但仍有 21%的政策措施对外资进入实施新的投资限制或章程，不仅仅限于新的法规出台，还表现出政府部门对外国并购管控以及其他产业政策与投资政策配套的行政决定，如全球新增的近 80%的工业政策与投资政策相联系。新的投资限制或管制更多地集中在战略性产业中对外企股权、国家安全以及对本土企业竞争力的担忧。2006—2015 年，投资者与国家间的投资争端平均提交案件数为 49 起，但 2016 年提高至 62 起。截至 2017 年 1 月 1 日，已有 109 个国家对投资者提出的一项或多项已知申诉做出回复，贸发会议预估 2017—2018 年提交的争端数量将更高。对此，世界各国以及国际间的投资政策与协定已经进入调整时期。2016 年世界各国新缔结 30 项双边投资条约与 7 项涉及投资规定的条约，合计 37 项国际投资协定，使国际投资协定总数达到了 3 324 项，虽然投资缔约数量有所下降，但参与谈判的国家数量却增长。各国政府还重新调整其国际投资政策的参与程度。

第四节　本章小结

跨国公司与东道国政府间存在结构性的目标差异。跨国公司在发展过程中不断凝聚丰富的经济资源，以及由此衍生的社会资源、政治资源足以影响东道国社会福利。因此东道国为了实现跨国公司服务本国经济，实现跨国公司对本国投资的社会福利正面影响最大化，负面影响最小化。东道国政府将遵循规章制度对企业 DUP 进行一定程度的规制，必要性主要是保护东道国市场竞争秩序；保护东道国民族产业发展；维护东道国国家安全；保护东道国主权独立与完整。

东道国政府规制跨国公司的实质是东道国对跨国公司权力扩张的一种反应，具体规制中：①针对跨国公司垄断的规制包括准入规制、股权规制与并购规制；②对跨国公司外部性的规制包括财政性措施与金融鼓励措施；③对跨国公司信息不对称的规制包括价格规制、数量与质量规制、当地权益要求、管制与征收等。涉及东道国政府对跨国公司 DUP 规制的实践中，发达国家对企业的管理主要是通过制定法律法规以规范和引导企业行为。而发展中国家为了竞争外资存在“竞争到底”的情况，但也从外资投资方向、股权要求以及有步骤地实施对外开放等方面逐步规范外资，使外国直接投资尽可能与东道国的目标相符。

国际金融危机后，相关投资政策的制定更为复杂、多样且不稳定，但整体而言，规制需与国家发展阶段相适应，政府需明确规制目标，并以此为导向建立立法体系，确保实体法与程序法统一。

第六章 东道国规制对跨国公司决策的影响
——以外资政策与投资决策为例

第一节 相关研究概况

一战前东道国外资政策与跨国公司 FDI 决策的关系一般较为简单，主要源于资本来源国试图通过对外投资实施对殖民地的统治，此阶段的 FDI 带有明显母国政府意愿。二战之后至 20 世纪 80 年代，伴随着发展中国家政治独立，多数国家已经形成了较为完备的 FDI 政策框架，但出于对殖民主义在经济领域残余的敏感，东道国对跨国公司的 FDI 控制较多。80 年代后，越来越多的计划经济体制国家向市场经济体制转型，伴随区域经济与新型工业化国家的兴起，发展中国家开始重视通过吸引 FDI 促进本国经济发展，各国间的引资竞争加剧，纷纷制定优惠政策以吸引跨国公司的 FDI（UNCTAD，2001）。同时跨国公司对东道国外资政策关注度逐步提高，不少研究指出发展中国家外资政策对跨国公司投资决策产生重要影响（冼国明、葛顺奇，2002），部分研究提出跨国公司利用引资国间相互竞争以获取更多收益（OECD，2000）。从历史发展来看，发展中东道国的外资政策随东道国政府与跨国公司关系的变化经历了松紧松的螺旋式发展（赵蓓文，2008）。

东道国的外资政策与跨国公司投资决策随着经济发展发生变化，这要求两者经历一系列的变迁。由外资政策调整导致跨国公司投资收益与预期收益的偏差，我们称之为由外资政策调整导致的政策风险产生的投资价值损失。政策风险导致的投资环境不确定性对短期投资决策有明显影响，不确定性越高与沉没成本越大，则投资动态的非线性反应与滞后性越明显。中国的外资政策发展至今经历了四个阶段，与此相对应的跨国公司投资决策也经历了相关变动，各阶段呈现出不同的特点。因此推断，中国外资政策与在华跨国公司投资决策是相互影响的动态博弈关系。在双方由一个均衡向新均衡过渡期间，存在多个连续非均衡。一方面外资政策的变化将直接影响到跨国公司是否投资的决策，另一方面东道国政府将根据跨国公司的投资决策判定其政策的有效性，并及时进行调整或更改。因此为应对不断变化的投资环境与跨国公司的投资决策，东道国在制定外资政策时除了依靠历史路径也存在非预期的政策变迁，同时跨国公司针对不断变化的投资环境（包括东道国外资政策调整）也会不断调整自身投资策略。东道国外资政策和跨国公司的投资策略均表现出不断演进、相互影响动态发展趋势。

第二节　外资政策调整与FDI决策的离散时间模型

FDI一旦实施，再退出往往存在沉没成本。因此东道国外资政策的连续性和可预期性对跨国公司的投资决策至关重要。但由于有限理性，政府在外资政策设计时难以避免缺陷的存在，随着政策的实施，相关条件发生变动使得政策实施效果与预期存在偏差，政府可能对现行政策进行修正或以新的政策替代，且不同届政府有不同的政策偏好。因此外资政策调整与其能否被预期都将对跨国公司的投资决策产生影响。

一、模型假设

（1）该模型中的不确定性仅来源于外资政策的调整，投资环境的不确定性对投资项目价值的影响通过政策风险来体现。

（2）无政策风险时，投资项目收益、支出、进入市场和退出市场沉没成本是确定常数。投资项目价值波动来源于政策风险导致的投资项目价值损失变化。

（3）当资本边际收益小于其边际价格时，投资者将在下一期减少投资，当资本售价小于其买价（即重置成本）时，投资存在沉没成本。当资本边际收益大于边际价格时，投资者在下期追加投资，但未来收益的不确定性伴随着成本扩张。

（4）投资者是风险中性的，用无风险利率 i 对未来现金流贴现，贴现因子 $\delta=(1+i)^{-1}$ 。

（5）当期政策对当期投资收益产生的风险损失不确定，对下一期投资收益无风险损失，即只有未预料到的政策调整才会对投资收益产生影响。

企业是否进行 FDI 的依据是各投资方案中投资收益期望现值的比较。即在根据未来预期收益做出进入、退出或等待（退出再进入或进入再退出）的决策。而预期收益 V 包括：沉没成本（进入或退出市场的费用），当期收益（收益性确定的投资收益减去政策风险），未来期望收益（受随机外资政策影响有不确定性）三个部分。t 期投资项目收益 $V_t=P_t-L_t$ ，P_t 是收益，L_t 是政策风险产生的损失，投资项目进入和退出市场费用分别为 H 和 F ，无未预料的政策调整时，$P_t=P_{t+1}=\cdots=P$ ，$L_t=L_{t+1}=\cdots=L$ 。仅对当期有效。

二、无未预料政策调整的 FDI 决策模型

无未预料的政策调整时，投资项目收益与风险确定，投资者的选择是：已投资项目继续投资或退出，未投资项目进入或继续不投资。

（一）已投资 FDI 进入和退出的决策模型

如果投资者继续投资，其期望现值为：

$$E_t(V_t)\big|_{in}^{in}=V_t+\delta V_{t+1}=(1+\delta)(P-L)$$

如果投资者退出，其期望现值为：

$$E_t(V_t)\big|_{out}^{in}=V_t+\delta V_{t+1}=0+0\times\delta-F=-F$$

将 $E_t(V_t)\big|_{in}^{in}$ 和 $E_t(V_t)\big|_{out}^{in}$ 比较大小可得出在确定条件下，已投资项目投资者选择继续投资或退出策略无差别的风险临界值：

$$L_{out}^{c}{}^{*}=P+\frac{F}{1+\delta}$$

其中，$L_{out}^{c}{}^{*}$ 右上角 c 或 u 代表确定条件与不确定条件，u_2 代表连续两期存在不确定情况，$*$ 代表临界值，右下角 in 或 out 代表选择投资或

退出。

(1) $L_t < L_{out}^{c}{}^*$ 时，已投资的投资者将继续投资；

(2) $L_t = L_{out}^{c}{}^*$ 时，已投资的投资者投资或退出预期收益一样；

(3) $L_t > L_{out}^{c}{}^*$ 时，已投资的投资者将退出。

（二）上期未投资 FDI 进入和退出的决策模型

如果投资者继续不投资，其期望现值为：

$E_t(V_t)|_{out}^{out} = 0$

如果投资者投资，其期望现值为：

$$E_t(V_t)|_{in}^{out} = V_t + \delta V_{t+1} = -H + P_t - L_t + \delta V_{t+1}$$
$$= -H + (1+\delta)(P-L)$$

将 $E_t(V_t)|_{out}^{out}$ 和 $E_t(V_t)|_{in}^{out}$ 比较大小可得出在确定条件下，未投资投资者选择继续不投资策略或投资策略无差别的风险临界值：$L_{in}^{c}{}^* = P - \frac{H}{1+\delta}$，由于之前未进行投资的投资者如果选择进入投资需要支付沉没成本 H，所以 $E_t(V_t)|_{in}^{out} > H + L$ 。

（三）无未预料的政策调整的投资决策惯性区间

$L_{out}^{c}{}^*$ 与 $L_{in}^{c}{}^*$ 之间的区域我们称之为投资决策惯性区间。区间宽度为：

$\Delta L^c = L_{out}^{c}{}^* - L_{in}^{c}{}^* = \frac{F+H}{1+\delta}$，即：

(1) $L_t < L_{in}^{c}{}^*$ 时，无论上期是否进行投资，本期投资者都将选择投资；

(2) $L_{in}^{c}{}^* < L_t < L_{out}^{c}{}^*$ 时，投资者都继续上期的投资进入或退出决策；

(3) $L_t > L_{out}^{c}{}^*$ 时，无论上期是否进行投资，本期投资者将退出投资。

区间 $[L_{in}^{c}{}^*, L_{out}^{c}{}^*]$ 是投资决策惯性区间，即当政策风险位于该区间时，本期的投资决策中的具体实施形式可能有所改变，但是否投资（即延续上期的投资与否的决定）将延续历史路径：未进入投资的投资者依旧保持不投资，已进入投资项目的投资者继续投资，即每一当前的决策响应均与其历史路径相关，与政策调整弱相关，如图 6-1 所示。在惯性区间内外，投资者的投资决策与政策调整表现出明显的多分支非线性变动。在投资环境确定时，投资决策惯性区间的宽度 $\Delta L^{c}=L_{out}^{c\,*}-L_{in}^{c\,*}=\dfrac{F+H}{1+\delta}$。

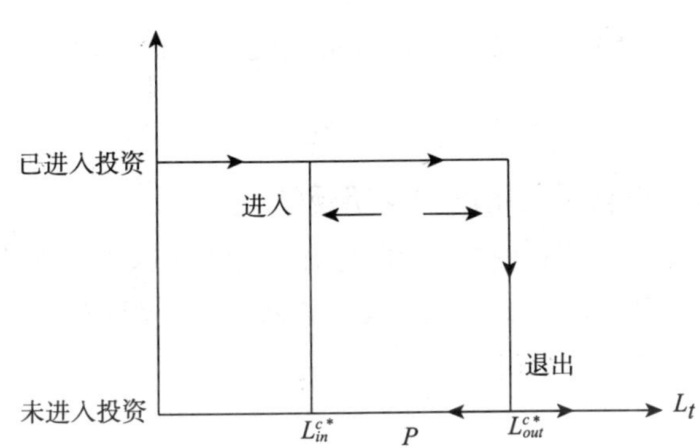

图 6-1 无未预料的外资政策调整单个投资项目决策惯性区间

三、存在一期未预料的外资政策调整决策模型

当存在一期未预料的政策调整时投资环境存在不确定性，与无未预料的政策调整决策模型相比，此时投资者多出一种可供选择的策略：等待策略，即本期维持投资现状，观望一期后再做决定。对不确定性带来的价值损失用 ε 表示，为随机变量，遵循均值保持性扩散，即 $E(L\pm\varepsilon)=L$，为便于后文分析，此处假设出现 $-\varepsilon$ 或 $+\varepsilon$ 概率各为 1/2 。

（一）上期已投资 FDI 进入和退出的决策模型

对于上期已投资的投资者在面临不确定情况下，当期决策分为：继续投资、退出市场和等待策略（继续投资一期后再决定是否退出）。

1. 投资者等待策略的期望现值

当投资者选择等待策略时为避免退出后再进入的成本，需承担暂时的损失，对于任一 L_{out}^{u}，当 $L_{out}^{u}>L_{out}^{c}+\varepsilon$ 时，即使有一个 $-\varepsilon$ 出现，投资者也不会继续投资，所以 $L_{out}^{u}\subset[L_{out}^{c},L_{out}^{c}+\varepsilon]$，则投资者将选择退出。

此时，投资者将选择等待策略的期望现值：

$$E_t(V_t^w)=P-L+\frac{1}{2}\delta(P+\varepsilon-L-F)$$

投资者当期退出的期望现值：

$$E_t(V_t^{out})=-F$$

则存在一期不确定情况时投资者退出的风险临界值：

$$L_{out}^{u\ *}=L_{out}^{c}+\frac{\delta}{2+\delta}\varepsilon-\frac{\delta^2}{(2+\delta)(1+\delta)}F$$

2. 投资者退出再进入策略的期望现值

当$+\varepsilon$冲击非常大时，投资者可能在t期选择退出，但当实际发生$-\varepsilon$冲击足以弥补损失时，投资者将在$t+1$期再进入投资，此时政策风险需满足$L_t<P-\frac{H}{1+\delta}+\varepsilon$。

投资者选择退出再进入的期望现值：

$$E_t(V_t^{out,in})=V_t+\delta V_{t+1}=-F-\frac{1}{2}\delta H+\frac{\delta}{2}(P+\varepsilon-L)$$

其中$V_t^{out,in}$、V_t^w和$L_t^{out,in}$右上角out，in代表先退出再进入，in，out代表先进入再退出，w代表等待策略。

投资者选择等待策略或退出再进入策略无差别的风险临界值：

$$L_t^{out,in\ *}=P+F-\frac{\delta}{2}F+\frac{\delta}{2}H$$

即当$L_t>L_t^{out,in\ *}$时，投资者选择退出再进入策略，此时可引发该策略ε的临界值：

$$\varepsilon_t^{out,in\ *}=F-\frac{\delta}{2}F+\frac{\delta}{2}H+\frac{1}{1+\delta}H$$

即当$\varepsilon>\varepsilon_t^{out,in\ *}$时，投资者选择退出再进入策略。

（二）上期未投资 FDI 进入和退出的决策模型

上期未投资的投资者面临进入投资或继续不进入的决策，后者又包括确定不进入投资与t期不进入但$t+1$期进入。这种情况下$L_{in}^{u}\subset\left[P-\frac{H}{1+\delta}+\varepsilon,P-\frac{H}{1+\delta}\right]$。

1. 投资者选择等待策略的期望现值

t 期投资者选择等待策略的期望现值：

$$E_t(V_t^w)=\frac{1}{2}[E_t(V_{t+1}^{in})+E_t(V_t^{out})]$$

若投资者选择等待策略后遇到 $-\varepsilon$ 冲击，使投资者 $t+1$ 期进入投资，则其期望现值：$E_t(V_{t+1}^{in})=-\delta H+(P+\varepsilon-L)\delta$

若投资者选择等待策略后遇到 $+\varepsilon$ 冲击，继续不投资，其期望现值为 0。

因此，上期未投资的投资者选择等待策略的期望现值：

$$E_t(V_t^w)=\frac{1}{2}[E_t(V_{t+1}^{in})+E_t(V_t^{out})]=-\frac{\delta}{2}H+\frac{\delta}{2}(P+\varepsilon-L)$$

未投资投资者选择进入策略的期望现值：

$$E_t(V_t^{in})=V_t+\delta V_{t+1}=(1+\delta)(P-L)-H$$

此时投资者选择等待或进入策略的期望现值差：

$$\Delta E=E_t(V_t^w)-E_t(V_t^{in})=\frac{\delta}{2}(-P+L-H+\varepsilon)+H-P+L$$

且 $\frac{\partial\,\Delta E}{\partial L}>0$，$\frac{\partial\,\Delta E}{\partial\,\varepsilon}>0$

因此，当政策不确定性 ε 增加时，投资者将要求更高的收益以弥补不确定性带来的风险损失。

当 $\Delta E=0$ 时，即未投资投资者选择等待策略或进入策略无差别的风险临界值：

$$L_{in}^{u\,*}=L_{in}^{c}-\frac{\varepsilon+\delta\varepsilon-\delta H}{(1+\delta)(2+\delta)}\delta$$

2. 投资者选择进入再退出策略的期望现值

当 ε 足够大时，可能导致投资者 t 期进入投资，$t+1$ 期退出，此时 $L_{in}^{u}\subset[L_{in}^{c}-\varepsilon,L_{in}^{c}]$ 且 $L_{out}^{c}<L_t+\varepsilon=L_{t+1}$。

若投资者选择进入再退出策略，则期望现值：

$$E_t(V_t^{in,out})=P-L-H+\frac{\delta}{2}(P+\varepsilon-L-F)$$

投资者选择进入再退出或等待策略两种策略无差别的风险临界值：

$$L_t^{in,out\,*}=P-H+\frac{\delta}{2}(H-F)$$

即 ε 足够大，$\varepsilon > \varepsilon_t^{out,in\,*}$ 时，使 $L_t < L_t^{in,out\,*}$，投资者将在 t 期投资，$t+1$ 期退出。

3. 存在一期未预料的政策调整的投资决策惯性区间

存在一期未预料的政策调整情况时，惯性区间宽度为：

$$
\begin{aligned}
\Delta L^u &= L_{out}^{u\,*} - L_{in}^{u\,*} = [L_{out}^{c\,*} + \frac{\delta}{2+\delta}\varepsilon - \frac{\delta^2}{(2+\delta)(1+\delta)}F] \\
&\quad - [L_{in}^{c\,*} - \frac{\delta(\varepsilon + \delta\varepsilon - \delta H)}{(1+\delta)(2+\delta)}] \\
&= L_{out}^{c\,*} - L_{in}^{c\,*} + \frac{2\delta\varepsilon + 2\delta^2\varepsilon - \delta^2 F - \delta^2 H}{(1+\delta)(2+\delta)} \\
&= \frac{F+H}{1+\delta} + \frac{2\delta\varepsilon + 2\delta^2\varepsilon - \delta F - \delta^2 H}{(1+\delta)(2+\delta)}
\end{aligned}
$$

存在一期未预料的政策调整的投资决策惯性区间宽度比无未预料的政策调整时宽，如图 6-2 所示，且 $L_{out}^{u\,*} - L_{out}^{c\,*} > L_{in}^{u\,*} - L_{in}^{c\,*}$，即退出临界值比进入临界值变动大，当 ε 较小时，是否投资的决策不会改变，则一期不确定的惯性区间宽度可由确定情况下的惯性区间求得。当 ε 加大，使投资者有重新退出或进入的动力，不确定情况下的惯性区间宽度与确定情况下惯性区间宽度比 $\frac{L_{out}^u - L_{in}^u}{L_{out}^c - L_{in}^c} = \frac{L_t^{out,in} - L_t^{in,out}}{L_{out}^c - L_{in}^c} = 1+\delta = \frac{2+i}{1+i}$，即可通过无风险利率确定。由于存在未预料到的政策调整使投资项目价值发生风险损失，因此 ε 将提高投资者的投资项目价值预期，投资变动与政策调整的反应强度与惯性区间相关。

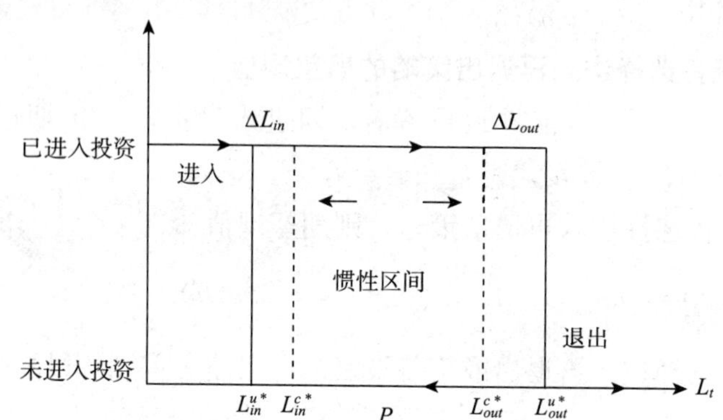

图 6-2　一期未预料的政策调整的单个投资项目的决策惯性区间

四、存在两期未预料的外资政策调整的决策模型

当存在两期未预料政策调整时，通过回溯法求解投资者的动态决策。

（一）上期已投资 FDI 进入和退出的决策模型

将遭遇 $+\varepsilon$ 和 $-\varepsilon$ 投资项目现值加权得上期已投资的投资者等待策略期望现值：

$$E_t(V_t^{2u,w}) = \frac{1}{2}[E_t(V_t)|_{+\varepsilon} + E_t(V_t)|_{-\varepsilon}]$$

$$= P - L + \frac{\delta}{4}(2+\delta)(P - F + \varepsilon - L)$$

已投资的投资者在选择等待或退出投资无差别的风险临界值：

$$L_{out}^{u2\,*} = L_{out}^{u} + \frac{2\delta^2(\delta\varepsilon + \varepsilon - 3\delta F - 2F)}{(1+\delta)(2+\delta)(\delta^2 + 2\delta + 4)}$$

（二）上期未投资 FDI 进入和退出的决策模型

改变其投资项目的期望现值的策略是进入投资，当投资者面临两期都存在不确定性时，当期投资者需要确定是 t 期进入投资，还是采取等待策略。

将遭遇 $+\varepsilon$ 和 $-\varepsilon$ 投资项目现值加权得上期未投资的投资者等待策略期望现值：

$$E(V_t^{u2,w}) = \frac{1}{2}[E_t(V_t)|_{-\varepsilon} + E(V_t)|_{+\varepsilon}] = (\frac{\delta}{2} + \frac{\delta^2}{4})(P + \varepsilon - L - H)$$

对未投资的投资者选择等待或进入策略无差别的风险临界值：

$$L_{in}^{u2\,*} = L_{in}^{u} - \frac{2\delta^2(\varepsilon + \delta\varepsilon - H)}{(2+\delta)(4+2\delta-\delta^2)}$$

五、微观投资者决策的宏观汇总

由于惯性区间的存在，将微观单个决策者投资进行宏观汇总后，投资总量将形成一个宏观滞后环（图 6-3）。

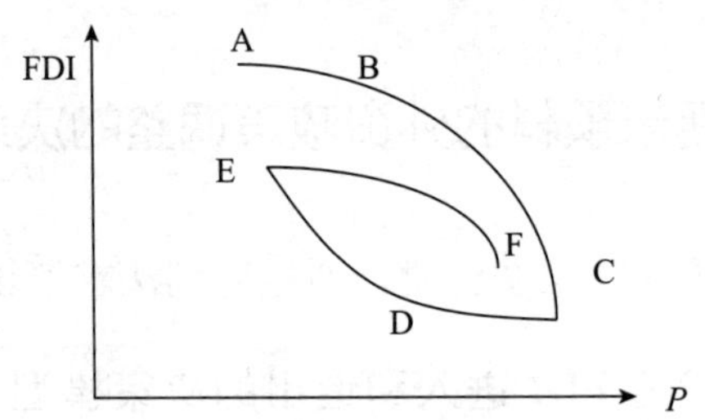

图 6-3 FDI 与政策风险宏观汇总

如图 6-3 所示，最初 FDI 规模在 A 点，假设此时有未预料政策调整导致风险损失上升（$+\varepsilon$），最初当政策风险位于惯性区间内时，投资者对政策风险表现出弱响应，对应图中 AB 段，FDI 缓慢下降，随着风险逐渐增加，风险损失临界值最小的投资项目率先退出投资，随后越来越多的投资者退出投资，FDI 明显下降，投资者对政策风险表现出强响应，对应图中 BC 段。由于投资项目退出时间不一，因此 FDI 总体规模呈非线性减少，直至风险损失增加至局部最大值，此时 FDI 规模降至 C 点。随后东道国与跨国公司均对相关预期、政策和决策进行调整，则 $+\varepsilon$ 逐步降低，在政策风险降至临界值之前，投资者对政策风险表现出弱响应，对应图中 CD 段，直至原先退出的投资者在 L_t 降至最大进入风险临界值时开始重新进入投资，随后越来越多的投资者进入投资，对应图中 DE 段。如此循环往复，由于每一阶段政府和跨国公司都会根据历史路径对相关预期、政策和决策进行调整，因此在其他条件不变时，下一时期政策调整冲击将满足：$L_{t+1}^{\max} < L_t^{\max}$ 和 $L_{t+1}^{\min} > L_t^{\min}$，即下一时期外资政策调整带来投资总量的变动将弱于本期，即出现如图 6-3 中 FDI 螺旋形滞后变动，因此微观投资者表现出的跳跃型投资进入和退出决策，汇总成宏观结果时表现为连续的逐渐收敛的螺纹状。

第三节　本章小结

通过上述无未预料的政策调整、一期未预料的政策调整和两期未预料的政策调整的 FDI 进入和退出决策模型对比分析，发现随未预料的政策调整与时期的增加，风险损失的进入临界值下降，退出临界值上升。

在其他影响因素不变的情况下：

（1）未预料的政策调整加宽了投资决策惯性区间，使投资者更为谨慎地进行投资决策，且时间越短投资者反应越灵敏（当期数延长时，投资者可能选择观望以避免当期的决策错误造成额外损失）。

（2）扩展模型期数时，未预料的政策调整期数增加使投资决策惯性区间变宽，但增加的宽度逐渐缩小。因此当未来为永久不确定时，投资惯性区间宽度将收敛于一定值。

（3）投资者遭遇政策风险冲击时，首先在惯性区间内进行一个弱反应，只有当政策风险冲击使其突破惯性区间时，投资者才会产生强反应。即外资总量对政策调整的响应强度与投资惯性区间相关。

综合以上内容，我们可以得出如下推论：

推论 1：当假设未来所有政策风险为常数且其他条件不变时，当前政策风险不确定性的增加将加大投资决策惯性区间的宽度。

推论 2：投资的沉没成本越大，投资决策惯性区间越宽，由投资惯性区间引致的政策滞后作用越明显。

推论 3：由政策风险导致的投资环境的不确定性越大，对短期投资的影响越明显，投资者要求的风险补偿越高，投资决策与外资政策的非线性动态变化得到强化。

推论 4：当东道国试图通过优惠政策吸引 FDI 时，外资政策明显的不确定性与非连续性将导致投资者要求更高的风险补偿，最终使得政策的实施效果偏离预期。

推论 5：任何外资政策调整的微小变化都将通过调整投资者的收益预期对其投资决策产生永久性影响。

从跨国公司角度看，东道国政府政策的可预见性、连续性与稳定性比外资政策本身更为重要，政府制定外资政策时需要提高政策的可预见性、连续性与稳定性，以加大外资政策的有效性与投资者对政策变化的响应强度与速度。

第七章 跨国公司DUP与东道国规制内在共生性

二战过后，尽管国际事务的处理仍以国家主权为中心，但跨国公司一系列非生产性牟利活动（DUP）已开始影响东道国主权独立。主要表现在两方面：一是跨国公司凭借雄厚经济基础，不断将外部市场内部化，压缩东道国政府对其经济行为的干预空间；二是跨国公司 DUP 直接影响东道国经济利益，进而波及东道国政治、社会与文化等诸多领域。通过获取政府支持或其部分政治权利，跨国公司拥有所在领域制约权，这种权利不仅使其获取垄断租金，同时使跨国公司的垄断权利或制约权得到进一步巩固，由此产生的循环使跨国公司的权利及其对政府的影响程度进一步加深。

跨国公司对东道国投资根本目的在于将东道国资源与企业自身竞争优势相结合，通过市场机制，最终转化为商业利润。因此跨国公司对东道国投资是为实现利润最大化。而东道国，尤其是发展中国家引进外资除弥补本国资金不足外，更重要的是为获取与外资相伴随较为先进的管理经验与技术等无形资产。双方的目的差异使两者在投资与引资的过程中追求的利益存在结构性偏差。面对政企利益偏差，东道国政府开始通过政府规制对跨国公司的行为进行引导或限制。现关于政府规制的研究，多将其视为外生变量，根据已有的政策结果侧重分析其产生的静态福利效应。行为序列上，普遍认为先由东道国政府制定相关规制，跨国公司选择是否遵守，并依据规制调整其经济行为。但实际上，跨国公司为追求利润，加之其相对于政府能够更为灵活快速地采取行动，因此在政府规制的制定和实施过程中，跨国公司可能从自身利益出发通过 DUP 对其产生影响以获取政策倾斜和利益保护，从而打乱行动序列。

第一节 制度交易

从供求角度来看，规制之所以能够对相关主体的经济行为进行有效引导的原因在于规制能够影响现有利益的分配格局，因此现有利益在位者为了维持现有利益，非在位者为了获取更多收益分配均会对规制的制定和实施积极实施影响。市场中的经济领域可划分为两类：第一类是传统经济学关注的是商品关系领域中物品与服务的买卖，该经济活动领域称之为商品交易；第二类经济活动领域关注的商品流通的有规则的市场过程的秩序、结构、稳定性与可预测性，该领域的交易被称为制度交易。制度交易将产生特定的制度安排，制度安排界定了商品交易发生的领域。当经济条件发生变化时，将产生新的制度需求，而新的制度形式又促使经济环境发生改变。在这一动态变化过程中，商品交易与制度交易始终处于核心地位，对某一特定结果感兴趣的个人或集团将设法修改现存的制度安排。

当现实中经济条件与社会条件改变，与现存制度结构不相适合时，社会成员出于对条件改变的反应，将尽力修正现有制度安排，或创造新的制度结构使其与新资源稀缺性、新技术需求、新利益分配格局相一致。而在这一对新经济条件反映的过程中，存在着以确定新制度安排为目的的活动，我们称之为制度交易。当制度在现存的预期结构或在现行的权利、职责、特权和无权结构这一层次上发生变迁时，制度交易将是有利可图的（图 7-1）。

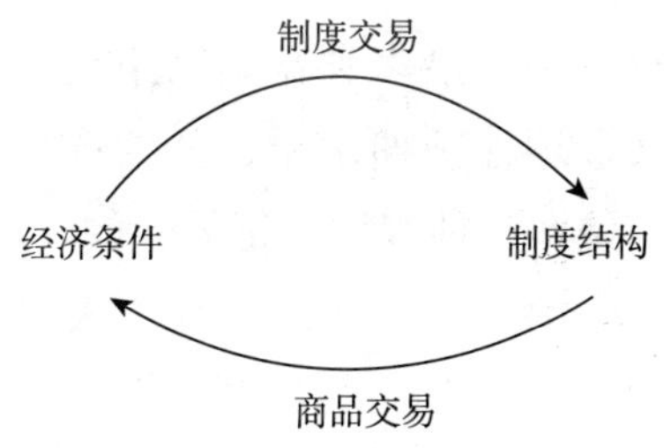

图 7-1 商品交易与制度交易的关系

当制度交易的潜在获益足以弥补交易成本时，利益集团将对现行的制度结构产生抵触情绪甚至反对，并提出能使其获益的新的制度结构。制度非均衡由此产生，而在制度的转换过程中将产生制度租金，吸引“经济人”进行寻租。东道国政府通过制定投资政策可获取先动优势，更深入的研究指出，政府政策的制定实质上是各相关利益集团相互博弈的过程，因此跨国公司可通过DUP影响东道国政府规制制定，以获得实际于己有利的先动优势。

第二节 政府与寻租

政府作为决定制度供给的主体将成为寻租对象，这使得政府实际成为导致制度交易存在的原因之一。跨国公司通过DUP影响政府决策，以此增加自身特殊利益。无论在发达国家或发展中国家，企业向政府寻租是普遍存在的现象。

传统经济学家认为政府对经济的干预通常源于“市场失灵”。20世纪30年代的经济大萧条使得强调国家干预的凯恩斯主义代替了自由放任的经济理论，40年代前苏联取得的工业化成就使人们意识到政府干预经济的力量。二战后，几乎所有的国家都开始了政府对经济的干预，除了对经济的宏观调节与微观管制外，政府还常以加速经济发展或维护国家主权为由对各部门进行控制，人为调整本国产业的竞争优势与结构效应。自此，外部性、信息不对称、非价值物品干预以及自然垄断等成为政府干预经济的主要内容。早期研究中人们倾向于将政府认定为“理想的全能政府”，即政府是没有偏颇，不考虑自身特殊利益，仅代表社会福利的机构。然而现实中，政府是由诸多利益集团组成，制定的政策是非利益中性的。现代货币主义、理性预期学派、公共选择学派以及新制度经济学派等均认为政府的干预在某种程度上是无效的，即存在“政府失灵”。

实质上，无论是“市场失灵”还是“政府失灵”都是针对“市场万能”或“政府万能”而言。而在实际经济活动中，市场与政府的作用应该是互补的。现代市场经济既非自由放任的“市场经济”，亦非中央集权的“计划经济”，而是两者的混合，在这种经济制度下，需要市场与政府两者动态的分工与合作。现有研究表明，过去不少认为是“市场失灵”的问题，实则是市场尚不完善的结果，即在一定程度上可由市场自身解决，而非必须依靠政府干预，如外部性问题（科斯定理）、信息不完全问题（激励理论）、公共物品问题（公共选择理论）等。但在市场边界以外以及市场破坏因素（无序竞争、投机和市场导致的社会犯罪等）则需要借助政府干预，即市场的正常运行还需借助政府的职能发挥。市场职能与政府职能存在一定的相交区域，根据具体政治经济情况不同，该动态区域的大小会发生一定变动。一旦当市场与政府间出现职能协调失灵，尤其是政府职能不当膨胀时，经济人将大量资源耗费在非生产性活动上，试图通过争取政府给予的特权而获取更多的收入分配。由此可见，政府的干预只是将事情做好提供一种可能，而非必然。

本质上，在混合经济模式下，企业试图影响政府决策的根本动力在于政府承担或影响了一部分的资源配置，并且在微观经济个体具有了独立的经济利益的条件下产生。因此在发达国家，企业向政府实施 DUP 随凯恩斯主义盛行而产生，在中国则是随改革开放，政府逐步放权而开始。因此企业向政府实施 DUP 的程度与政府对经济的干预力度有类似的先升后降类似于倒 U 形非线性关系，如图 7-2 所示。

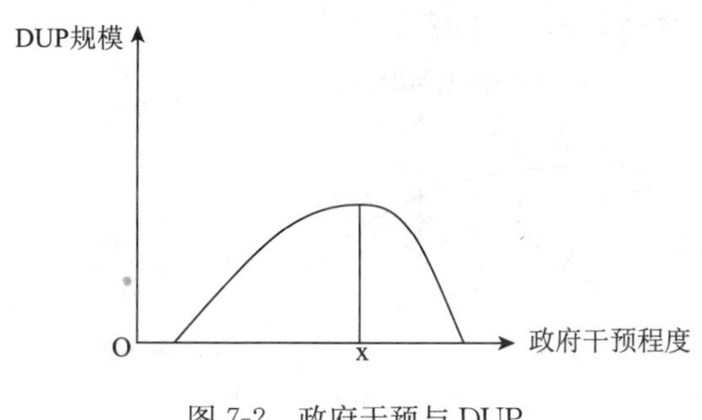

图 7-2　政府干预与 DUP

这条动态曲线的波峰在各国因政府具体的干预内容、形式以及力度等有所不同。混合经济必然涉及市场与政府的分工，由于市场条件的动态性、政府决策的时滞性以及交易费用的存在使得二者间协调失灵成为可能。一般来说，协调失灵是常态，随着两者协调实践的推移，在其他条件不变时，协调失灵可能越来越弱，当时间无限延长时，两者可实现完美协调。

由于存在决策惯性区间，将各时期内政府与市场协调程度进行宏观汇总后，协调路径将形成宏观滞后环如图 7-3 所示。最初市场与政府分工在 A 点，此时面临政府职能市场化，及政府对市场干预力度不足，可能导致市场无序发展。伴随政府对市场干预力度上升，由于市场对政策的反应存在滞后性以及微观经济主体的决策惯性，干预初期市场表现出弱响应，对应 AB 段（缓慢下降），随着干预措施的实施与落实，越来越多投资者开始调整决策行为，逐步适应政府政策，政策实施效应逐步加强，随时间推移市场表现出强响应（对应 BC 段）。由于微观投资者调整行为时间与程度不一，因此市场反应与政策调整时间上不一致。在政府干预进一步发挥作用时，可能市场条件已发生变化，但政府尚未收到相关信息反馈导致政策调整过度，即至 C 点，此时存在政府干预过度，即政府职能扩大化，而市场职能未能有效发挥的局面，因此进入新一轮调整，即由 C 至 E。随后多个时期中，政府与市场均根据历史路径对相关预期、政策和决策进行调整，如此循环往复，当其他条件不变时，下期政策调整冲击将满足：$L_{t+1}^{\max} < L_t^{\max}$ 和 $L_{t+1}^{\min} > L_t^{\min}$，即如图中螺旋形滞后变动。因此各时期内政府与市场表现出的跳跃型行为变动，汇总成跨时期的宏观结果时表现为连续逐渐收敛的螺纹状。

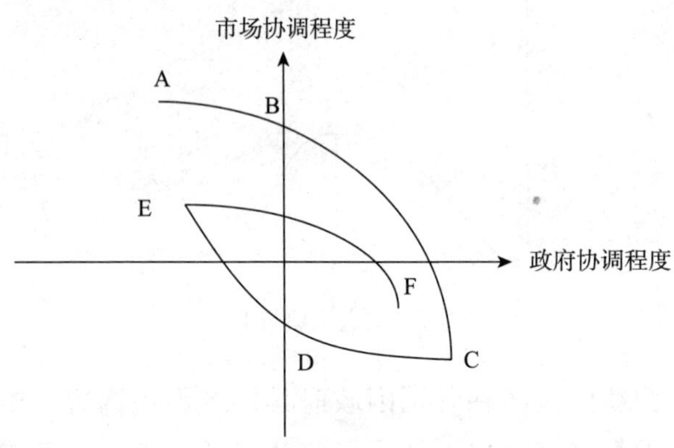

图 7-3　政府协调与市场协调

在政府与市场协调实践的过程中，政府对经济的干预表现为经济规制与社会规制。前者限制了市场的自由竞争，产生经济租金；后者由于实施形式与执行的任意性也将成为租金产生的温床。因此，政府实施规制的过程伴随着利益者寻租的过程，由于生产者利益集团的强势，因此通常是消费者剩余向生产者剩余不完全转变的过程（存在无谓福利损失）。

第三节　制度租金与企业 DUP

由于制度均衡的常态以及政府规制的过程多伴随租金的产生，因此企业通过干预政府规制获取的租金实质是制度性租金，企业实施的 DUP 实质是制度性寻租行为。制度性租金是在制度构建过程中产生的垄断利润，制度性寻租是由于制度供给不足形成超过机会成本的剩余。

制度体系较为完善的国家，制度缺陷较小，租金获取成本较高，变现程度较难；而在制度体系缺陷较大的国家，经济主体或相关利益集团能够通过利用制度缺陷，与政府进行制度交易，依次获取制度租金，同时获取“先动优势”。转轨经济国家制度供给不足，政府常以临时性的行政干预代替稳定的制度供给，企业充当制度实验者与供给者的角色，因此政治行为产生的租金较高，获取机会较大。

图 7-4 中，OP 表示企业所获收入中非生产性寻利与生产性寻利的比值，对应制度缺陷。斜率越高，代表企业收入对非生产性寻利依赖越大，则公司非生产性牟利行为对其获利影响越明显，此时租金规模为 OX_1AY_1。此时政府作为制度供应主体为保护市场秩序，为经济发展提供稳定的制度环境，需加大制度供给。在制度改进过程中，制度缺陷得到一定程度的弥补，OP 斜率降低，由 OP_1 顺时针旋转至 OP_2，租金数量扩大至 OX_2BY_2。制度的改进是一个循环往复的渐进过程，改革初期，政府缺乏足够的经验参考，随着制度实践的经验积累与学习效应的累积，租金规模存在一个由小增大，再减少的过程。政府作为改革的主要推动力量与制度供给的决定者，必然有动力不断修正其制度偏差，最终实现制度均衡。在制度变迁过程中，即由 OP_2 顺时针旋转至 OP_3，租金数量下降至 OX_3CY_3，为制度性租金消散的过程。

制度性寻租的过程中，寻租的收益远远高于其投入的成本，且边际

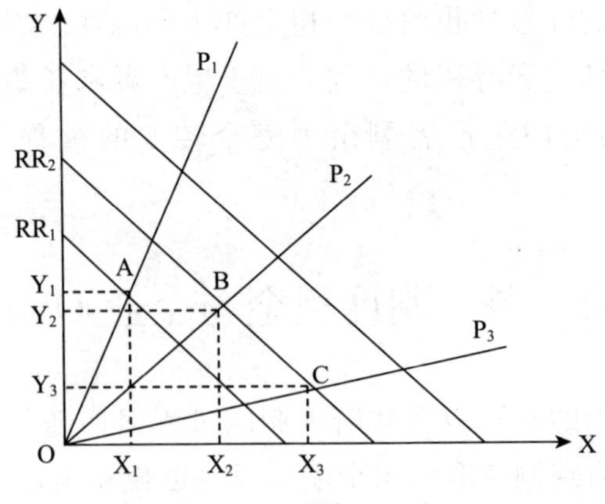

图 7-4　制度性寻租

成本较低。制度交易的本质是利益集团在一定政策体制下，通过政治行为与政府交易，建立其所需的制度与规则，建立的成本投入为固定成本，一旦制度建立之后的维护成本则为边际成本，此时利益集团可通过较少的边际投入获取持续的制度性租金。整体而言，制度性寻租带有明显数量扩张效应，且一项寻租活动将引发一连串护租与反寻租活动。

第四节　企业制度寻租的路径依赖

根据制度变迁的需求决定论，假设经济活动的行为主体总是有追求利益最大化的需求，因此在给定的制度约束条件下，单个行为主体将对自己有利的制度安排和权利界定进行预测，一旦行为人发现现有制度的缺陷和利益实施再分配空间的存在，就会产生制度变迁的需求，而这种需求最终会转化为打破现有制度安排均衡的动力，而新的制度能否成立则取决于这种制度变迁行为主体与其他利益主体的力量对比。

根据制度变迁的供给需求论，假定在现有法律秩序和道德规范一定的情况下，权力中心进行制度变迁取决于新的制度安排能力、意愿及社会中各级利益集团的力量对比。一方面，政府在与非政府经济主体参与安排的政府规制博弈中，政府具有政治权力优势与资源配置权力优势，所以政府在决定规制供给的方向、形式和进程安排上具有主导地位，但同时也受到政府集权、财力以及国民威望等因素的影响；另一方面，由于各参与主体均有各自不同的目标函数与约束条件，因此对同一政府规制的安排将有不同的成本—收益预期，因此将导致政府主体与非政府主体以及非政府主体之间需求和攻击差异导致供求结构上的矛盾。为确保政府供给只能对利益结构进行调整、以改变政治力量的对比从而实现制度供给的增加。

政府规制与市场职责越模糊，政府官员的可操作空间越大，人们对现期政策的预期持续性越弱，企业对制度性寻租的依赖心理越强烈。政府规制对经济市场的介入，打乱了市场秩序的自我运行规律，这将导致市场对政府规制的需求增加，从而使规制的引入与加强陷入一种自我循环的路径依赖。这种依赖性导致越多的规制引发租金越多，跨国企业 DUP 越多，与企业合谋的机构获利越多，对偏向企业利益的规制的维护与加强也越多。从社会福利角度分析，市场竞争越激烈，消费者剩余越多，社会福利越大。但对于企业而言，市场竞争越激烈，企业获利水平越低，竞争压力越大，而一定的垄断地位则能大大增加企业的获利水平，并实现消费者剩余向生产者剩余的转变，因此企业都有追求市场垄断地位的冲动。企业进行制度寻租的路径依赖的原因主要可以归为以下几点。

第一，政府对市场经济的干预创造出大量租金，为企业通过制度寻租创造收益提供了经济动机。尽管企业能够通过技术创新、管理创新或制造产品差异性等获取市场垄断地位，但在日益激烈的市场竞争中，上述创新由于外溢效益可能被竞争者模仿并超越，因此其垄断地位并不长久。但由政府干预获取的垄断地位则可以长期保持企业的垄断利润，因此企业存在强烈地向政府进行制度性寻租的动机，并且这种活力空间越大，寻租的竞争越激烈。

第二，跨国公司通过 DUP 进行制度性寻租分为两个阶段。第一阶段是竞争性寻租，即企业先需获得垄断权，第二阶段是垄断性寻租，即企业在获取垄断权的基础上继续护租，通过第二阶段的垄断租金收益弥补第二阶段甚至包括第一阶段在内的全部投入。其中第一阶段的竞争尤为激烈，甚至可能出现该阶段投入超过该阶段所获租金。究其原因在于，企业获取垄断租金的前提是获取垄断权，而在该阶段的竞争中，一旦失败则意味着前期投入无法收回。为避免该阶段的投入成为沉没成本，企业将付出巨大代价。由此导致的结果是竞争程度越激烈，企业投入越多，失败的成本越大。而一旦竞争成功，企业将进入垄断性寻租阶段，为弥补前阶段的投入，企业将继续投入护租，与企业合谋的机构必将进行创租与抽租。

第三，企业在经济市场上的竞争环境变化迅速，为应对商业竞争，企业需要不断地提高反应速度，但由于政府效率低下，使得企业需要获准政府批准的商业领域与市场竞争领域间存在缺口。为提高政府运作效率，企业不得不通过 DUP 进行行政“插队”与提高办事效率。因此政府对商业领域干预越广，办事效率越低，企业实施政治行为的压力越大。

综上所述，由于政治资源具有积累性，企业一旦与政府机构合谋进入制度交易的过程，随着双方“专用性”资产投入的增多与从中获利的增加，双方退出成本越高，一方面获利的增多成为双方合作的动力，另一方面退出成本成为维系双方制度交易与政治合作的强有力的保障。因此企业政治行为与政府规制密切相关，政治行为与政府规制间具有一种内在共生性。

第五节　本章小结

本章从新政治经济学的视角对跨国公司干预东道国政府规制过程的动机与影响机制进行了探索性分析。①制度非均衡的常态，促使跨国公司为了维护已有的垄断权利或追求更多的利益分配，必然会为追逐制度租金而对政府实施 DUP，政府作为规制的主要供给者，使其成为实际导致制度交易的原因之一。②跨国公司 DUP 规模与政府对经济的干预存在非线性联系。同时由于决策惯性区间的存在，政府对市场的干预偏离理论和适度，失衡的常态使政府规制的实施过程必然伴随利益集团的寻租，且由于跨国公司的强势，使其他利益集团的福利向前者转化的过程中存在无谓损失。③前两点的存在，表明跨国公司 DUP 本质是制度性寻租，政府在渐进式进行制度改进过程中伴随着租金消散的过程，但由于租金边际维护成本较低，因此寻租是一个带有明显的数量扩张，且不断引发新寻租的过程。综上所述，当政府职责界限越模糊，制度改革采取渐进式，政府对市场的可干预空间越大，企业对制度性寻租的依赖心理越强，促使政府规制需求增加，从而使得政府规制陷入自我加强与循环的路径依赖。这也导致了跨国公司实施 DUP 的潜在获利增加，放弃 DUP 的机会成本提高，跨国公司实施 DUP 的路径依赖性加强。

因此企业政治行为与政府规制密切相关，政治行为与政府规制间具有一种内在共生性。针对这种内在共生性，东道国政府需要注意：①提高政策制定过程的透明度，通过增强外部监管减少跨国公司的制度性寻租；②明确政府职责的边界，强调政府对市场的适度干预，减少由于“泛政府化”导致的制度租金增加，以及“泛市场化”导致的制度供给缺口扩大，进一步引发跨国公司的 DUP；③规范本土企业的 DUP，提高本土企业反应速度，使其通过规范实施 DUP 维护自身合法权益，加强政企沟通。

第八章 跨国公司DUP对政府规制影响模型
——以TRIMs为例

第一节　企业 DUP 影响政府规制路径

Shllner（1999）的承诺模型是基于两个方面四个维度的商业关系承诺模型，模型中包括承诺投入方面和产出方面，前者包括特定工具投入和特定态度投入，后者包括关系绩效和关系公平。本书在该模型基础上进行简单修改。用合作意愿、行为承诺和政府企业间关系代替特定态度投入、特定工具性投入和关系绩效。要维持长期稳定政企互动，则公司非生产性牟利行为必须满足双方最低需求，否则合作无法继续。因此增加企业经济绩效与政府政治绩效以衡量公司非生产性牟利行为结果。

无论企业还是政府，双方合作必要条件包括态度承诺与行为承诺，即模型中合作意愿与合作行为。合作意愿指双方愿意建立良好关系的主观认识，合作行为指双方在建立和维护政府企业间关系的过程中愿意且能够做出利于对方的行动，两者结合形成良好的政府企业间的关系。政府企业间关系不是政府企业间合作的最终目的，只是双方感知对方合作意愿的媒介。良好的政府企业间关系能够进一步加强政府企业间的信任与合作意愿，最终双方合作能否继续取决于企业的经济绩效与政府的政治绩效。

首先政府企业间双方的合作意愿与其实施的行为均会直接影响双方的关系，双方的关系又将对行为的绩效产生影响，同时对双方合作意愿产生影响，而绩效也反过来影响政府企业间的合作意愿与下阶段的行为投入。但同时，无论是企业还是政府，其与对方的关系密切程度以及其行为实施绩效还受到对方合作意愿与行为投入的影响。

企业对政府实施 DUP 的最终目的是为了实现经济上的成功，即获取市场绩效，如更高的利润率、市场占有率或垄断利润等，政府愿与企业合作的根本目的在于获取政治上的成功，即政治绩效，如政局稳定、选民支持、经济健康发展等。当企业从 DUP 中获取的经济绩效足以弥补投入成本时，企业将继续实施 DUP 或加深政府企业间关联程度，同时企业合作意愿与 DUP 实施的推进对政府将加强政府企业间关联，双方合作将促进其经济绩效的提升（如果双方合作带来经济绩效下降，则企业将减少合作或退出合作）。同样对政府亦是如此。

从政府企业间的 KMV 模型我们可以推导出政府企业间作为利益相关者均需要借助对方实现部分目标，因此公司非生产性牟利行为才得以实施。

跨国公司在对东道国进行投资时就将东道国的政府规制作为投资决策的影响要素之一。一方面东道国政府通过评价外资对本国经济以及福利效应的综合影响，对政府规制的内容与形式进行调整或更改。另一方面跨国公司也将对其在东道国的成本与收益进行评价，并将其与竞争对手比较，为获取相对竞争对手的竞争优势，跨国公司将采取 DUP 影响政府规制的制定与实施，以此获取利于企业发展的政治环境，从中获取持续性的竞争优势，拥有更多的利益分配。因此尽管名义上政府规制由东道国政府决定，并对跨国公司 DUP 产生约束，但实际上，跨国公司能够通过 DUP 影响政府规制的制定与实施，即两者是动态的、相互影响的关系。

第二节　跨国公司 DUP 对 TRIMs 制定影响

现有研究多将 TRIMs（与贸易有关投资措施）视为外生变量并分析各种静态福利效果，忽视了 TRIMs 的制定和实施过程中各主体博弈对其产生的影响。从新政治经济学角度出发，TRIMs 的制定和实施过程中不断出现相关主体的重复动态博弈。而现实中，跨国公司的 DUP 活动已引起了研究人员的关注，大量研究资料表明跨国公司 DUP 活动大量存在，并对东道国福利造成深刻影响。表面上看，东道国 TRIMs 对跨国公司在东道国的活动（包括 DUP 活动）进行规制，但实际上，跨国公司为实现其对利润的追求，加之其相对政府能够更为灵活快速地采取行动，因此在 TRIMs 的制定和实施过程中，跨国公司可能从自身利益出发，通过 DUP 活动对其产生影响，以获取政策倾斜和利益保护。

根据制度变迁的供给需求论假定，在现有法律秩序和道德规范一定的情况下，权力中心进行制度变迁取决于新的制度安排能力、意愿及社会中各利益集团力量对比。一方面，在政府与经济主体的博弈中，政府具有政治权与资源配置权的优势，所以政府在决定 TRIMs 供给的方向、形式和进程安排上具有主导地位，但同时也受到政府集权、财力以及国民威望等因素的影响；另一方面，由于各参与主体目标函数与约束条件均不同，因此对同一 TRIMs 的安排将有不同的成本—收益预期，导致供求结构存在矛盾。跨国公司为了谋取自身利益最大化，常常利用自有的垄断力量对政府的政策制定过程有意施加影响。而 DUP 活动可进一步划分为合法活动与非法活动。

一、合法 DUP 对 TRIMs 制定影响

在多元民主制度下，企业通过公司非生产性牟利行为影响政府政策的制定过程是合法的，具有代表性的就是跨国企业通过政治游说影响政策的制定。本书借鉴格罗斯曼和赫尔普曼的保护代售模型对其进行描述分析。文中所指的政治游说不同于无成本的“廉价谈话”（游说者不花费成本地向政治家传递信息）。它们通过游说政治家、向公众提供相关问题或候选人的信息、参加公众游行、进行运动捐助、鼓励选民参与投票等方式试图影响政治过程，以增加其成员的利益。

利益集团使政府意识到其政策主张与将来能够得到的捐献规模之间的关系，且其捐献将随政府政策主张的选择而变化，以此来影响政府的政策选择。

对于利益集团而言其偏好函数为 $U_i = (a, c_i)$，c_i 为其对政府游说支付，a 表示政府行为，U_i 是关于 c_i 的减函数。对于政策制定者而言，其偏好为 $G = (a, c)$，$c = \sum_{i=1}^{n} ci$，G 是关于 c 的增函数。假定政府对于社会中

不同集团福利赋予不同权数，在面临有组织利益集团游说的压力下，一方面政府有接受捐赠的激励，另一方面政府将权衡社会所有成员的福利状况，选择帕累托有效的政策。

游说过程模型化如下：假定一个经济开放小国，p_w 为世界价格，q 为国内消费价格，p 为国内生产者价格。因此（$q-p_w$）为国内消费税或补贴，（$p-p_w$）为国内生产补贴或税收，与 q 和 p 相对应的是政府选择税收和补贴的政策，t_i 为政府对个人进行的一次性转移支付或税收。ξ 表示劳动供给及劳动收入，α 表示集团占选民比重。存在利益集团 M，企业 $f\in M$，其利润函数为 $f(p)$，利益集团成员 i 拥有企业份额 w_{if} 为外生变量，利润收入为 $\pi_i=\sum\limits_{f\in M}w_{if}f(p)$。即利益集团成员 i 的收入为 $I_i=\sum\limits_{f\in M}w_{if}f(p)+t_i-c_i$，非利益集团成员的收入为 $I_i=\sum\limits_{f\in M}w_{if}f(p)+t_i$。政府的政策选择可表示为 $\max g[U_1(I_1),\cdots,U_n(I_n),c]$，约束条件为 $c\geqslant 0$ 与 $\sum\limits_{i\in N}I_i+c\leqslant\pi$。由于我们假定所有效用函数严格递增和拟凹，因此政府的政策选择有唯一解。

（1）x_i 表示商品 i 的消费，$i=1,2,\cdots,n$，效用函数 u_i 可微、递增、严格凹，p_i^*、p_i 分别为商品 i 的世界价格和国内价格。

（2）商品 0 作为单位商品只使用劳动这一生产要素，规模收益不变，投入产出系数为零，$p_0^*=p_0=1$，$x_0=E-\sum\limits_{i}p_id_i(p_i)$，$s(p)$ 为消费者剩余。

（3）商品 $i=1,2,\cdots,n$，生产需要劳动和部门专用要素（部分专有要素所有权高度集中），技术保持规模不变，工资率固定为 1，i 的专门要素收益为 $\pi_i(p_i)$，国内产量 $y_i(p_i)=\pi'(p_i)$。

（4）假定政府政策选择扩大国内外价格差，政策实施后个体转移支付为

$$r(p)=\sum_{i}(p_i-p_i^*)\left[d_i(p_i)-\frac{y_i(p_i)}{N}\right]。$$

基于假设（3）产业 i 专用要素所有者形成游说集团。$C_i(p_i)$ 为该集团给出总捐献安排。

集团的目标函数为：

$V_i = W_i - C_i\ ;W_i(p) = \zeta_i + \pi_i + \alpha_i N[r(p) + s(p)]$

政府的目标函数为：

$$G = \sum_{i\in L} C_i(p) + aW(p);W(p) = \xi + \sum_{i=1}^{n} \pi_i(p_i) + N[r(p) + s(p)]$$

根据贝纳姆和惠斯顿（1986）的引理2将政策博弈均衡表示如下：ρ 表示政府所能选择的国内价格向量集合，$\rho \in [\underline{p_i}, \overline{p_i}]$。

（1）C_i^0 对于所有 $i \in L$ 可行；

（2）p^0 最大化 $\sum_{i\in L} C_i^0(p) + aW(p)$；

（3）对于每一个 $j \in L(j \neq i)$，p^0 使游说集团和政府目标函数联合最优：

即：$\max[W_j(p) - C_j^0(p) + \sum_{j\in L} C_i^0(p) + aW(p)]$

条件（1）指出所有捐献安排在可行范围之内，条件（2）指出给定所有捐献安排，政府最大化其目标函数，条件（3）表明对于每一个集团而言，给定其他集团的捐献安排，均衡价格向量将最大化游说者和政府的联合福利，否则游说集团 j 将通过调整其捐献安排使政府调整价格向量，并从中获取某些剩余。

对 $r(p)$ 和 $W_i(p)$ 进行变形可得：

$$\sum_{i,j\in L} \frac{\partial W_i}{\partial p_i} = (I_j - \alpha_L)y_i(p_j) + \alpha_L(p_j - p_j^*)m_j'(p_j)\ (I_j \equiv \sum_{i,j\in L} \xi_{ij})$$

即游说集团将从任何组织起来的产品国内价格微小上升和未组织起来产品国内价格微小下降中获益。

根据拉姆齐修正法则：政府的均衡政策 t_i^0 需满足 $\frac{t_i^0}{1+t_i^0} = \frac{I_i - \alpha_L}{a + \alpha_L}\left(\frac{z_i^0}{e_i^0}\right)$，$z_i^0$ 表示国内产出与进口（$z_i^0 > 0$）或出口均衡比率（$z_i^0 < 0$），e_i^0 是进口需求（$e_i^0 > 0$）或出口供给（$e_i^0 < 0$）弹性。当其他条件相同时，政府偏向从成本较低部门需求捐献。

（1）当L仅有一个成员，该成员（即游说集团）将获取政府全部剩余，如果L与政府对捐献规模进行谈判，则剩余将在L与政府间进行分配，该成员的 DUP 将明显影响 TRIMs 的制定，其利益将得到充分考虑；

（2）当所有选民都是 L 成员时，所有选民积极参与捐献谈判，成员间竞争激烈导致政府获取全部剩余，且在 TRIMs 制定过程中占有绝对主动权，每个成员的 DUP 对 TRIMs 制定影响不大；

（3）当 L 成员仅占选民中极小部分，即 $\alpha_i \approx 0$ 。则 t_i^0 对所有组织起来的游说集团积极保护，则只有游说集团能够对政策进行干预与捐献。当政府面临多个捐献竞争时，政府拥有更为强势的谈判力量，假若任何一个游说集团单方面断绝捐献时政府可以从其他游说集团获取替代捐献，且在真实安排中，游说集团间将形成波特兰类型竞争，直到其捐赠的边际成本等于从政府那里得到转移支付的边际收益为止。即成员 DUP 对 TRIMs 制定的影响程度与其游说程度成正比，任何退出游说的成员将无法获取额外剩余甚至可能遭受损失。

从经济角度出发，政府的功效在于向社会提供秩序和政策这两种产品，提供产品的过程便形成了市场规制。对于跨国公司而言，只要政府干预所带来的利益转移高于为之付出的成本，跨国公司就有通过 DUP 影响 TRIMs 制定的动力。只要政府人为制造某种资源短缺，或使某种权力的获得机会不均等，跨国公司就可能会试图向政府进行 DUP 以获取差别待遇。

二、非法 DUP 对 TRIMs 制定影响

与合法 DUP 最大的区别在于非法 DUP 具备违法特征，需要承担被侦破与惩罚的风险。具有代表性的是跨国公司通过商业贿赂东道国的政府官员以影响决策制定过程，为跨国公司谋取不正当利益。假设该模型中有跨国公司在东道国子公司、政府官员与政府三方，三方作为理性经济人，以获取收益为最终目的。三方模型中，政府通过对商业贿赂的监督以及惩罚对商业贿赂双方进行行为约束，跨国公司与政府官员通过权衡成本与收益做出是否行贿或受贿的选择。

（一）跨国公司的行为假设

公司行贿概率为 q_1 ，行贿成本为 F ，成功收益为 R ，被政府发现概

率为 p，经济性惩罚为 F_1，非经济惩罚为 NEP（包括行政、刑事处罚等），处罚力度为 LD_1，行贿当事人存在心理成本 $C_1(r)$，r 代表道德因素。

行贿的期望收益：

$$U_{11} = pq[R - F - F_1 - NEP \times LD_1 - C_1(r)] + (1-p)q[R - F - C_1(r)]$$

不行贿的期望收益 $U_{12} = 0$；则公司行贿的激励条件为 $U_{11} - U_{12} \geqslant 0$

公司追求收益最大化 $U^1 = U_{11} + U_{12}$，对 q_1 求偏导并令其为 0 可得 $q_1^* = \dfrac{R - F - C_1(r)}{F_1 + NEP \times LD_1}$。当 $q_1 < q_1^*$，则行贿将发生；$q_1 = q_1^*$，公司行贿与否收益一样；$q_1 > q_1^*$，则行贿不会发生。

（二）政府官员的行为假设

政府官员受贿概率为 q_2，贿金为 B（$B < F < R$），接受贿赂的心理成本为 $C_2(r)$，被发现的概率为 p，遭受的处罚 PC，处罚力度为 LD_2，剩余工作年限 N，每年合法收入 I。

受贿的期望收益：

$$U_{21} = q_2 p(B - PC \times LD_2 - IN - C_2) + q_2(1-p)(B - C_2)$$

不受贿的期望收益：

$$U_{22} = (1 - q_2)IN$$

对于政府官员存在受贿的激励条件为：

$$U_{21} - U_{22} \geqslant 0$$

官员追求收益最大化 $U^2 = U_{21} + U_{22}$，对 q_2 求偏导令其为 0 得 $q_2^* = \dfrac{B - C_2 - IN}{PC \times LD_2 + IN}$。当 $q_2 < q_2^*$，则存在受贿；$q_2 = q_2^*$，官员受贿与否收益一样；$q_2 > q_2^*$，则受贿不会发生。

（三）政府的行为假设

政府选择监管商业贿赂概率为 q_3，贿赂造成经济损失 EL 和非经济损失 NEL，政府发现贿赂概率为 p，通过惩罚获得经济收入 $B + F_1$，

示范效应 DE，监管成本 C。

监管的期望收益：

$U_{31} = pq_3(F_1 + B + DE - C) - Cq_3(1-p)$

不监管的期望收益：

$U_{32} = (1-q_3)(C - EL - NEL)$

政府监管的激励条件为：

$U_{31} - U_{32} \geqslant 0$

政府追求收益最大化 $U_3 = U_{31} + U_{32}$，对 q_3 求偏导令其为 0 得 $q_3^* = \dfrac{C - EL - NEL}{F_1 + B + DE}$。当 $q_3 < q_3^*$，则监管力度不够；$q_3 \geqslant q_3^*$，则政府监管力度强硬。

当 $q_1 < q_1^*$，$q_2 < q_2^*$，$q_3 < q_3^*$ 三条件同时满足时，商业贿赂将发生，即 DUP 对 TRIMs 产生直接影响，但由于政府监管力度不够，因此使得非法 DUP 处于实际合法状态，因此利益集团向政府不断扩大其行贿力度直至其边际成本与边际收益相等为止。当 $q_1 < q_1^*$，$q_2 < q_2^*$，$q_3 \geqslant q_3^*$ 时，商业贿赂存在，但政府监管力度强硬能对行贿受贿者产生一定行为约束。当 $q_1 < q_1^*$，$q_2 > q_2^*$ 时，政府官员不受贿，公司行贿无处。当 $q_1 > q_1^*$，$q_2 < q_2^*$ 时，公司不行贿，官员无处受贿。

综上所述法律认定商业贿赂非法且严惩，此状态下约束最紧，管制最严，非法 DUP 对 TRIMs 制定的影响程度最小。

东道国提供 TRIMs，跨国公司将此作为投资决策的考虑要素之一。当跨国公司进入东道国之后，一方面东道国将对 FDI 综合效用进行评价和判断，根据信息反馈对 TRIMs 进行相关调整，另一方面跨国公司在评价自身经济活动在东道国的收益和成本后通过 DUP 影响 TRIMs 的制定，从而使下一轮的利益分配倾向自己，因此 TRIMs 的制定名义上是由东道国提供，并且将对包括 DUP 在内跨国公司行为进行规制，但实际上 DUP 能对 TRIMs 的制定产生影响，因此两者是相互影响的过程。

第三节　跨国公司DUP对TRIMs实施影响

现有研究均指出DUP在TRIMs制定过程中可能扮演重要角色，使原本为解决外部性而设的政策结果产生新外部性。但多数文献忽略了DUP在TRIMs实施过程中也起了关键性作用。尤其是当政策的制定者与实施者不统一时，TRIMs执行可能遭遇“软约束”。以环境规制实施遭遇“软约束”为例分析①。

如图8-1所示，假定RR、CC分别是环境规制的边际收益曲线和边际成本曲线，R_1R_1和C_1C_1分别是政策制定者设计环境规制的边际收益曲线与成本曲线，政府为实现环境规制的最优化，选择最优环境标准S_1。但是由于缺乏统一的环境规制成本—收益分析，政府在实施的过程中往往会选择成本较高的环境规制工具（政府强制命令的效率往往不高，但在实际中往往实施），因此实施过程中将使边际成本曲线移至C_2C_2，此时边际成本曲线与边际收益曲线相交确定的环境标准为S_3，低于设计环境标准S_1。

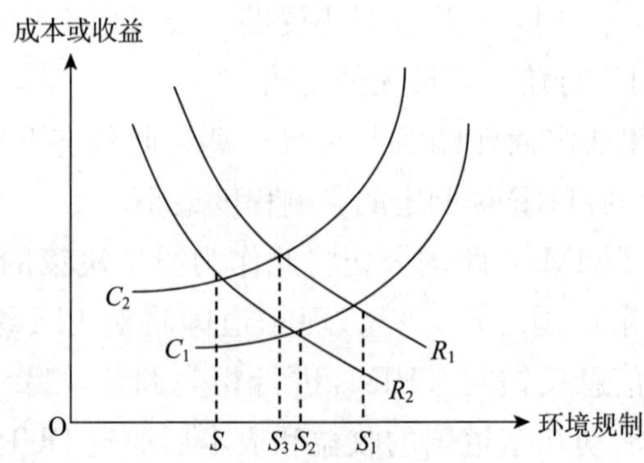

图8-1　环境规制实施时遭遇“软约束”

政策制定者在制定环境规制时，为了降低其对跨国公司的负面影响，往往会同时建立激励补偿机制试图弥补对跨国公司的负面影响。但政策实施者（比如各地方政府）出于引资竞争的需要，实施者在实施的过程

① 环境规制实施“软约束”就是实际执行的环境标准比设计的环境标准要低。

中有变相降低环境规制的动力，因此实施过程中的环境规制收益将低于设计预期降至 R_2R_2，最终环境规制实施结果是环境标准由设计时的 S_1 降至实施的 S_4。在落实政策过程中造成一系列的人为扭曲，为跨国公司提供了 DUP 存在空间，使得“非完全强制执行”普遍存在。在此基础上，跨国公司的 DUP 将加大扭曲。实施者谈判能力越弱，跨国公司 DUP 对 TRIMs 的实施影响越明显。由此导致的直接影响是：

（1）在经济较为落后地区，由于经济增长的良性循环尚未生成，造成对外资依赖，因此地方政府在实施 TRIMs 时对跨国公司尤其是对当地经济产生重大影响的跨国公司的 DUP 行为存在较大容忍度，甚至与此结成“联盟”，主动为外资企业创造便利，使得跨国公司 DUP 对 TRIMs 的实施产生明显影响。

（2）在经济较为发达地区，经济增长存在良性内生循环，同时由于投资环境良好能吸引足够 FDI，因此对外资依赖程度较小，TRIMs 的实施与预期偏差较小，跨国公司 DUP 行为对 TRIMs 实施的影响程度较经济发达地区弱。

第四节　本章小结

在东道国利用外资的过程中，东道国与跨国公司各自策略的选择将是不断动态重复博弈的过程。跨国公司 DUP 行为包括合法 DUP 与非法 DUP，后者带有明显的违法特征。合法 DUP 的代表为政治游说：①当游说集团的成员仅有一个时，该成员的 DUP 将显著影响东道国 TRIMs，且后者明显倾向其利益保护；②当游说集团成员众多，成员的 DUP 对 TRIMs 制定无明显影响，政府拥有绝对主动权；③当游说集团相对集中，占总选民人数忽略不计时，无 DUP 的成员利益将得不到保护，对政府而言成员间的 DUP 活动可相互替代，成员对 TRIMs 指定的影响程度与其 DUP 活动规模成正向关系。非法 DUP 活动的代表是商业贿赂。该模型中涉及跨国公司在东道国子公司、政府官员与政府三方的多阶段动态博弈。跨国公司与政府官员只有在期望收益大于成本时才会采取行贿或受贿的决定，政府只有在监管的期望收益大于不监管期望收益时才会实施监管，当商业贿赂实际不违法时，DUP 对 TRIMs 制定的影响程度最深，当法律认定商业贿赂违法并实施严惩时，对贿赂双方的行为约束最紧，此时 DUP 对 TRIMs 制定的影响程度较浅。跨国公司 DUP 活动对东道国 TRIMs 实施的影响表现为 TRIMs 执行遭遇的“软约束”，在经济较为落后地区，DUP 对 TRIMs 实施影响程度较经济发达地区明显。

第九章　中国企业跨国并购发展阶段

早在改革开放初期，邓小平同志就指出“中国的发展离不开世界”。1979 年国务院颁布的 15 项经济改革措施中的第 13 项首次将“出国办企业”视为国家政策，为中国企业境外直接投资奠定政策基础。1996 年江泽民同志首次提出“走出去”思想，4 年后全国人大将企业“走出去”作为国家战略正式提出，2001 年十五届五中全会上，《“十五”计划纲要》明确将“走出去”战略作为国家四大新战略之一[①]。党的十六大、十七大报告上相继强调“走出去”战略的重要性并将其定位为基本国策。“走出去”战略又被称之为国际化经营战略、全球化经营战略或跨国经营战略，具体包含商品输出与资本输出两个层次。

中国作为发展中国家，通过并购境外企业快速进入对方市场，或借此获取目标企业所拥有的技术、品牌、销售渠道等资产来推动企业自身国际化发展是国际金融危机后中国企业跨国并购的主要动机之一。自 1978 年改革开放伊始，中国企业开始逐步接触国际市场。中国政府对于国际资本的态度经历了“改革开放初期试探性引入外资→20 世纪 90 年代强调外资引入与实验性资本输出→本世纪初提出走出去战略”。

据商务部数据显示，2003—2017 年中国企业跨国并购额年均增长 30.57%，其中 2016 年被媒体惊呼“买断全球”的中国企业创新海外并购最高纪录，共在 74 个国家或地区实施跨国并购 765 起，实际交易额 1 353.3亿美元。随着中央监管部门开始主动进行行业调整，抬高与国家产业政策不符的并购审核门槛，限制相关资本外流，致使 2017 年中国企业境外并购下跌 28.9%，2018 年上半年同比降幅收窄至 7.6%，但仍占世界对外直接投资流量第三（仅次于美国与日本）。汤森路透数据显示，

---

① 四大新战略是指走出去战略、西部大开发战略、城镇化战略与人才战略。

2018 年上半年中国企业跨境并购规模为 766 亿美元，同比增长 46%，并购企业集中在能源、电力、制造等行业。其中对欧洲并购同期增长一倍，达 454 亿美元。目前中国企业境外并购单项最大额是中国化工 466 亿美元并购瑞士先正达，该交易也是亚太地区史上跨国并购单项最大额。该交易自公布以来共通过包括 CFIUS 在内的 11 个国家投资机构和包括欧美在内的 20 个国家和地区反垄断机构审查，最终该交易所需全部监管审批条件已于 2017 年 4 月获得满足，并且截至 2017 年 6 月，中国化工已完成对先正达的第二次交割，拥有后者 94.7%的股份。

纵观全球企业并购历程，自 19 世纪末至今有六次并购浪潮，其中跨国并购始于第三次并购浪潮。中国企业的国内并购与其跨国并购时间上基本是同步的，均始于 1984 年，但中国企业海外并购的兴起滞后国内并购近 20 年，中企海外并购迅速发展起于 2003 年后，其中非市场因素对其影响明显。多数并购冲动较为直接，缺乏完善的中长期战略规划。如为获取原材料的考虑对上游企业的并购（油气、矿产领域），为获取技术的对知识产权企业的并购，或为实现借壳上市对当地壳企业的并购。

经过三十余年的发展，中国企业对外投资步伐不断加快，其中跨国并购已成为中国对外投资的新亮点与主要推动力之一。从入世以后，中国企业并购是以围绕国内市场需求或企业发展为中心的国际并购。国内学者多将中国企业跨国并购划分为两阶段或三阶段。本书在现有研究基础上以 1992 年、2001 年、2007 年与 2013 年作为时间分割点将中国企业跨国并购的发展历程划分为：萌芽、准备、起步、增长与“一带一路”引领四阶段。

第一节　1992 年之前萌芽阶段

1979 年国务院首次将“出国办企业”列为国策，当年 11 月北京友谊商业与日本东京丸一商业株式会社在东京合资设立了改革开放后第一家境外企业——京和股份有限公司。直至 1984 年中银集团与华润集团联合以 4.37 亿港币并购了中国香港当时最大的上市电子集团康力投资，才正式开启中国企业海外并购序幕。此间国务院对企业境外投资实施集中管理，严格审批。因此该阶段对外投资主体限于拥有进出口权的贸易公司与隶属于政府的经济技术公司。

为填补企业对外投资审核管理规范性政策不足，1985 年公布了新的企业在境外设立子公司的审查基准与管理方式的政策，实现企业境外投资由个案审批向规范性审核转变。该阶段跨国并购的特点是公开宣布的交易项目少，交易规模小，并购企业所在地区仅涉及中国香港、加拿大、美国、印度与秘鲁等。并购企业所在行业仅涉及石化与航空等垄断型行业，参与主体限于大型国企，持股比例多为多数股权收购或全额收购。该阶段中企宣布的跨国并购 32 起，涉及金额不足 20 亿美元，交易完成比达 84.3%。此阶段由于中国面临严重的资金短缺与供应短缺，对外开放的重点是“引进来”，即便少数集中在周边地区的“走出去”的商业活动也主要是为促进“引进来”与鼓励出口而服务。另一方面中国该阶段的工业化发展战略是内向型，这种战略选择使中国经济与世界经济的关联降到最低。

第二节　1993—2001 年准备阶段

以邓小平视察南方发表重要讲话为时间分割点，中国跨国并购进入准备阶段。讲话明确了市场经济的改革方向，鼓励私营经济发展，消除了众多企业海外投资的政治顾虑。根据 UNCTAD 数据，1993—1996 年中国企业海外并购规模年均不足 3 亿美元，且并购市场集中于东南亚与非洲地区，国企为主，目的在于获取财务回报。

1997 年“十五大”鼓励“具有比较优势的国有企业对外投资”，香港回归带动内地企业进入香港市场进行并购。较上一阶段，中国企业跨国投资规模明显增长，但项目平均交易额依然较小。据外经贸部数据显示，截至 1998 年底，中国对外直接投资遍布 160 多个国家和地区，兴建 5 666 家企业，其中通过并购新建的企业约一成。该阶段政府试探性抛出“走出去”政策信号，引导国企合作，进行实验性的对外投资。不少企业在政府政策信号引导下，展开了利于自身长远发展的跨国并购。根据 UNCAT《2003 年世界投资报告》显示，1995—1998 年中国企业跨国并购增速明显，1999 年受亚洲金融危机影响并购规模下跌超 90%，为应对对外直接投资的国有企业损失、资本与外汇外流等阶段性问题，对外投资项目审批开始收紧，中国企业境外并购进入短期停滞阶段。

1998 年十五届二中全会要求“有实力有优势的国有企业走出去”。随后“十五规划”首次明确“走出去战略”，并将其与“西部大开发战略”“城镇化战略”与“人才战略”并称为“四大新战略”。

2000—2002 年又进入恢复性增长阶段，2002 年基本恢复至亚洲金融危机前水平。该阶段中企公布的跨国并购 341 起，金额达 61 亿美元，交易完成比达 65.98%，并购行业以工业、原材料能源、金融与电信为主，大型跨国并购仍由国企完成。但与外资在中国并购规模相比仍有较大差距，此阶段尽管中国企业跨国并购获得较大发展，但仍处于起步阶段，整体而言，中国企业海外并购规模、专业化程度与交易数量比上一阶段取得大幅增长，并购类型亦以纵向并购为主，向横向并购与混合并购方向发展。但同期中国企业国际资本流动中仍以吸引外资为主，且对外投资中仍以新建为主。1992—1997 年跨国并购占对外直接投资比重仅为 16.77%，1999 年跌落至低谷，仅 5.6%。与主要国家的跨国并购存在明显差距，中国市场仍以外资并购为主，外资利用阶段仍以引进外资为主。

第三节　2002—2006 年起步阶段

自中国加入 WTO 后，众多经济政策逐步与国际接轨，同时伴随经济水平提高与全球化盛行，政府对对外开放战略进行调整，提出“走出去”战略，以推动中国企业借助直接投资、并购联盟、工程承包以及劳务输出等各种途径进入国际市场，参与国际经济活动，实现中国企业竞争力的提高与品牌知名度的扩大。

经过前一阶段中国企业实验性海外投资，中国政府参考其样本经验，在“实施走出去战略”的基础上出台相关政策，这一阶段中国企业的海外并购开始引起国际舆论媒体关注，同时对外并购成为中国企业“走出去”重要组成方式之一。如2004年联想集团以12.5亿美元（6.5亿美元现金与6亿美元股份，并承担IBM另外5亿美元债务）并购IBM个人电脑业务后成为世界第三大个人电脑制造商的同时获得国际认可的品牌，该项并购被视为中国企业进入发达国家高端制造业的标志，2005年中国企业海外并购规模占当年对外直接投资规模53%。

2000年后，中国基本解决了资本短缺与供给短缺，实现了经济起飞，“走出去”正式成为中国融入世界经济的新要求。该阶段中国企业跨国并购主要集中在邻近区域，行业涉及能源、交通与电信等国家资源和基础设施。该阶段为下一阶段的快速发展奠定了基础，2005年中国企业境外并购已是2004年的5倍。该阶段中国企业最大规模的跨国并购是2005年中油国际以41.8亿美元的价格收购了PK公司。据世界投资报告显示，跨国并购占世界对外直接投资的绝对比重。中国作为一个发展中国家，跨国并购占对外直接投资比率较低，且波动明显，具体表现为跨国并购的交易额持续增长，占中国对外直接投资的比重不断增加。

这一阶段中国跨国并购特点是：①并购规模扩大，增速明显，不少并购案金额超过上一阶段年均总额；②并购企业所在国向欧洲地区扩展；③并购行业以横向为主，大规模的并购案多集中在能源、家电、汽车与高技术行业；④并购主体多元化发展，尽管仍以大型国企为主，但非国有企业也开始成为不可忽略的跨国并购力量；⑤并购目的已由资源获取开始向竞争战略、强强联合等战略目的转移。

第四节　2007—2012年增长阶段

全球金融危机蔓延，国外大量上市公司股价受影响致使企业资产大幅贬值，各国政府为尽早摆脱危机，相继在各产业中放宽了对外国投资的限制并加以促进，以刺激增长，是中国企业得以进入之前无法进入的领域。十七大报告指出建立“全方位多层次的改革开放格局”。此阶段中国企业对外投资绩效指数先上升后下降，但仍高于期初值，绩效均值为0.476 9（表9-1）。

表 9-1　2007—2011 年国家规制调整数量

年　　份	2007	2008	2009	2010	2011
发生变化的国家数量	49	41	45	57	44
规制调整数量	80	69	89	112	67
利于投资调整数量	59	51	61	75	52
不利于投资调整数量	19	16	24	36	15
中性/不确定规制调整数量	2	2	4	1	0

资料来源：贸发会议，《2012 年世界投资报告》。

不少中国企业借此机遇展开大规模海外并购，掀起跨国并购新浪潮。据中国商务部数据显示，2008—2011 年间中国企业海外并购的年均增长率达 44%。如图 9-1 所示，2007 年中国企业跨国并购 63 亿美元，同比下跌 23.6%，2008 年尽管金融危机对实体经济的负面影响进一步加深，但中国企业海外并购却实现了近年来最高的增长率，同比上涨 379.4%，公布金额的交易规模达 302 亿美元，较上一年度明显回落。2009 年的中国企业完成海外并购 38 起，披露交易总额达 192 亿美元。2010 年全球经济进入复苏阶段，中国企业完成海外并购 57 起，披露交易总额达 297 亿美元。2011 年中国企业海外并购 272 亿美元，并购件数达到近年来新高，为 110 件，占同期 FDI 流出的 36%。2012 年中国企业海外并购 298.25 亿美元，年增长率为 9.65%，占同期 FDI 流出的 38.62%，跨国并购正逐渐成为中国对外投资的主要方式。此阶段单项海外并购规模较之前有所增加，海外并购案例的平均规模已达 3 亿～4 亿美元范围，但多数并购仍未达到 UNCATD 认定的大型跨国并购规模，以横向并购为主，并购主体集中在大型国企与私营高科技企业，其中非资源型并购开始以针对欧美发达国家实施的逆并购为主。

《经济学人》杂志指出中国企业该阶段海外并购金额超过 5 000 万美元的交易中，81%的交易由国企完成，其中 62%的交易为 100%股权并购。

与此相对应的是跨国并购的平均规模在次贷危机前一直较小，次贷危机后伴随中国掀起并购热潮，其并购案例平均规模有所增加，2009 年达至峰值，为 2.59 亿美元。尽管中国企业跨国并购案例的平均规模仍低

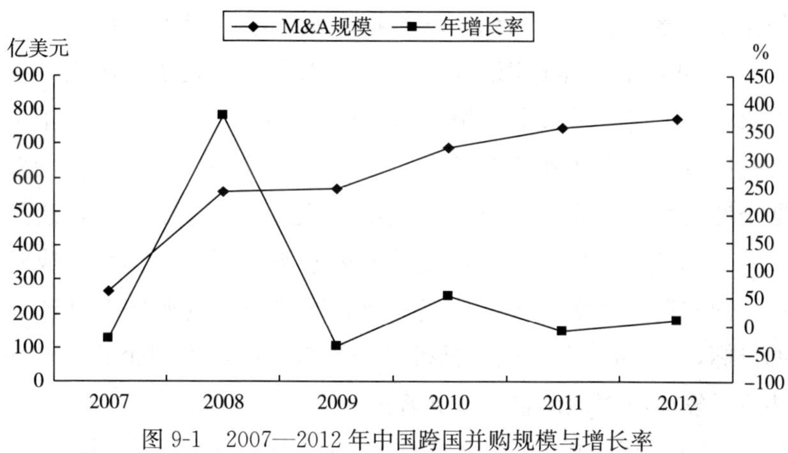

图 9-1　2007—2012 年中国跨国并购规模与增长率

资料来源：M&A 规模数据：引自中华人民共和国商务部数据。

于 WTO 规定的大额并购标准，但经过二十多年的发展，中国企业跨国并购案例的平均规模得到了明显提高。

据 Dealogic① 数据显示，该阶段中国企业跨国并购平均规模由小型交易向中型交易发展，企业跨国并购的规模增幅达 196%，其中 10 亿美元规模以下的跨国并购总额增幅为 121%。该阶段主要由大型企业主导，偏好能源、矿业等领域。

第五节　2013 年至今"一带一路"引领阶段

党的十八届三中全会《中共中央关于全面深化改革若干重大问题的决定》中，明确指出在对外经济发展中注重市场在资源配置中的决定作用，扩大企业及个人的对外投资，"允许创新方式走出去开展绿地投资、并购投资、证券投资、联合投资"，同时强调"加快改革涉外投资审批体系"。

国际金融危机后全球经济增长乏力，发达国家开始鼓励资本回流，发展中国家尤其是新兴经济体在全球经济增长以及推动世界对外直接投

① 由金融数据提供商 Dealogic 发布。

资中的作用日益明显。中国商务部数据显示，中国对外直接投资流量世界排名2015年提高至全球第二，同年实现对外直接投资与吸引外资的国际资本双流动平衡，进入中国企业国际对外净投资元年。2016年中国企业对外直接投资规模达到历史峰值1 962亿美元，占世界比重达13.5%。而同期全球跨境并购规模直至2015年才恢复至7 350亿美元，达到危机前2005—2007年平均额为7 290亿美元的水平。同期中国部分成熟工业进入产能饱和期，为实现传统产能释放，国内有限资源向新型产能转移等腾挪目标，"一带一路"倡议推行至今的六年中，中国企业海外并购进入"井喷式发展→理性调整"发展阶段。

2013—2016年是中国企业海外并购持续增长阶段，年均增速为36.77%，2016年企业境外并购规模、并购绩效与占亚太地区境外并购活动比重均达到历史新高，分别为1 353.3亿美元、0.757 9与56%。制造业尤其是发达国家较为成熟的高科技产业吸引了众多中国企业资本流入。对于中国企业大规模对外投资，外国相关部门相继提高审核门槛，非经济因素的影响日益突出，东道国民众媒体等传出"中国正在购买全球"或将其与20世纪80年代大规模对外投资的日本企业相对比。而中国外汇储备也相应受到影响，国内针对是否存在"资本外逃"展开相关讨论。由此导致自2016年起，中国企业海外并购领域的撤回交易总额不断增长，从而推动2017年交易下滑。

2017年受国内外政策调整与相关部门审核干预，中国企业海外并购进入"理性回归"阶段，但并购规模仍居历史第二高位。该阶段并购绩效均值为0.650 8。胡润研究院与易界Deal Globe联合发布的《2018中国企业跨境并购特别报告》[①]。报告中指出，2017年中国并购百强交易额下滑37%，降至1 354亿美元。并购行业以科技行业为首，工业制造居第二。2018年上半年中国海外并购额进一步下降至220亿美元，较2017年同期下降61.20%，其中以美国企业为并购目标的交易额下降超过九成。该阶段调整投资政策的国家数量经历了V型增长，增至65个国家和地

① 该报告统计标准为上一年中国国内企业宣布、交易额在500万美元以上、股权并购10%以上的跨境交易，2018年报告研究对象为2017年并购交易。

区，非自由化政策占比持续在三成左右，如图 9-2 所示。

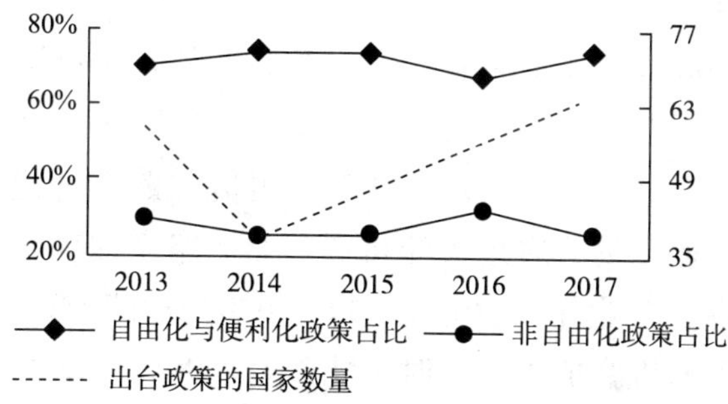

图 9-2　2013—2017 年世界投资规制调整国家与政策占比

数据来源：2014—2018 年《世界投资报告》。

第六节　本章小结

综上所述，纵观中国对外投资的发展历程，中国跨国并购规模与中国对外直接投资（OFDI）规模整体发展趋势一致，表现出明显上涨的态势。在 20 世纪 90 年代前期，中国企业“走出去”主要依靠贸易与境外加盟合作，90 年代以后，中国对外直接投资进入萌芽阶段。入世更为中国企业打开进入全球市场的便捷通道，中国由引入外资为主向资本双向流动发展，以国有企业为主的聚焦海外资源与市场获取的对外直接投资开始快速发展。包括第三方如胡润研究院、Deal Global、贝恩、普华永道与安永等机构研究报告均显示除中国企业广泛参与跨国并购投资始于 2008 年国际金融危机之后，由此推动中国企业在 2011—2013 年开始在国际市场是积极寻找投资机会。因此以国际金融危机为契机，并购成为中国企业对外直接投资重要方式之一。与此同时中国企业境外并购的地理偏好由亚洲地区的发展中国家向欧美地区的发达国家转移。2004 年中国企业境外并购超过 70％是亚洲地区，欧洲与北美占比不足 9％，但 2014 年中国企业境外并购中亚洲占比降至 16％，但欧美并购占比增至 52％。“一带一路”倡议提出与落地，给予中国企业“走出去”更多的市场动力与政策支持。但受限于中国企业国际化历史短以及中国企业海外并购行为的独特性，伴随而来的是中国企业海外并购“高溢价”、“高失败率”与“高风险”并存。

从经济学的成本收益上来看，中国企业海外直接投资尚处于西方经济学的“幼稚对外投资的起步阶段”。其中的海外并购也面临同样的境遇，当企业有机会进入国际市场，甚至有可能并购海外优质资产时，缺乏并购经验的企业容易过多地关注机遇，而忽略潜在风险，使得国外被并购方在面临中国企业并购时通常选择“中国溢价”或“较高的反向分手费”弥补自身的机会成本。同时不能忽略的是，全球经济疲软给中国企业“资本抄底”的机会，但正是由于经济复苏乏力，致使越来越多的国家开始对国际并购领域进行政策干预，“反全球化”抬头。国际金融危机后，世界各国投资政策开始更加复杂与不稳定。各国政府及其社会为应对全球化的负面影响或他国以邻为壑的政策开始对本国经济进行更多的政府介入，从而降低了投资政策的可预期性与延续性。世界投资报告数据显示，2017 年世界各国实行的投资政策仍以投资促进、便利化与自由化为主，合计 65 个国家采取了 126 项投资政策措施（为 2006 年以来投资政策变化数量的新高）。其中 73.8％为投资促进，14.29％偏向投资限制，并且这些限制不仅仅局限于新法规的实施，更多表现出涉及外企对本国企业的并购的行政决定，数据显示至少 108 个国家制定专门的投资法以治理跨境并购。因此，中国企业海外并购规模的发展也伴随着并购特征、政府规制与非经济风险的转变。

第十章 现阶段中国企业跨国并购特征

关于中国企业海外并购数据，商务部公布的《中国对外直接投资统计公报》通常只显示行业或国家层面的并购数据，国内从企业视角统计中国企业海外并购的数据库有全球化智库编著的《中国企业全球化报告》中的CCG数据，部分企业如普华永道等多采用汤森路透数据库，近年越来越多的研究报告开始采用美国 China Global Investment Tracker（CGIT）数据。但由于各数据库统计口径有所差异，因此每年公布的具体数额多有偏差，但整体均认为中国企业海外并购规模持续攀升，尽管自 2017 年起有所下降，但仍处于历史高位。贝恩数据指出，中国企业海外并购额占其 GDP 比重仅为日本的一半，因此中国企业海外并购仍有较大的发展空间。但如上文分析，国内产业资本调整、发达国家鼓励资本回流、"一带一路"倡议引领的"新雁阵模式"正处于形成期以及欧美国家安全审查对中国企业海外并购的干预等，均对中国企业并购的内部动力与外部条件产生了极为深远的影响。因此本节将对现阶段中国企业跨国并购的特征进行分析。

第一节 并购规模逆势上扬至峰值后回归理性

中国商务部数据显示，2010—2017 年间中国企业境外并购规模尽管部分年份有所调整，但整体呈现出不断上涨的态势。并购总额、交易项数、单项最大并购额与平均并购额等多项指标不断创下新高。通过图10-1可知，2010—2017 年，中国企业境外并购阶段性特征明显。整体划分为：2010—2012 年后国际金融危机以自然资源并购为主；2013—2016 年以技术与品牌为交易重点；2017 年至今赢在输出海外。

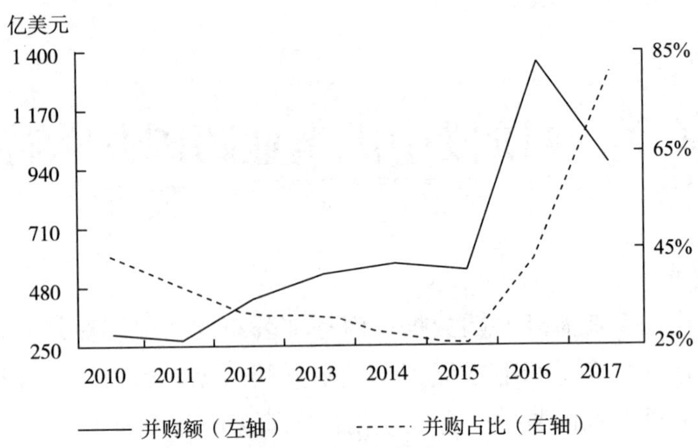

图 10-1　2010—2016 年中国企业境外并购规模及其占对外直接投资比重

后国际金融危机时代的跨境并购抄底、“一带一路”倡议引领的中国企业进入全球化新进程。2010—2016 年中国企业跨国并购规模年均增长 28.76%，2016 年至峰值 1 353.3 亿美元，占世界并购总额的 16.4%，超过美国（占比 14.4%）成为 2016 年境外企业最大的收购国。但其中也不乏存在盲目跟风操作的跨界并购，为套利而实施的概念性并购以及高溢价估值等乱象，因此在 2016 年中国企业境外并购“井喷”后，国发办[2017] 74 号《国务院办公厅转发国家发展改革委商务部人民银行外交部关于进一步引导和规范境外投资方向指导意见的通知》对中国企业跨国并购进行了部分限制与指导，同时欧美国家开始收紧外资企业对本国高技术产业以及关键技术行业与重要基础设施等领域的并购。国内外双重压力下，部分国内企业通过境外 SPV（Special Purpose Vehicle）特殊目的实体完成并购，从而将境内并购方替换成境外并购方，同时部分针对欧美国家的并购开始延期或撤回，致使中国企业跨国并购额 2017 年下降 28.91%至 962 亿美元，但仍为第二高纪录。其中对美并购下滑尤为突出。同期中国企业跨国并购平均规模在同期也经历先缓慢下降，或快速提升的变动，由 2013 年 1.25 亿美元降至 2015 年 0.94 亿美元后，2017 年又快速提升至 3.51 亿美元的峰值。

2010—2017 年，跨国并购占中国企业对外直接投资比重经历 V 型变动，2010—2015 年并购占比由期初的 43.2%降至 2015 年的 25.6%后又迅速攀升至 2017 年的 80.1%。意味着跨国并购成为中国企业进入国际市场的重要渠道。

第二节　并购资金由国内融资向境外融资逆转

中国对外直接投资统计公报与中国统计年鉴数据显示，不断扩大的并购资金需求使得并购企业难以完全依靠自有资金实施，因此伴随中国企业境外并购大踏步式发展，企业并购资金融资模式偏好亦发生变化。中国企业境外并购资金来源主要分为境内融资①与境外融资两类，其中境内融资是指境内投资者自有资金与境内银行系统贷款（不包括境内投资者担保的境外贷款）。2013—2017 年，中国企业境外并购资金累计来源中，境内融资占比 53.38%，境外融资占比 46.62%。

如图 10-2 所示，2013—2016 年直接投资的资金来源平均占比 63.33%，但 2017 年境内融资占比断崖式下降至 27.99%，资金规模同比下降 61.31%，境外融资逆转至 861.5 亿美元，资金规模同比增长 76.43%，

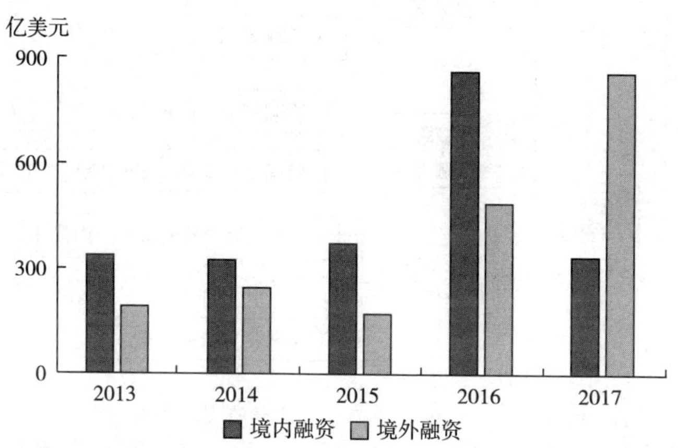

图 10-2　2013—2017 年中国企业境外并购资金来源

① 中国对外直接投资统计公报中使用直接投资，为避免与“对外直接投资”概念混淆，本章采用《中国企业全球化报告（2017）》中的“境内融资”概念。

占当年并购资金规模70%以上比重。2017年并未延续并购规模持续增长态势，且融资结构发生逆转。究其原因主要源自国内政策变动以及各渠道资金替代效应。

2016年前，中国企业海外并购资金融资结构以境内融资为主，如图10-3所示，境内融资可分为债务融资与股权融资，前者包括银行贷款与发行债券，债务融资模式下债权人一般不会干预境内企业经营管理，企业拥有较好自主权，且2015年中国银行业监督管理委员员颁布的《商业银行并购贷款风险指引》进一步放宽了并购贷款管制。同时受境外资产抵押评估、项目不确定性等负面因素，企业通常优先考虑境内融资。但一系列大规模并购案例引发境内企业债务杠杆过高，如万达、复星等。大规模资金流出[①]致使资金外流压力由外汇管理局前移至商务部与发改委，对此自2016年下半年开始，国家多个部委监管态度转为“扩流入、控流

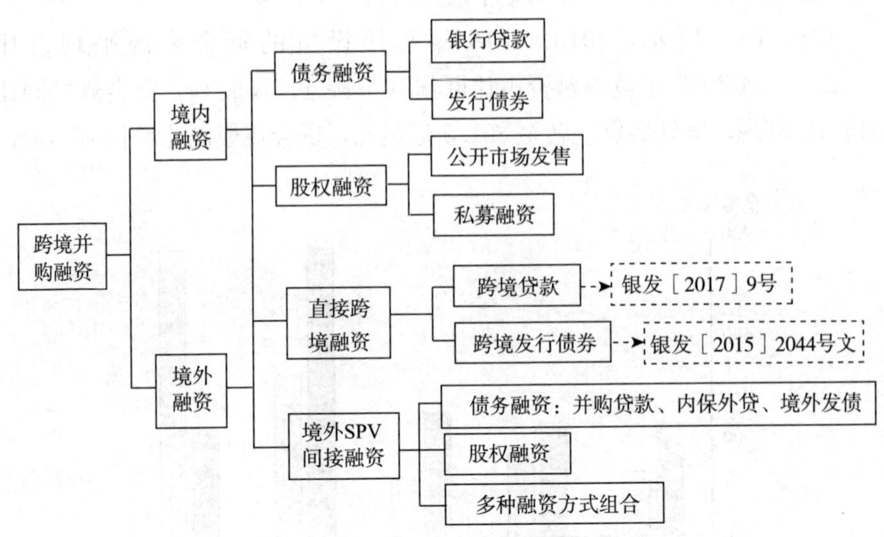

图10-3　中国企业跨境并购融资模式结构图

资料来源：张诗伟，朱雪菁．中国企业海外投资并购之融资结构与风险应对［R］．2017。

① 2015年与2016年中国外汇储备分别下降13.39%与9.6%。

出、降逆差”。如发改委颁布《国家发展改革委办公厅关于调整境外收购或竞标项目信息报告报送格式的通知》(2016 年 12 月 25 日生效)强调投资和理性与真实性;发改委、商务部、人民银行与外管局等答记者问中强调密切关注非理性投资、大额非主业投资、母小子大、快投快出等;2017 年 5 月外管局进一步强调加强审核内保外贷下的特殊行业对外直接投资资金。因此在中国企业境外并购缩水的情况下,融资偏好由国内融资转为境外融资为主。

第三节 高科技、制造业与消费类成为并购热点

中国商务部 2014—2016 年对外投资统计公报数据显示,18 个行业中,除采矿与农林牧渔外的 16 个行业 3 年中跨境并购额持续攀升,而采矿业与农林牧渔两大行业并购额年均下降 35.29%与 56.62%(表 10-1)。即无论是并购额还是年均增速均已表明中国企业的境外并购已不再是以获取东道国资源为主。2015 年以来,中国企业海外并购热点转向高科技、制造业与消费类,对应中国经济由出口导向向内需为主的转变。引发产业并购转向的政策原因在于政府部门对相关并购进行干预,如国发办[2017] 74 号《国务院办公厅转发国家发展改革委商务部人民银行外交部关于进一步引导和规范境外投资方向指导意见的通知》中明确指出:海外并购方向需重点推进有利于“一带一路”建设和周边基础设施互通互联的基础设施境外投资。同时限制地产、酒店、影城、娱乐业、体育俱乐部等境外投资,限制在境外设立无具体实体项目的股权投资基金或投资平台。2017 年 3 月中国人民银行行长指出上述领域投资与国家境外投资产业政策要求不符,随后的“两会”记者会上,商务部部长对上述“盲目、非理性”的境外投资行为提出批评,且指出“一些企业已经付出代价,甚至部分还对国家形象造成负面影响”。致使 2017 年针对体育、娱乐与俱乐部等领域投资大幅缩水,2017 年中国跨境并购前五大行业为生物技术/医疗健康、机械制造、互联网、汽车和连锁及零售五大行业。跨境并购 205 起,下降 25.99%,披露金额 6 423.14 亿元,上升 16.95%。

表 10-1　2014—2016 年中国企业境外并购行业分布

单位：%，亿美元

项　　目	并购额占比			并购项目数占比			项目平均并购额		
	2014	2015	2016	2014	2015	2016	2014	2015	2016
制造业	20.88	25.2	22.25	28.07	22.63	26.14	0.71	1.05	1.51
TMT	6.27	15.45	19.52	3.03	10.02	14.25	1.98	1.45	2.42
交通运输	3.11	2.96	10.19	2.69	1.9	2.75	1.11	1.46	6.57
电力热力燃气及水	16.36	0.7	8.28	3.03	0.86	2.22	5.17	0.76	6.59
金融服务	3.66	12.14	7.23	1.68	3.11	1.7	2.08	3.67	7.53
租赁和商业服务	4.45	5.75	7.04	9.75	13.3	10.07	0.44	0.41	1.24
房地产、酒店和建造	1.51	3.8	6.85	2.69	3.63	7.71	0.54	0.99	1.57
采矿业	31.48	9.77	5.54	6.72	4.15	3.79	4.48	2.22	2.59
住宿和餐饮	1.41	4.98	4.04	2.02	1.9	1.96	0.67	2.46	3.65
文化体育娱乐	0.18	5.93	3.26	1.85	3.63	2.88	0.09	1.54	2
批发与零售	2.65	4.89	2.08	19.66	13.99	10.72	0.13	0.33	0.34
科学研究和技术服务	1.41	3.23	1.81	4.37	7.43	6.93	0.31	0.41	0.46
卫生和社会工作	0.04	0.79	0.6	0.5	1.73	0.52	0.07	0.43	2.03
农林牧渔	6.26	0.48	0.5	7.23	6.39	4.31	0.83	0.07	0.2
教育	0.02	0.04	0.35	0.34	1.04	1.31	0.05	0.03	0.47
水利环境和公共设施	0	1.62	0.24	0	0.69	1.05	—	2.2	0.41
居民服务等	0.63	0.22	0.16	2.18	2.07	0.78	0.28	0.1	0.35
建筑	0.11	2.06	0.06	1.18	1.55	0.92	0.09	1.24	0.11

资料来源：笔者根据 2014—2016 年中国对外投资统计公报数据计算而得。

第四节　民企活跃，存量与大型并购以国企为主

商务部数据显示，近年中国企业境外并购交易数中，民营企业在交易数量上持续位列首位，但并购规模直至 2016 年才超过国有企业成为领导者，而财务投资者也成为跨国并购中重要参与者。如图 10-4 所示，

2011—2017年民营企业始终是中国企业跨国并购交易项数中最活跃的存在，占比稳定在60%左右，国有企业自2016年以来仅占一成比重，而财务投资者占比稳步增长接近三成。

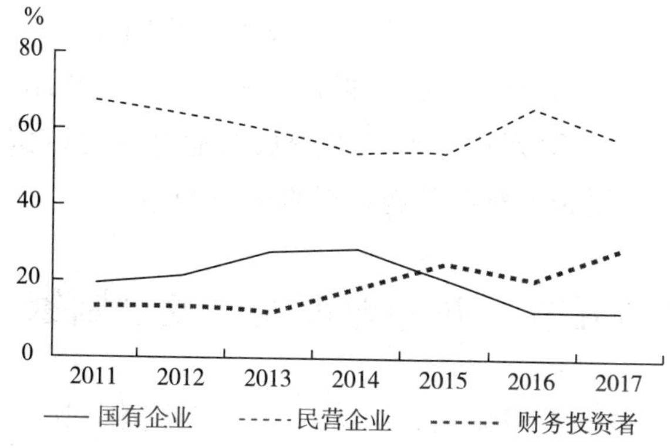

图10-4　2011—2017年中国企业跨国并购交易项数主体占比

而在并购规模上国有企业的优势一直保持到2015年。如图10-5所示，2011—2017年中国企业跨国并购交易规模主体占比中民营企业持续攀升，至2016年超过国有企业占比并保持首位至今，而国有企业占比则由2013年峰值的75.85%持续降至2017年22.98%，其活跃度位列民营企业与财务投资者之后。

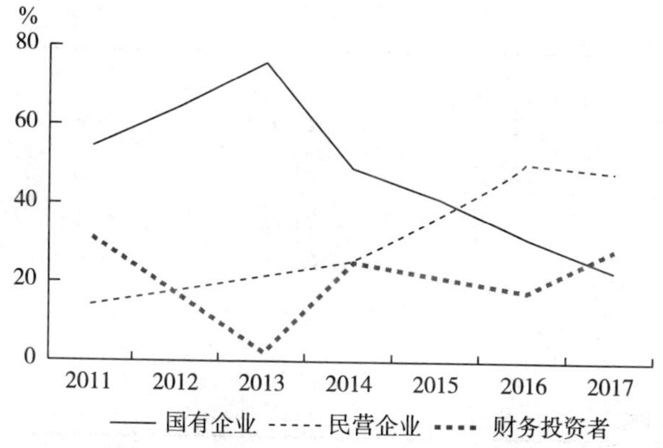

图10-5　2011—2017年中国企业跨国并购交易额主体占比

中国的国家属性要求国有资本在自然垄断行业与战略性行业中占据统治地位，这些国企通过行政垄断拥有国内市场优势，以此为基础形成巨大规模优势①。中国大型跨国并购案例基本由大型国企完成②。《经济学人》杂志对中国企业近 5 年并购金额超过 5 000 万美元的交易中，81%的交易由国企完成，其中 62%交易为 100%股权并购。

但在并购存量、交易额，尤其是涉及大型跨国并购中，国有企业仍占据主要地位。美国荣鼎集团分析报告显示，2014—2015 年对欧洲实施并购的大型交易中，除万达、复星等少数企业外，仍以国有企业为主。2014 年与 2015 年国企占对欧并购总额的 62%与 70%。

第五节　并购地理偏向发达国家

根据中国商务部数据显示，2013—2017 年中国企业境外并购额的洲际分布如表 10-2 所示，2013—2017 年，中国企业海外并购主要集中在欧洲、北美洲与亚洲三大洲际为主，三者占中国企业跨国并购交易项数接近 90%。其中对北美洲的跨国并购主要集中在美国，2014—2017 年，美国占中国企业对北美洲并购交易项数的 86.31%。对欧洲并购以英国与德国为主。

表 10-2　2013—2017 年中国企业海外并购交易项数洲际分布构成

单位:%

年份	2014	2015	2016	2017
北美洲	35.06	29.95	29.65	30.98
欧洲	30.26	29.41	33.82	31.99
亚洲	23.62	28.88	24.69	26.20
大洋洲	6.27	7.75	7.89	6.17
非洲	2.58	2.41	1.47	1.89
南美洲	2.21	1.60	2.48	2.77
“一带一路”沿线国家	8.86	14.17	2.48	17.00

① 中国进入世界 500 强的企业中 80%都是垄断或曾经限制性行业的国企或国有控股企业。

② 截至 2011 年的对外直接投资存量排序中，中国非金融类跨国公司 100 强中的绝大多数企业为国企，前 10 名全为国企。

但受到美国对中国企业并购安全审查的影响，欧洲占比自 2016 年开始居首。“一带一路”沿线国家也成为中国企业实施跨国并购的目标之一，但波动过大。对非洲并购占比更是持续走低。其中对“一带一路”沿线并购 482 亿美元，增长 82%，其中对东盟并购居首，占四分之一，而新加坡则是沿线吸引中国境外并购金额最高的国家。

根据 CVSource 数据库，2017 年中国企业跨国并购标的仍以发达国家和地区为主，地理集中度高。其中中国香港、英国、日本、澳大利亚、美国与新加坡 6 个国家（地区）集中了中国企业跨国和地区并购 80%以上的并购额，与 2016 年相比，美国下滑至中国企业跨国并购规模第五大东道国，对中国香港地区与英国并购增长。

第六节　并购风险日益突出

美国基金会和美国企业研究所编制的《中国全球投资追踪数据》（CGIT）数据显示，2005—2017 年，中国企业有 235 项交易额超过 1 亿美元 Troubled Transactions，即失败交易或问题交易，公布交易额合计 3 478亿美元。其中 2013—2017 年被视为中国企业海外并购爆发期的失败交易项数与公布额占比 48.5%与 36.88%。如果考虑 2018 年上半年被美国审核机构否决的部分案例，则这一阶段占比更大。根据汤姆森公司数据显示，全球企业并购中约七成并购意向能实现，而中国同期则有 49%的并购意向未能完成。

具体表现在以下几个方面。

（1）中国企业海外并购成功率较低。对于中国企业海外并购成功率的量化评价由于统计口径与统计边界不同，各研究机构、政府部门与媒体公布数据有所差异，但国内外媒体的共识是中国企业海外投资成功率低，近年来伴随大量新一轮投资者进入国际并购市场，更是持续拉低中国企业海外并购成功率。

在并购的整体成功率方面，2012 年商务部国际经济合作研究院根据从锁定并购目标到谈判、竞购、交割、整合到运营获利为止作为统计口径，计算出中国企业海外并购成功率为 40%，全球跨国并购成功率大约为

25%。而2013年平安财智投资管理有限公司研究指出中国企业并购成功率不足14%。2016年中欧国际工商学院副院长指出中国国际投资失败率为80%，而世界平均水平是70%。但上述统计均未公布具体的基础数据。

涉及具体领域并购成功率中，德勤中国服务组（CSG）编写的《无穷无尽，无国界—2011年大中华海外并购焦点项目》报告指出：国企并购失败率高于非国企并购①。2009—2010年间，中国跨国并购中已进入邀约阶段的并购成功率分别为88%和89%，均列世界最低。其中成功并购的项目中超过50%未能达到增值底线。若将并购后项目收益未达到预期也纳入并购失败范畴，则中国企业跨国并购的成功率更低。国际智库认为，截至2011年中国企业海外并购成功率低于30%（如上汽并购双龙、TCL并购汤姆逊等）。

（2）缺乏跨国并购经验。全球并购浪潮已然证实发达国家企业多经历了由国内并购向跨国并购转变的路径，通过国内并购为跨国并购积累经验。但由于中国属于转型经济国家，其国内并购环境与国际并购环境相差甚远，且国内并购，尤其是大型并购多涉及政府部门干预，或因资本市场不健全，使并购行为有失规范。在此情况下，跨国并购经验的缺乏成为中国企业的阻碍之一。案例数据显示，中国实施跨国并购的企业中有近四成并购案例由首次进行跨国并购的企业实施。

（3）缺乏详细的并购战略，并购多为满足短期需求。中国企业大部分跨国并购中过多考虑了财务投资方面的价值，缺乏整体有效的战略指导，导致后续环节跟不上。在跨国并购实施过程中过分关注并购事件本身，忽略了并购前、中、后期对公共关系的处理。缺乏长期战略，全球第五次并购浪潮更注重企业对各种生产要素的中长期配置与整合。但中国企业并购具有典型的依靠随机的并购机会，应需或应时而动，未有效注重中长期完善的并购战略。

（4）并购过程中，中企并购意愿强烈，但许多中国企业对并购流程管理并不成功。对并购过程中可能遭遇的政治、法律和整合风险估计不

① 有关中国跨国并购成功率的概况及其国家、洲际、产业与企业属性的分布，第七章中将结合实证数据分析，在此不复述。

足，并购实施过程中遭遇潜在风险实体化后往往措手不及，缺乏有效应对。近十年间中国海外并购中并购企业单方面意愿较强，中国企业实施的跨国并购中多存在收购价格高于被并购企业的市场价值的“中国溢价”。据 Zephyr 数据库显示，2000—2010 年中国企业海外并购 398 宗案例中，数据明确的已公布或完成的 365 宗，其中 53 宗股权比例发生变化，均转为控股或 100％控股，180 宗为 100％股权并购，96 宗为控股并购，6 宗并购股权比例低于 50％。

（5）缺乏国际管理人才，整合效果不佳。中国企业跨国并购的历史较短，缺乏国际管理人才，对目标企业管理层依赖较大，使中国企业在并购后的整合阶段处于不利地位。82％的高官表示缺乏并购整合的管理经验，41％的企业表示整合执行力不足。

第七节　中国企业对“一带一路”沿线国家并购概况

2018 年是习近平主席提出“一带一路”倡议的第六个年头，中国经济发展已由高速增长进入高质量增长期。“一带一路”倡议在世界纵深发展，引领中国企业境外投资进入新阶段。2017 年 10 月党的十九大上习近平总书记强调“以‘一带一路’建设为重点”。历经六年发展，“一带一路”倡议不再局限于地理概念，而是中国企业寻求国际资源合作的平台。“一带一路”（OBOR）可划分为“丝绸之路经济带”与“21 世纪海上丝绸之路”，前者包括蒙古、中亚、西亚、独联体与部分中东欧地区，后者包括东盟、南亚与部分中东欧地区。商务部数据显示，2017 年中国企业对沿线 59 个国家和地区非金融类直接投资 143.6 亿美元，占中国企业对外直接投资 12％，提升 3.5 个百分点，其中并购 62 起，总额 88 亿美元，增长 32.5％，最大并购案是中石油与中国华信 28 亿美元联合收购阿联酋阿布扎比石油公司 12％股权。

对六年间中国企业对“一带一路”沿线国家并购以及“一带一路”沿线国家吸引国际并购资本相关数据梳理后发现，六年间中国企业对沿线国家并购进入增长期，且地理特征与产业特征明显，但从全球并购资本视角看，中国并未成为对沿线国家实施跨国并购最多的资本来源国。

刚进入21世纪时，世界各国对“一带一路”沿线国家跨境并购较为平稳，2004年后进入快速增长阶段，至2008年跨境并购规模与交易数分别增至1 463.35亿美元与1 038笔的峰值。伴随国际金融危机爆发，沿线国家吸引跨境并购资金规模在2009年快速收缩至约70亿美元（基本倒退至2005年水平），2015年恢复至危机后峰值，达1 133.28亿美元，2016年再度回落至不足890亿美元。2009—2016年跨境并购数量基本维持在800～1 000笔，处于相对历史高位。即国际金融危机后，沿线国家跨境并购平均规模有所降低。数据显示，对“一带一路”沿线国家的跨境并购在2009年之前以美国为主，2008年中国对沿线国家并购规模仅6.41亿美元，远低于美国的209.36亿美元与日本的24.5亿美元，占比0.44%。国际金融危机期间全球对沿线国家跨境并购快速扩张，日本成为沿线国家的跨境并购增长主要动力，2013年后受“一带一路”倡议及配套政策影响，中国企业对其并购数量逐渐上升，对沿线国家并购额由2014年22.64亿美元增至2016年97.55亿美元，占比增至11%。

截至2016年，中国并不是沿线国家跨境并购首要资本来源国，但中国对沿线国家跨境并购整体波动增长。首先，对“一带”国家并购额高于“一路”沿线国家，主要投资区域集中于东盟、西亚、中亚与独联体等，并购金额最高的五国是哈萨克斯坦、俄罗斯、以色列、新加坡与埃及（如表10-3所示），五国合计吸引中国对沿线国家78.7%的并购额。其次，已有投资存量集中于能源电力行业（219.38亿美元，占比49.9%），同时对TMT、原材料、工业与金融等多领域投资流量增速明显。

表10-3　中国对“一带一路”沿线并购的主要国家与行业

单位：亿美元，%

	并购额	占比	集中行业
哈萨克斯坦	92.62	20.92	能源
俄罗斯	85.45	19.3	信息技术、原材料、日常消费
以色列	74.60	16.85	工业、金融、日常消费、房地产、能源、通信
新加坡	65.66	14.83	能源、原材料、日常消费品
埃及	26.92	6.08	能源
合计		77.98	

整体而言，2000—2016年，中国对“一带一路”沿线国家累计完成跨境并购金额442.8亿美元，交易196笔，占世界对沿线国家跨境并购总额的3.37%，交易数的1.49%。其中对“一带”国家并购额344.51亿美元，交易数量74笔，对“一路”国家并购规模171.71亿美元，交易数量135笔，其中以东盟为主。中国对东盟地区并购累计金额与交易数分别为129.55亿美元与109笔。中国企业对“一带一路”沿线国家并购集中的前五东道国是哈萨克斯坦（20.92%）、俄罗斯（19.3%）、以色列（16.85%）、新加坡（14.83%）与埃及（6.08%）。

尽管近年来中国对沿线国家并购增速较快，但并未成为地区内并购方主导，无论是在主要东道国还是在主要行业中，都与美国和日本存在一定差距。比如“一带一路”沿线吸引跨境并购前五位俄罗斯（13.8%）、印度（12.3%）、土耳其（9.04%）、波兰（8.27%）、新加坡（5.36%）。其中美国是主要并购方，中国仅在俄罗斯与新加坡的跨境并购中占有一定比重，分别为4.71%与5.53%。“一带一路”沿线国家吸引并购资金最多的行业是金融 、能源、电信服务、工业与原材料。

国际金融危机过去八年后，全球主要发达经济体依然面临复苏缓慢与债务高企的困境。为摆脱困境，部分发达国家在自由贸易与全球化的路途中陷入止步状态，地缘政治博弈、民主主义冲突开始为世界经济发展以及全球并购蒙上不确定的阴影。联合国贸发会议发布的跨国指数TNI中，2016年世界100强非金融跨国企业TNI指数平均为66.1%，仅两家中国企业入围，其TNI均值为36.8%。而同期发展中国家前100强非金融跨国企业TNI均值为53.1%，入围的18家中国企业TNI均值为26.1%。因此中国企业国际化还将持续推进，跨国并购依然是中国企业快速进入国际市场及其获取各种所需资源的重要途径之一。但整体而言，尽管2017年以来中国企业跨国并购开始回归理性与有序发展，并向实体经济靠拢。尽管与国内一级市场标的的估值泡沫相比，海外标的性价比更高，但近年中国企业跨国并购撤回、被监管机构否决以及并购后期整合不佳等失败问题突出，因此中国企业与学术界开始关注跨国并购风险。

第八节　本章小结

综合国际金融危机后商务部《中国对外直接投资统计公报》、全球化智库编著的《中国企业全球化报告》中CCG数据，以及美国China Global Investment Tracker（CGIT）数据，国际金融危机后至今，中国企业跨国并购在经历快速增长后至2017年回归理性，但并购规模仍保持在历史高位。并购资金已由国内融资为主向境外融资逆转，2017年境外融资占比达72.01%。行业选择上已由传统的能源、资源类产业向高科技、制造业与消费类转移。并购主体中民企活跃度高，但民企的并购规模与并购存量仍低于国企，因此大型并购与存量上仍以国企为主，但两者差距开始缩小。并购地理由亚洲为主，向欧美等发达国家偏移，尤其“一带一路”倡议提出后，对西欧、中欧与北美地区并购快速增长，但2017年对北美（主要是美国）的并购出现断崖式下滑，推动对欧并购进一步增长。

伴随中国企业跨国并购快速增长的同时并购日益突出，且非经济类风险更为显著，后文将对此进行进一步分析。

第十一章 “一带一路”倡议下中国企业跨国并购风险

2015年3月国家发改委、外交部与商务部联合发布《推动共建丝绸之路经济带与21世界海上丝绸之路的愿景与行动》正式将“一带一路”列为中国新一轮“走出去”战略重点。“一带一路”是“丝绸之路经济带”与“21世纪海上丝绸之路”两者简称，贯穿亚非欧大陆，是实现地区发展均衡与外交结构均衡的大战略，该战略实施并不是简单地恢复历史上连贯欧亚大陆古代西方文明大通道，而是建设新的开发与合作经济发展带，将中国与沿线国家构建成为包含经济、政治、安全与人文在内的共同利益的命运共同体。该倡议为未来国际产能配置与产业全球化提供了新的发展空间与路径。因此在中央政府推动、地方政府政策接轨、金融机构战略调整以及沿线国家共同呼应下，“一带一路”框架下的中国企业未来并购领域与面临的并购风险可能发生新的改变。

本章以中国企业真实投资活动（生产、研发、雇用与经营等），而非资金中转或避税等资金运作行为为研究对象（因此后文数据均不包含中国大陆对中国香港、英属维尔京群岛、开曼群岛与百慕大群岛等地投资），分析中国企业在“一带一路”沿线国家现有并购规模与产业偏好，依据中国与沿线国家合作投资意愿以及中国国内相对产业优势推测在这一战略推动下，中国企业未来的投资热点以及面临的东道国国家风险，并在此基础上提出降低中国企业海外直接投资可能面临的风险的对策建议。

考虑投资数据统计口径与可对比性，文中中国投资数据以商务部历年《中国对外直接投资报告》《对外投资合作国别（地区）指南》系列以及联合国贸易和发展组织《世界投资报告》为主，参考部分东道国官方统计。国家风险可量化部分的原始数据以美国“国际国别风险指南”（ICRG）与中国社会科学院世界经济与政治研究所国际投资研究室的

《中国海外投资国家风险评级报告》为主，而定性描述分析则辅助参考中国与全球化智库与华侨大学海上丝绸之路研究院《“一带一路”列国投资政治风险研究》系列报告。

第一节　相关研究概况、数据来源与处理

一、相关研究概况

（一）国外研究概况

国外学术界对国家风险系统性研究始于 20 世纪 50 年代国际银行跨境业务，70 年代发展至国际投资领域。研究主体以学者与评级机构为主。前者主要是在理论层面对行业或投资行为遇到的国家风险进行分析。进一步划分为两类，一种是对国家风险进行分类的定性分析，主要为风险作用范围，如 Robock（1971）与 Alon（2009）将其分为宏观与微观风险，或风险来源，如 Meldrum（2000）将其分为经济、转让、汇率、区位、主权与政治六大类；Click（2005）与 Nath（2008）将其分为经济、社会政治与金融三类风险；Agarwal 和 Feils（2007）将其分为内部经济、外部经济、内部政治、外部政治四类风险。另一种是借用数学模型进行量化分析，如 Robock（1971）将政治风险划分为独立变量与非独立变量，Simon（1982）与 Oetzel（2001）在其基础上进一步推广并运用。Rummel（1978）和 Kraar（1980）对政治风险设置子指标，Ting（1988）用渐逝需求模型评估境外投资国家风险，Yavas（1989）通过概化理论提高国家风险评估准确性。专业评级机构设计模型以量化抽象的国家风险概念，以发达国家机构为主，如《欧洲货币》的国家风险指数（Euro Money's Country Risk Index）、国际国别风险评级指南机构（ICRG）、机构投资者国家风险、经济学家情报单位与环球透视（GI）等。但多数机构未对外公布其计算模型或原始数据。

（二）国内研究概况

中国企业对外投资始于 1979 年，国内学术界对国家风险的研究始于

20世纪80年代国际信贷领域，且以介绍或翻译外文文献为主，至90年代，研究人员开始将国际投资纳入国家风险领域，如宋清华（1993）、陈孝兵（1993），随后聂名华（1995）与杜奇华（1995）开始针对国际投资领域的国家风险进行研究，研究内容以风险来源、评估方法与管理等为主。伴随综合决策技术发展与国际金融危机爆发，研究人员开始对中国企业对外投资的国家风险进行分析，主要分为两种。一种是基于风险来源进行定性描述，如张琦（2010）将风险分为政治风险、管理风险与财务风险；卫志民（2014）将中国企业对非投资国家风险划分为四类；另一种是进行量化分析，如刘宏等（2010）对商务部《对外投资合作国别（地区）指南（2009版）》资料进行量化处理后，进行风险测算与排序；吴彤等（2015）对拉美主要国家风险进行量化测算。

国内评级机构代表有中国出口信用保险公司的《国家风险分析报告》，大公国际资信评估有限公司的主权信用评级，社会科学院世界经济与政治研究所推出的中国海外投资国家风险评级体系（CROIC-IWEP），中诚信国际信用评级有限责任公司的国家主权评级系列报告，商务部《对外投资合作国别（地区）指南》系列报告。针对“一带一路”国家风险评级的有国观智库《对外投资新空间——“一带一路”国别投资价值排行榜》和中国与全球化智库（CCG）的《“一带一路”列国投资政治风险研究》。

二、数据来源与处理方法

（一）数据来源

考虑数据获取与统计口径，文中中国企业对沿线国家具体投资数据主要来源于中国全球投资追踪数据库（CGIT），同时以中国财经网与财新网的资料做补充，衡量国家风险的原始数据源自中国海外投资国家风险评级报告（CROIC-IWEP），行业风险的数据处理参照国观智库的国别投资价值的处理方法。

（二）指标处理方法

参考CROIC-IWEP数据处理方法，将国家风险划分为经济风险（包含经济基础与偿债能力）与非经济风险（包括社会弹性、政治风险与对华关系）两类，前者下含 18 个三级指标，后者下含 22 个三级指标。CROIC-IWEP 数据库提供了 40 个指标的数据，其中定性指标提供了其他机构量化结果，但并未进行量化测算。本章对其量化实现同级对比（绝对值在 0～10 间），按 CROIC-IWEP 注明的指标权重（二级指标分别赋权 0.2）进行加权计算得出经济风险与非经济风险，风险指数满分为 10 分，越高则风险越小。与目前国外盛行的三大评级机构相比，CROIC-IWEP 对华关系这一指标，使其分析更适合中国国情。本章借助 CROIC-IWEP 数据重点分析中国企业"一带一路"沿线投资集中的国家进行风险测算，突出行业针对性。

经济风险中的定量指标采用标准化处理方法：

$$x^{*}=10\times\left(1-\left|\frac{x-x'}{\max-\min}\right|\right)$$

其中，x^{*} 为标准化后的值，x' 为对应风险最低指标值（CROIC-IWEP 数据库提供），max、min 分别为样本数据的最大与最小值。对于经济风险而言，8～9 分为低风险区，7～8 分为风险防范区，6～7 分为风险警戒区，低于 6 分则视为高风险区。

非经济类风险可进一步划分为社会弹性、政治风险与对华关系 3 个二级指标，进一步细分为 22 个三级指标，CROIC - IWEP 数据库均提供了量化后的数据及其来源。非经济类风险的计算首先对 CROIC - IWEP 原始数据进行量化处理使其各子指标间能实现同级别对比，后按照CROIC - IWEP 指标权重处理方法对量化后的指标进行加权计算得出二级指标，再由二级指标赋权计算得出非经济风险指数[①]。非经济类指数与其二级指标得分满分为 10 分，分数越高则风险越小，其中政治风险中因含有政府有效性与法制两项指标，源自世界银行数据库，其原始值为－2.5～2.5，因此量化处理后会有负值存在，即政府有效性与法制程度越低，在东道国投资面临的政治风险将越高。为纠正锚定偏差（Anchoringbias），将国家风险最低的新加坡设定为基数 100 分，比较国家间风险的相对强度。

① CROIC - IWEP 评级中只提供了东道国非经济类指标的排序与原始数据，并未提供计算结果值。

第二节　中国企业对沿线国家并购风险

中国“一带一路”倡议提出初期主要涉及亚洲、非洲与欧洲，后随者倡议推进，截至2018年9月，全世界已有123个国家与中国签订“一带一路”相关合作协议。鉴于并购数据与投资风险原始数据获取与次区域划分，本章“沿线”国家涉及67个国家和地区，并根据中国与全球化智库（CCG）将此区域划分为东亚、东南亚、西亚（即中东）、中亚、非洲、东欧、中欧与南欧等。

一、中国企业对沿线国家并购特征

长期以来，沿线国家尤其是中国周边国家与中国经贸往来紧密，双向投资明显。根据中国商务部《中国对外直接投资统计公报》与联合国贸易和发展组织《世界投资报告》数据显示，截至2017年，中国对沿线国家直接投资存量为1 543.98亿美元，占中国对外直接投资存量8.5%。中国企业对沿线并购额占中国企业对全球并购额的13.6%，其中印度尼西亚、阿联酋、新加坡、印度、以色列与俄罗斯等国吸引中国企业跨境并购资金超过10亿美元。

（一）受OBOR协议推动，对沿线并购规模与地位自2013年快速增长

2005—2017年，中国企业对“一带一路”沿线国家并购交易额合计1 253.8亿美元，年均增长13.5%，占中国对沿线国家直接投资规模的53.33%，项目平均额为7.12亿美元。

如图11-1所示，2005—2011年，中国企业对沿线国家并购项数保持增长，但同时并购额却呈现倒V形变动，并购额由2005年44.9亿美元增至2009年101.2亿美元后持续降至2012年25.9亿美元。意味着同期并购单项平均额持续缩水。且中国企业对沿线国家并购交易额占对世界并购交易额比重持续降至2012年的4.44%，为2005年至今最低值。但

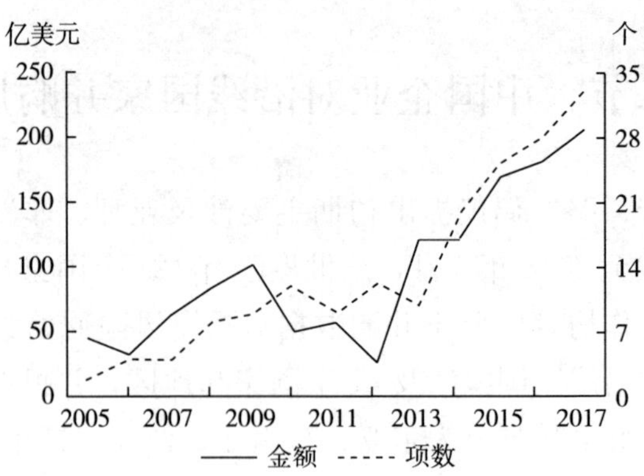

图 11-1　2005—2017 年中国对沿线国家并购规模

自 2013 年中国政府提出“一带一路”倡议后，中国企业对沿线国家并购交易额与交易项数进入快车道模式。2013—2017 年并购规模与交易项数年均增长 14.25%与 34.78%；并购交易完成额占中国对世界并购交易完成额的 15%。

（二）并购地理以亚洲为主，欧洲增长显著

2005—2017 年，中国企业对沿线 40 个国家完成 176 项跨境并购，其中单项并购规模最大的是 2017 年万科、厚朴、高瓴、中国银行等联合出资 90.6 亿美元并购新加坡普洛斯（GLP）79%股份。如表 11-1 所示，地理分布中亚洲占比高达 83.34%，其中新加坡最大，达 271.3 亿美元，占 21.79%，并购额累计超过 20 亿美元的 16 个国家中 13 个在亚洲。亚洲区域内部由中亚与西亚为主向东南亚、西亚与东亚等多区域发展。尽管非洲占比 10.29%，但 2005—2017 年仅 7 年有并购数据，且受大型并购项目影响明显，如 2007 年工行 56 亿美元并购标准银行占当年中国企业对沿线国家并购规模 90.17%，2011 年金川并购 Metorex 与 2013 年中石化并购 Apache 分别占当年中国企业对沿线国家并购总额 23.94%与 25.73%，但 2014 年后几乎无数据。且对埃及最近一次并购是 2013 年，因此表 11-1 中部分区域年均增速计算无意义。欧洲占比 6.13%，但 13 年间的首次并购发生在 2010 年，其中近七成并购发生在 2014 年后。占比少的主要原因在于欧洲区域的沿线国家并不包含经济发达的西欧与北

欧地区，对南欧地区长期投资较少的主因在于南欧沿线主要国家国内长期民族矛盾，致使国内经济长期停滞，最终引发分裂，如前南斯拉夫。

表 11-1 中国企业对沿线国家并购的地理分布与增速

单位：%

区域	占比	年均增速*
亚洲	83.34	13.74
东南亚	36.26	29.05
西亚	19.44	—
中亚	14.42	—
南亚	6.81	44.37
东亚	6.41	19.40
非洲	10.29	—
欧洲	6.08	48.41
东欧	0.22	15.83
中欧	4.73	22.11
南欧	1.12	—

* 表示沿线国区域划分参考中国与全球化智库。

资料来源：笔者计算。“—”表示数据缺失或计算无意义。

并购总额超过 100 亿美元的还有哈萨克斯坦（174.2 亿美元）与以色列（113 亿美元），超过 20 亿美元的还有 13 个国家。整体而言，中国企业对沿线国家实施并购的洲际与国家集中度较高，前 15 个东道国吸收中国企业并购规模为 83.23%。

（三）并购产业多元化，偏好东道国与自身优势互补

数据显示，将中国并购产业划分为 13 类。2005—2012 年间中国对沿线国家并购规模较小①且波动明显，8 年间并购行业前三并购额占总并购规模 92.55%。这意味着并购规模相对较小且产业集中度极高。但 2013

① 2005—2012 年 8 年间并购额占 2005—2017 年 13 年间并购总额约 1/3。

年后，并购产业多元化，能源、金属与化工产业占比持续降低，而物流、运输、技术投资规模与占比持续增长，如图 11-2 所示。2013—2017 年，中国企业对沿线国家并购以能源、物流、金融、运输、娱乐、金属与技术为主。结合产业分布与该产业并购主要东道国分析发现：①寻求东道国资源禀赋高且中国同类资源相对稀缺，为满足国内生产或消费的投资，如油气与矿产资源类，这类投资多集中在周边的发展中国家。②为突破物流瓶颈，大规模并购有地理优势东道国的实力较强的物流或运输行业，如 115 亿美元的物流并购全部集中在埃及与新加坡，前者辐射非洲，后者覆盖东南亚。③通过并购获取发达国家先进技术或整合发展中国家相关产业链，前者如并购以色列机器人设计公司 Servotronix 与人工智能设计 Playtika，后者如整合马来西亚多家汽车公司、并购巴基斯坦与印度多家电信基础设施等。

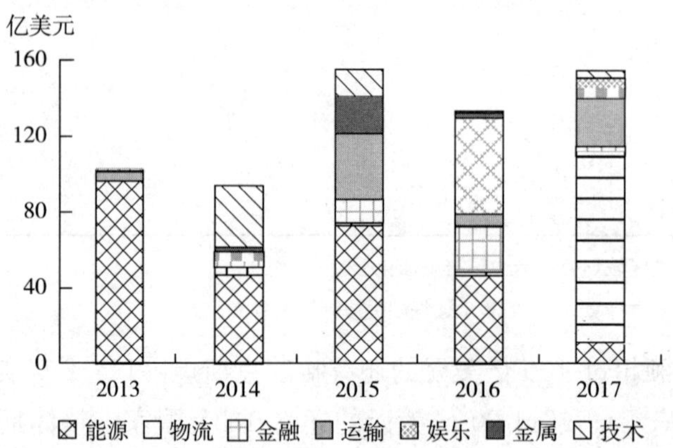

图 11-2　2013—2017 年中国企业对沿线国家并购主要行业规模

（四）未来投资产业选择可能发生新变化

中国经济现在处于“三期叠加”中，对资源类产品价格敏感相关行业获利空间压缩，国内通胀持续，人力成本攀升，欧美资本输出疲软，经济复苏乏力，国内大量加工型企业面临转型或转移的选择。从产业结构调整、资源需求变化、国际产业以及“一带一路”倡议推动，中国企业对沿线国家并购可能发生新变化。

1. 加大对东南亚发展中国家制造加工业投资

一方面经济结构调整期的中国工业需要转移部分过剩产能，缓解国内固定资产投资增速不足。亚洲银行数据显示截至 2014 年 7 月，中国固定资产投资增速由危机期间约 35%持续下降至 17%左右，低于危机前约 20%增速。2013 年中国制造业中，产能过剩子行业资产占制造业总资产 80%以上。2014 年第四季度制造业综合产能利用率为 77.6%，与经济关联度最高[①]六大子行业[②]产能利用率在 70%徘徊，而国际参考值为 80%。一方面“一带一路”沿线发展中国家和地区普遍面临工业化发展需要，且多数发展中国家工业基础薄弱，经济结构单一，急需承接国际加工业与制造业，以此提高国民收入与就业率，同时实现国内产业结构升级。因此“一带一路”倡议不仅仅是中国资本输出或过剩产能转移，而是为中国成熟产业寻求海外发展空间，寻求沿线国家产业转型与工业化发展与中国经济的契合点，实现经济发展、产业升级的双赢。

2. 加大对中东地区油气加工业与运输管道的投资

中国原油外贸依存度 2014 年攀升至 57%新高，其中超过 50%进口自中东地区。BP 数据显示，自 2011 年“阿拉伯之春”以来，地缘政治风险持续影响全球能源市场，2014 年石油供应中断程度已达 300 万桶/日，远高于历史平均水平（40 万桶/日），中国原油进口市场脆弱性增加。因此为确保原油进口安全，中国企业尤其是三大国家石油公司将进一步加大海外权益油、与原油贸易相关的上下游行业投资，如原油开采、管道建设、港口设施以及相关基础工程等。另一方面，占全球原油产量 31.7%中东地区的炼厂产能与产量的全球占比仅为 9.8%与 8.7%，大量炼厂开工率自 2011 年来由 80%持续降至 71%。而同期中国炼厂产能与产量世界占比是其原油产量占比的 2.92 与 2.6 倍。为提高能源类出口产品附加值，应对美国页岩革命、缓解因政治局势导致外资流入低迷，争取中国这一油气大买家，中东国家鼓励中国对其炼油加工体系进行升级改造，进一步扩建能源运输通道。

---

① 行业经济重要性是按子行业资产、收入与利润所占份额均值反映其规模大小。

② 化学原料及化学制品制造业、非金属矿物制品业、电气机械及器材制造业、汽车制造业、黑色金属冶炼和压延加工业以及通用设备制造业。

3. 加大对东盟国家以及中亚地区基础设施以及相关行业投资

“一带一路”倡议提出时强调“五通”，但无论是从设施联通还是资金融通角度出发，首先会涉及基础设施建设。亚洲开发银行研究报告指出，亚太地区多数国家基建类支出不足本国 GDP 的 3%，而基建滞后已成为亚洲一体化瓶颈。商务部系列报告指出，东盟各成员国均有本国基础设施建设发展规划。亚洲开发银行预计亚洲地区未来 5 年内基建资金需求高达 7 300 亿美元，因此沿线国家多数资金缺口巨大，鼓励外资进入，对私人资本降低准入限制或提高持股上线。同时华泰证券研究中心根据投入产出模型测算指出，“一带一路”投资模型中，1 单位基建投资将带动国内上游 1.89 单位生产，同时促进国外 3.05 单位下游生产扩张，即中国企业对沿线国家基建投资，能够使沿线经济增长较快的国家相互产生经济外溢效应，进一步促进各自的经济增长与发展。

因此中国“一带一路”倡议出台后，沿线国家对中国资本进入本国基建行业多持欢迎态度，部分国家与中国早期基建类项目已有收获，同时多国开始与中国接洽或签署涉及基建类的合作协议与备忘录等。考虑到中国东盟自由贸易区已进入升级谈判阶段，同时中亚地区由于其地缘特征成为连接亚欧大陆枢纽，以及大国政治势力在此划分，因此鼓励企业对东盟以及中亚地区的基建类与相关产业进行投资。

二、沿线国家风险分析

商务部《2018 中国对外投资发展报告》指出，投资“一带一路”沿线，除了正常的商业风险，还需考虑信用风险。穆迪评估中沿线的 42 个国家信用评级低于可投资级别，意味着投资风险与执行风险较高。根据上文分析，中国企业对沿线国家并购将集中在能源、物流与制造业。其中沿线能源富裕国家对外资能源领域进入日益严苛，且多为地缘政治复杂地区，政治风险较高甚至面临恐怖主义袭击，而基建行业投资周期长，对东道国政治稳定性与地缘冲突敏感，通常会对当地社会环境、土地等资源形成较大影响，因此面临更大的社区成员或当地利益集团压力，甚至可能卷入当地政治势力争斗。企业对上述领域投资不仅需要面临一般海外投资的经济类风险，还需考虑非经济类风险。

考虑到数据获取与数据解释的有效性，下文先采用ICRC数据对沿线国家整体风险分布状况进行分析，然后针对中国企业资本聚集的主要15个东道国①的经济类风险与非经济类风险进行分析。

（一）沿线国家整体风险分布

根据美国“国际国别风险指南”（ICRG）2016年数据，按照其计算公式对沿线50个国家②进行风险计算。

测算结果如图11-3所示。首先沿线主要国家得分分布总体符合正态分布特点，主要国家评级为居中的风险警戒与风险防范区，即整体风险尚可，高风险与低风险国家占比较低。其次风险较低的国家主要分布在亚洲与欧洲，亚洲国家低风险占比42.86%，其中东南亚与西亚均为50%，欧洲国家低风险占比47.62%，其中中欧地区风险最小，但次区域高风险较为明显，南亚整体风险较高，南欧六国中五国均位于风险较高区。

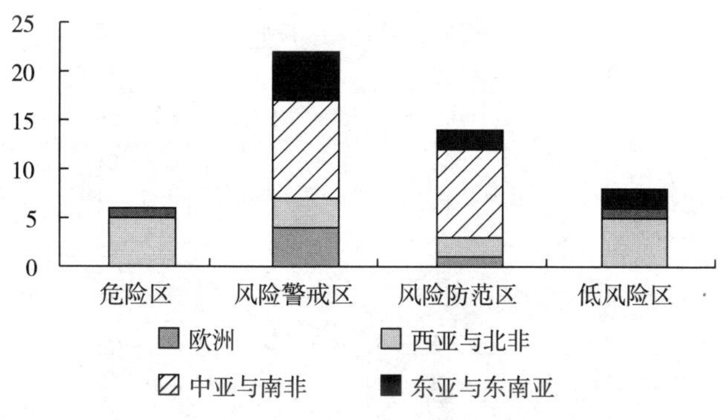

图11-3 “一带一路”沿线主要国家和地区风险分布

（二）主要东道国国家风险分析

上述分析仅简单描述了沿线国家的风险高低大致的分布，但中国企

---

① 选取标准为综合中国企业对沿线并购规模与交易项数前15位的东道国。

② ICRG基础数据覆盖140个国家和地区，涉及“一带一路”沿线50个国家，其中国投资存量加总占“一带一路”沿线国家存量的88.86%，能够代表沿线国家整体风险状况。

业资本地域集聚明显，资本经营过程中实际面临的风险可能与ICRC测算有所出入，为进一步分析中国企业资本面临的实际风险，因此对“一带一路”沿线主要16个国家的经济风险与非经济风险进行对比分析。

1. 沿线主要国家经济类风险

中国社科院的海外投资国家风险评估报告中用于描述国家经济风险的指标主要是经济基础指标与偿债能力，由于这两个指标下的多个下级指标更多体现一种描述性对比，因此对于经济类风险的比对按照排名顺序显示，排名越靠前，则经济基础越好或国家偿债能力越高（表11-2）。

表11-2 “一带一路”沿线主要国家2018年经济类风险排名与变化

国　家	经济基础			偿债能力	
	是否发达	排名	变化	排名	变化
新加坡	1	10	持平	28	↓
哈萨克斯坦	0	35	↓	33	↓
以色列	1	9	↓	8	↓
南非	0	51	↓	37	↑
马来西亚	0	33	持平	35	↑
印度	0	22	↑	43	持平
伊拉克	0	48	↑	29	↑
印度尼西亚	0	31	↓	24	↑
埃及	0	43	↑	54	↓
韩国	0	8	↑	2	持平
新西兰	0	5	↓	4	持平
巴基斯坦	0	34	↑	40	↑
蒙古	0	49	↓	57	↓
缅甸	0	28	↑	27	↓
匈牙利	1	39	↓	6	↑

注：↑代表排名提高，↓代表排名下降。

数据来源：历年《中国海外投资国家风险评级报告》。

依照2013年中国企业在东道国资本存量比重来看，中国企业在新加坡与德国合计24.65％资本经济类风险较低，42.86％资本面临中等级别经济类风险，18.17％面临较高经济类风险。即经济类风险分布符合正态分布，但缅甸、柬埔寨、老挝、越南以及印度经济风险较高，其经济基础与偿债能力多位于平均线之下。

2. 沿线主要国家非经济类风险

“一带一路”倡议实施过程中，对企业吸引力较大的采矿业、油气开采、交通运输业以及建筑业等投资项目由于其自身特性，导致其工程设施难以迅速转移或根本无法转移，行业在面临东道国社会秩序混乱时易遭受较严重的负面影响。沿线主要东道国非经济类风险及其二级指标计算结果如表 11-3 所示，根据资本存量比重计算可得，中国企业对沿线投资存量中面临非经济类风险等级为：低风险 40.41%，中等风险 12.83%，较高风险 25.04%与高风险 7.40%。具体到二级指标而言，缅甸与柬埔寨的中国资本面临高的政治风险，主要源于其较高的军事干预可能性与较低政府有效性和法制能力。对华关系中低风险的资本比重较社会弹性高 6 个百分点，而高风险区则较社会弹性低 4 个百分点，即良好的对华关系能有效降低中国企业的非经济类风险。

表 11-3 “一带一路”沿线主要国家 2018 年非经济类风险指数及其二级指数

国 家	非经济风险指数	二级指标		
		社会弹性	政治风险	对华关系
新加坡	4.4921	4.50	3.8214	5.1550
哈萨克斯坦	4.5642	5.83	1.6976	6.1650
以色列	4.8248	4.69	5.1619	4.6225
南非	4.5978	4.69	3.3333	5.7700
马来西亚	5.1612	5.55	3.8762	6.0575
印度	4.3991	5.08	3.6024	4.5150
伊拉克	4.6168	5.82	3.3929	4.6375
印度尼西亚	4.6874	5.27	3.4048	5.3875
埃及	4.3326	5.40	2.7952	4.8025
韩国	4.7698	3.99	4.9119	5.4075
新西兰	4.8122	4.48	4.4190	5.5375
巴基斯坦	5.5162	5.84	3.0262	7.6825
蒙古	4.3894	5.57	2.2833	5.3150
缅甸	4.8979	5.94	1.7762	6.9775
匈牙利	4.2046	4.75	3.4738	4.3900
加权均值*	4.6430	5.0528	3.4366	5.4396

*权重为 2005—2017 年中国对沿线国家完成并购规模占对沿线国家总并购规模比重。

数据来源：笔者根据《中国海外投资国家风险评级报告 2018》获取基础数据，量化处理而得。

综上所述，中国资本在沿线主要国家中多面临低风险或中等级别风险，不足20%面临较高经济类风险，30%左右面临较高非经济类风险，即非经济类风险影响相对较大，而其中较好的对华关系能够有效缓解非经济类风险，但其中资本存量与东道国经济水平较高的新加坡与德国对华关系赋值均在一般风险与较高风险区间，即其对华关系有待进一步提高。

第三节　中国企业对沿线国家工业并购风险

无论宏观层面政府加强国内产业升级导向，调节国内工业供需平衡，还是微观层面应对国内成本压力或寻求欧美发达国家品牌、技术与销售渠道等无形资产，提高企业自身竞争力，在政府大力推行“一带一路”倡议中，未来中国企业将加大对沿线国家的工业投资。但考虑到欧洲因结构性因素尚未实现经济复苏，同时东南亚国家与中国的南海争端，中亚地区政治结构脆弱，西亚地区局部战乱不断，南亚基础设施落后、工业配套不足等不利因素，中国企业在对沿线国家加大工业投资的同时将面临复杂的国家风险。因此本节以 2005—2015 年 8 月中国企业对“一带一路”沿线 65 个国家的工业并购数据为基础，分析中国工业整体以及各行业对沿线国家并购特征及其面临的主要风险。

一、中国企业对沿线国家工业并购新特征

CGIT 数据显示 2012 年以来，中国经济受到全球金融危机的深层影响开始显现，国内经济步入新常态。2015 年以来无论是 GDP 增速还是制造业 PMI 均持续下降，工业产能过剩，工业企业盈利能力持续下滑，企业负债杠杆率达到峰值，这些都极大地推动中国工业企业资本进入沿线国家。

（一）集中于亚洲，地区行业聚集特征明显

CGIT 数据库显示 2005—2017 年中国企业对沿线国家成功并购的项

目72.56%的工业投资聚集在亚洲，尤以东南亚、西亚与中亚为主，分别占比30.59%、17.36%与13.85%。各地区产业聚集效应明显，79.78%的金属矿产项目集中在东南亚地区，其中以缅甸、印度尼西亚、菲律宾与马来西亚为主，中亚与西亚地区由于能源产业投资较多，使平均投资规模均在10亿美元以上，电力生产与供应则集中于东欧的俄罗斯（30.87%）、东南亚的新加坡（17.31%）与南亚的巴基斯坦（11.79%），而制造业则以德国（19.95%）、印度尼西亚（16.26%）、俄罗斯（12.17%）与印度（10.64%）为主，建筑业则是集中于东南亚（79.78%）与南亚（18.45%）。见表11-4。

表11-4 2005—2017年中国对沿线国家大型工业及其门类投资的地域分布

单位：%

国家	工业	行业				
		金属矿产	能源	电力生产与供应	制造业	建筑业
中亚与蒙古	14.65	6.37	34.05	0.00	1.65	0.00
东南亚	30.59	79.78	8.22	26.31	37.98	61.99
南亚	9.96	0.00	1.70	24.89	11.36	18.45
西亚与北非	21.05	0.00	39.23	4.27	15.75	3.79
东欧	14.37	13.85	13.04	30.87	12.65	8.50
中欧	9.39	0.00	3.77	13.67	20.61	7.28

（二）失败项目中工业占比较高，行业与地区风险明显

CGIT数据库显示，2005—2017年上半年间，中国企业在沿线国家中累计遭遇了43个合计768亿美元的投资失败，其中大型工业项目的数量与金额分别占比88.37%与74.93%，即与其他产业大型投资项目相比，工业投资更易遭遇风险。涉及具体失败项目中，如表11-5所示，能源领域的失败数量（40.54%）、涉及金额（61.60%）以及平均失败项目规模（23.05亿美元）均为最高，其次为电力生产与供应，金属矿产行业，失败项目平均规模均超过10亿美元，而制造业与建筑业失败占比相对较低。如表11-5所示，地区风险也较明显，尤以西亚与北非、东南亚地区为主，除制造业以外，所有行业80%或以上的失败项目聚集于此。

表 11-5　2005—2017 年中国企业对沿线国家工业投资失败项目行业分布

单位：百万美元

	工业	行业				
		金属矿产	能源	电力生产	制造业	建筑业
数量占比	—	16.22%	40.54%	21.62%	10.81%	10.81%
金额占比	—	12.03%	61.60%	15.65%	6.80%	4.60%
平均规模	1516.76	1125	2304.67	1097.5	957.5	645

具体到国家层面，伊朗工业投资失败占比最高（44.90%），金属矿产投资则以阿富汗（42.52%）、缅甸（28%）与越南（24.89%）为主；能源项目中伊朗占比高达 67.11%，叙利亚与俄罗斯均超过 10%；电力生产与供应则集中于缅甸（41%）、伊朗（22.78%）与新加坡（19.93%）；制造业则以哈萨克斯坦（48.3%）与印度（43.86%）为主；建筑业则以越南、沙特阿拉伯、菲律宾以及波兰集中度较高（表 11-6）。

表 11-6　2005—2017 年中国企业对沿线国家工业投资失败项目地区分布

单位：%

地区	工业	行业				
		金属矿产	能源	电力生产	制造	建筑
中亚与蒙古	8.18	0.00	7.93	0.00	48.30	0.00
东南亚	21.44	57.48	2.11	68.34	7.83	58.53
南亚	4.81	0.00	1.24	6.72	43.86	0.00
西亚与北非	57.84	42.52	78.02	22.78	0.00	24.03
欧洲	7.73	0.00	10.70	2.16	0.00	17.44

（三）倡议务实阶段基建类投资增长明显，地域与行业特征明显

2015 年 3 月《愿景与行动》发布后，5 月国务院印发《中国制造 2025》，将其定位为中国实施制造强国战略的第一个十年行动纲领。随后中国企业与沿线多个国家进行工业领域的投资。已公布 116 个工业投资项目中，建筑业项目 60 个，其中交通设施建筑类工程 40 个，集中于

南亚与俄罗斯地区。电力生产与供应等项目 39 个，其中火力发电 14 个，清洁能源发电 17 个，主要分布于东南亚与南亚地区。而制造业与能源业项目合计占比仅 11.21%，分布于欧洲、东南亚与中亚地区（表 11-7）。

表 11-7 务实阶段中国企业对沿线主要国家工业投资分布

单位：个

国家或地区	工业	行业			
		能源	制造	电力生产	建筑
中亚与蒙古	20	0	3	3	14
哈萨克斯坦	9	0	2	1	6
东南亚	27	0	3	10	14
印度尼西亚	10	0	1	3	6
南亚	37	0	0	24	11
巴基斯坦	27	0	0	21	6
孟加拉国	6	0	0	3	1
西亚与北非	9	1	0	2	4
欧洲	23	1	5	0	17
俄罗斯	17	0	3	0	14
项目总数	116*	2	11	39	60

*还有 4 个位于孟加拉国、阿联酋与埃及的市政环保项目未归类。

资料来源：倡议提出以来至 2017 年 8 月公开资料搜集。

二、沿线国家工业并购风险分析

（一）经济风险

以 CROIC-IWEP 数据库为基础，测算得表 11-8，在中国企业对沿线工业项目集中的国家中，仅德国与新加坡属于低风险区，18.89%工业项目位于风险防范区，而 40.68%位于风险警戒区，高风险区不足 5%。因此中国对沿线国家工业项目以风险防范与警戒为主，高风险占比较少。

表 11-8　中国对沿线大型工业主要投资国家 2017 年经济风险指数、排名与变化

国家	经济风险指数	二级指标排名			
		偿债能力	较去年变化	经济基础	较去年变化
俄罗斯	6.9907	4	↓	4	↑
哈萨克斯坦	7.4081	10	↑	3	↑
印度尼西亚	6.5824	3	↑	9	↓
马来西亚	7.8186	6	N	7	N
新加坡	8.7995	8	N	1	N
德国	8.5139	1	↑	2	↓
印度	6.3602	11	↓	5	↑
伊朗	6.0203	2	N	13	N
巴基斯坦	6.0953	15	↓	10	—
缅甸	6.2937	13	N	11	N
土耳其	5.9126	26	↑	18	↑
泰国	6.7348	7	N	8	N
老挝	5.9255	16	N	16	N
蒙古	6.7301	14	↓	12	↑
菲律宾	7.1258	5	N	6	N
越南	6.8931	9	↑	14	↓
柬埔寨	5.3717	12	—	15	—

注：N 代表数据缺失，↑代表排名提高，↓代表排名下降，—代表排名无变化。

数据来源：中国海外投资国家风险评级报告。

（二）非经济风险

2005—2017 年中国对沿线国家大型工业项目中，能源、电力生产与供应以及建筑业合计占比 80.20%，这些行业投资周期较长，投资额较大，且施工设施难以迅速转移，因此对东道国非经济环境更为敏感，10 年间失败的工业项目中 80.44%集中在此三个行业。如表 11-9 所示，中国企业对沿线国家大型工业项目非经济类风险等级为低风险 28.1%、中等风险 17.25%、较高风险 25.85%与 1.76%高风险。具体到二级指标中，老挝与柬埔寨因高军事干预可能、低政府有效性与法制，政治风险较高。但这两国对华关系评分均明显高于加权值，即中国企业借助政府外交弥补其风险偏好性。

表 11-9 中国对沿线大型工业主要投资国家 2017 年非经济风险指数

国家	非经济风险指数	二级指标		
		政治风险	社会弹性	对华关系
俄罗斯	4.27	3.45	5.26	4.90
哈萨克斯坦	5.20	4.37	5.45	6.61
印度尼西亚	3.83	2.88	4.50	5.03
马来西亚	5.28	4.98	6.30	4.89
新加坡	7.05	7.84	7.24	5.27
德国	5.49	6.00	5.50	4.44
印度	3.78	3.23	4.95	3.69
伊朗	4.10	2.69	4.36	6.67
巴基斯坦	4.00	2.30	3.72	7.68
缅甸	4.05	2.22	4.50	7.27
土耳其	4.19	3.53	5.86	3.86
泰国	3.88	3.12	4.68	4.62
老挝	1.44	−3.42	4.75	7.84
蒙古	4.90	3.65	5.04	7.27
菲律宾	3.91	3.36	4.40	4.52
越南	4.44	4.19	4.39	5.00
柬埔寨	1.34	−3.60	5.12	7.42
加权值*	5.00	3.82	5.25	5.47

*权重为 2005—2017 年 6 月中国对该国成功工业投资占"一带一路"总工业投资比重。

数据来源：笔者根据《中国海外投资国家风险评级报告 2017》获取基础数据，量化处理后按指标赋权计算得出非经济风险指数。

（三）各行业主要国家风险

为纠正锚定偏差（Anchoringbias），本节将国家风险最低的新加坡设定为基数 100 分，比较国家间风险的相对强度。以中国企业 2005—2017 年 6 月间对沿线 37 个国家成功的大型工业项目金额为权重，分析金属矿产、能源、电力生产与供应、制造与建筑等五个行业面临的国家风险。如图 11-4 所示，国家选取标准为按项目金额比重顺时针排序，中国企业在各国累计投资占该行业比重 80%以上。与其他行业相比，金属矿产业，

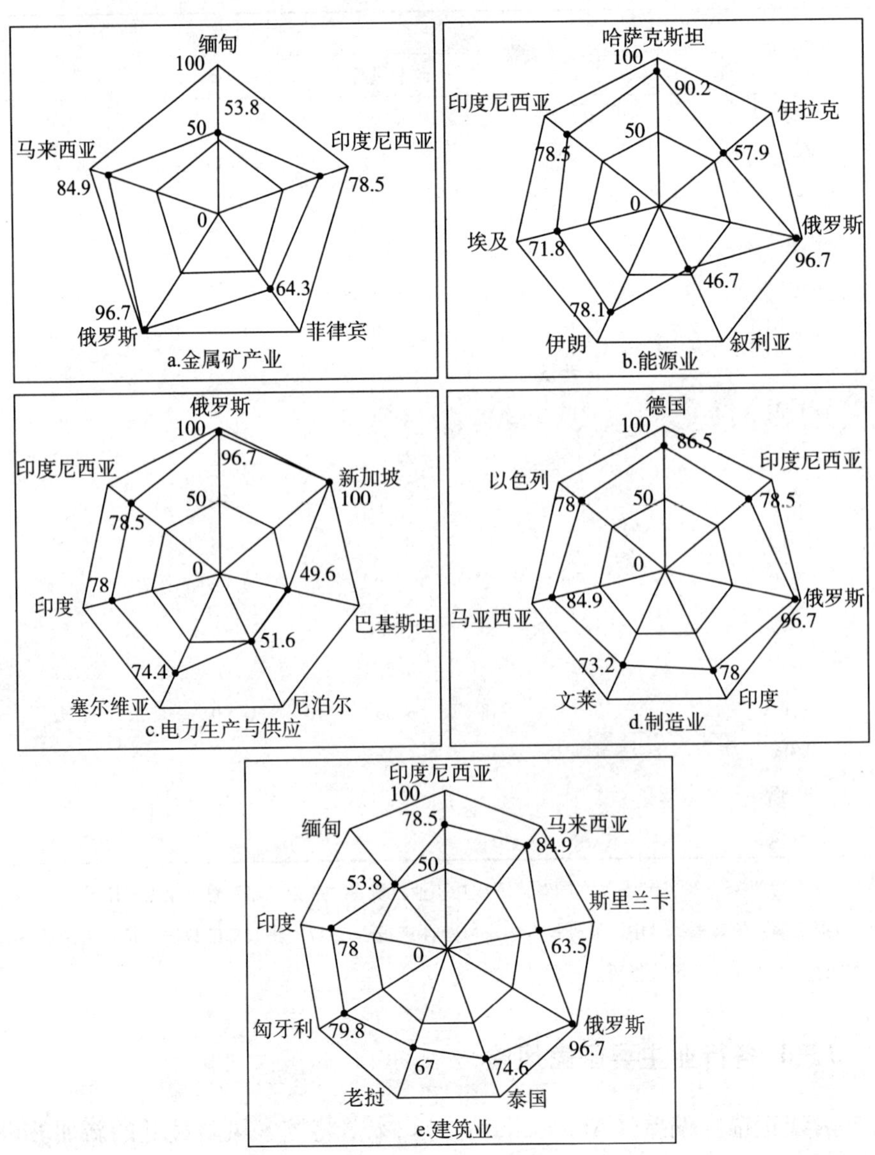

图 11-4　中国企业对沿线工业投资中各行业的国家风险

（相对于新加坡国家风险基数＝100）

尤其是拥有该行业仅三分之一投资额的缅甸国家风险较高。能源业中西亚北非地区仍占据较大份额，其风险应加以关注。自《愿景与行动》公布以来，大量电力生产与供应项目集中在巴基斯坦与印度尼西亚，考虑到两国均为负值的政府有效性与法制能力评分，对该行业的非经济风险应加以关注。制造业并购的国家风险相对平稳，但其中印度尼西亚非经济风险较高，而马来西亚较低的对华关系评分可能影响中国企业投资。受到基建与产业园项目的影响，大量建筑业项目分布在东南亚与中亚地区的发展中国家，由于行业投资周期长，施工设施难以迅速转移，9个主要东道国中除新加坡外，非经济风险均低于加权值，因此非经济风险，尤其是政治风险与社会弹性需要格外关注。

第四节　本章小结

“一带一路”倡议将中国与沿线国家构建成为包含经济、政治、安全与人文在内的共同利益的命运共同体。因此本章以中国企业对沿线国家的真实跨国并购活动（生产、研发、雇用与经营等）为研究对象判断出中国企业对沿线国家的并购特征，并以此为基础，针对性分析中国企业对沿线国家并购的整体风险，同时针对并购较多的工业进行行业并购风险分析。

中国并购数据来源于全球投资追踪数据库（CGIT），同时以中国财经网与财新网的资料做补充，衡量国家风险的原始数据源自中国海外投资国家风险评级报告（CROIC-IWEP），行业风险的数据处理参照国观智库的国别投资价值的处理方法。风险量化分析指出，中国对沿线国家并购风险符合正态分布，次区域中南亚与南欧地区风险偏高。以并购存量为基础对主要东道国风险测算得出，中国企业对沿线并购的经济类低风险、中等风险、较高风险与高风险比约为2∶4∶2∶1。非经济风险中低风险、中等风险、较高风险与高风险比约为4∶1∶2∶1，其中政治风险与社会弹性较为敏感，而较好的对华关系有利于降低非经济类风险。

而在沿线国家工业并购中，经济类高风险并购较少，不足5%，但是超过四成位于风险警戒区，需要持续关注。非经济风险中，近十年内中国企业对沿线国家工业并购失败的项目中超过80%集中在能源、电力生产与供应、建筑业三大领域。而子行业风险蛛网图显示，金属矿产业整体风险偏高，制造业并购风险相对平稳，但其中的印度尼西亚非经济风险较高。

第十二章 中国企业跨国并购中DUP经验研究

本章以中海油竞购优尼科失败与中石油并购PK公司为例，分别分析并购失败中中国企业DUP经验与并购成功中中国企业DUP经验。

第一节 并购失败案例中DUP经验研究

近年来，中国对美国投资快速攀升，Rhodium Group数据显示，1990—2016年，中国对美国投资的21%集中在能源领域，且90%以上以并购为主。

作为中国企业跨国并购遭遇政治风险而失败的典型案例——中海油竞购优尼科七年来被研究人员从多个角度反复进行研究，但多将其失败归咎于政治风险，忽略了政治风险形成背后的实际上是雪佛龙成功的DUP推动与中海油失败的DUP运用的合力所致。中国海洋石油总公司（简称“中海油”）是中国最大的海上油气生产商，负责在中国海域对外合作开发海洋石油与天然气资源，海外资产比为26.4%，在世界500强中排名第87位。优尼科是美国第九大石油公司，其一半的油气资源位于中东，市值117亿美元。竞争对手雪佛龙在世界500强中排名第11，是美国第二大石油公司，三分之二的产量来自海外。中海油拟并购优尼科是当时规模最大的中国企业海外并购，如果并购成功，则中海油产量将增加一倍，储量提高80%，有效缓解当时国内油气供给压力大的局面。同时优尼科拥有的国际领先深水勘探技术与优秀国际化人才有助于中海油的国际化战略。梳理整个并购过程，中海油与优尼科早在2004年底就达成并购意向，报价高出雪佛龙10亿美元，承担优尼科16亿美元债务，承诺不裁员、满足员工福利要求等。但最终由于雪佛龙娴熟的DUP将舆论导向引向中海油并购成功将威胁美国石油安全，并推动国会干预，最终使该并购中中海油面临的潜在风险显现化，显现风险扩大化，最终迫使中海油主动退出竞购。中海油DUP的失败经验主要集中在政府游说与舆论导向两个方面。

一、政府游说的失误

中海油6月23日宣布以185亿美元竞购优尼科，但美国联邦众议员早在17日就致信美国总统要求外国投资委员会（CFIUS）彻底调查中海油此次竞购，同时财政部长也表示美国政府对这一并购存在担忧。6月30日美国众议院通过一项督促政府对中海油并购展开调查的决议。面对如此频繁的政府对该并购交易的怀疑讯息，中海油不仅在计划并购前几乎没有对美国政府进行游说的活动，即便在宣布竞购前后也仅雇用博伟公关公司对政府进行游说，雇用Akin Gum作为政治顾问，直到美国政府展开调查后才雇用相关的法律顾问、税务顾问、技术顾问与政策顾问对美国证监会、国会与优尼科股东展开游说。而与此同时，雪佛龙借助其与美国政府良好的政府企业间关系，以及多年来重金培养的政治人脉成功实施DUP。据Wall Street Journal报道，雪佛龙自1990年以来，已向美国联邦选举中的候选人提供了约900万美元的政治献金（陈晓刚，2005），致信美国总统的41名议员中的22名曾接受过雪佛龙的政治献金，其中包括众议院能源委员会主席乔·巴顿。除拥有丰富的政治资源外，雪佛龙还抢占了政治行为的先机。雪佛龙借助美国政府与民众对中海油的不了解与偏见鼓励曾资助的议员在中海油宣布竞购前后连续发表反对该次并购或对并购表示担忧的负面看法，这使得中海油雇用的专业游说机构的游说效果甚微。不仅如此，雪佛龙还动用其政治人脉使国会将实际使用次数不多的《埃克松—弗洛里奥修正案》运用于中海油的政府背景调查上，尽管中海油试图通过CFIUS的听证会以阐明其并购的商业动机，但最终因雪佛龙强大的政治游说与其持续性的高额PAC捐款而失败（江捷，2007）。见图12-1。

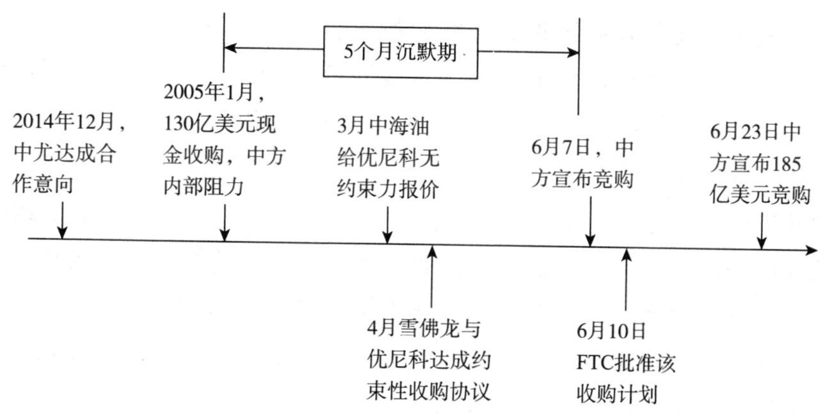

图 12-1　中海油与雪佛龙公开宣布竞购优尼科前双方行为的时间轴

资料来源：通过公开资料收集整理。

二、舆论导向的失误

《金融时报》在 2005 年初获悉中海油意图并购优尼科后就做了相关报告，但作为交易的直接相关方——中海油不仅没有采取有效的应对策略，而且在长期保持对媒体的沉默。其首次公开并购意向是 5 个月后向香港联交所递交报告时，略微提及该交易。5 个月的媒体沉默期不仅没能使公众淡化对此交易的关注，反而使公众对该交易的疑虑不断升级，同时也为其竞争对手——雪佛龙提供了充分媒体策略实施的空间与时间。雪佛龙在中海油公开宣布竞购前就针对中海油海外独立董事对该交易的反对，将此次竞购渲染为中海油为满足中国政府需要，不惜牺牲股东权益，增加交易的政治色彩，更将其与“中国利益与美国利益相悖”相联系，由此推论出若此次交易成功，则美国利益将受损的逻辑。包括在中海油宣布竞购的当天，雪佛龙的副董事就一直在对媒体反复强调该并购的不公平，鼓吹“雪佛龙是在与中国政府竞争”等，其董事长也通过媒体以社会责任名义与民众沟通，强调石油安全，罗列中海油面临的不确定性，并连续向中海油发问。尽管中海油 CEO 也多次接受西方主流媒体采访试图进行说明，并致信国会议员给出相关承诺，但由于一方面在宣布竞购后被动采取媒体策略以应对竞争对手营造的政治压力，另一方面对民众关注的商业并购逻辑、并购后的整合计划以及未来运作等方面涉及较少，且不合时宜地表示中国国资委对此次交易的支持，这不仅使中海油媒体策略收效甚微①，甚至引发更多政治方面的猜忌。

此次并购初期，中海油就错误地估计了交易中潜在的政治风险，这一判断失误直接导致后续DUP策略的失误与行为上的被动。与东道国政府的政府企业间互动中不仅缺乏长期沟通基础，行动上还处于落后阶段，媒体方面更是主动将掌控舆论导向的先机拱手让与他人，相比之下，雪佛龙的获胜策略并非是提高报价，而是通过政治行为增加中海油并购的不确定性，最终迫使中海油主动退出。

第二节　并购成功案例中DUP经验研究

与上述并购案例同年的中石油收购PK公司是当年中国企业海外并购成功的规模最大案例。中石油是中国最大国有石油公司，在中国石油、天然气市场上占据主导地位，也是中国进军国际石油市场主力。2018年全球500强排名第4，截至2017年，中石油共在全球38个国家开展油气投资业务，2017年全年海外新增油气可采储量当量9 093万吨，其中原油6 280万吨，天然气353亿立方米。PK是在加拿大注册1991年进入哈萨克斯坦的私人石油公司，其资产全在哈方境内，市值33亿美元。PK公司出售的根本在于与哈政府关系不断恶化，无法正常经营，导致投资者撤资愿望明显。在2004年矿产国有化运动中哈政府将其列为重点整治对象，不断开出巨额罚单，对公司高管和雇员进行刑事起诉，迫使原总裁多年无法入境，关闭生产井，致使PK公司开工率不足六成，产量萎缩35%，面临超过50件、涉及金额达20多亿美元的法律纠纷。中石油正是抓住PK公司与政府的矛盾激化，同时实施合适DUP有效降低并购可能遭遇的风险促使交易成功。

2005年10月23日，中石油以41.8亿美元100%并购PK公司，开

① 据The Wall Street Journal和NBC News联合进行的民调，73%的民众对中海油的收购持反对意见，且绝大多数民众并不知晓中海油针对美国提出石油安全做出的承诺。

启了中国石油公司整体并购海外油气上市公司的先例。并购成功后，中石油拥有 PK 在哈 12 个油田权益，产量增加 6%，石油储备增加 5.5 亿桶，有效缓解中哈石油管线油量不足的现状。并购后两年，PK 公司新增探明储量和销售额均创历史新高，原油生产破千万吨，并购资金已回收 69%，目前哈已成为继苏丹之后中石油第二个一体化的海外基地。

虽然中石油成功收购 PK 公司，但其并购之路依然充满挑战。在收购期间，遭遇 ONCC 与塔尔钢铁集团的联合竞购，卢克石油公司向斯德哥尔摩商会仲裁院提出反诉申请，同时向加拿大法院提出终止该并购的申请，即便与中方交好的哈方政府方面依然有哈方国会的新法案对该交易进行干涉。但中石油依然凭借其有效的 DUP 降低了并购可能遭遇的风险。其成功之处主要集中在主动与东道国政府联系、舆论导向与实施政治关联的经济活动方面。

一、主动与东道国政府联系

中石油之所以能够取得这次并购的成功，哈萨克斯坦政府的支持起着关键作用。中石油自从进入哈萨克斯坦投资以来，长期主动与哈方政府接触，有着通畅的政府企业间沟通渠道。在并购初期不仅主动与哈方政府接触，还通过母国政府与哈方高层建立联系。并购期间，哈方议院和总统相继批准允许政府阻止外资控制本国油气资源法案，增加并购的不确定性。中石油就凭借其敏锐的政治嗅觉，判定该交易可能面临潜在的政治风险。为降低交易不确定性，在这一潜在风险显现前，中石油主动向哈政府要求会见政府高层官员。同时为降低哈政府政治与经济方面的疑虑，在获得 PK 石油公司 100%股权仅 3 天，中石油与哈能源、矿产资源部部长举行闭门会谈，并在会谈中达成向哈方国家石油公司出让 30%PK 公司股权，中石油由持股 100%转为持股 70%，主动进行策略妥协，缩小政府企业间的利益偏差。

二、舆论导向的成功

由于哈方与外方媒体集中报道，造成 PK 股价上升，受中石油聘请的伟达公关公司首先及时引导媒体转移关注焦点，抑制了股价攀升过快对交易的不利影响。其次公关公司搜集民间、政界的意见反馈，筛选信息，先于对手行动识破其意图同时给出对策。再次借助两国政府交好的政治背景强调该次收购是落实两国战略合作的商业行为，并购期间适时表明哈方政府高层官员的态度：如在并购遭遇哈国会干涉时透露，披露哈政府部长级官员向其表示“收购成功的祝贺”；遭遇卢克公司诉讼时①，宣布哈国家石油公司将拥有部分 PK 股份；在 PK 公司股东表决会前又公布与哈政府签署的备忘录，极大地降低了交易的不确定性。

三、与政治相关的经济活动

1997—2005 年，中石油投资超过 10 亿美元协助哈方政府勘探和开采石油天然气资源。多年来中石油对当地公益事业投入数千万，包括资助当地学生、提供特价农用柴油以及参与城市基础建设等，参与项目多为当地居民直接受益，已成功融入当地社会经济，在哈方积累了良好的口碑，形成了中石油与哈政府长期稳定的政府与企业的关系。在收购前夕，面临哈政府下议院通过允许政府干预交易的议案，及时调整收购计划，向哈方国家石油公司出售 PK 公司 30%的股份，同时与其平分奇姆肯特炼油厂的股份和成品油销售权，由独家收购转变为中石油与东道国国家石油公司联合收购的局面，从法律上确认了哈方政府对国家石油资源及其收益的控制。不少案例分析均指出，该举措有效地降低了交易中中石油面临的政治风险。

中国企业对东道国政府的公司非生产性牟利行为可使其在海外并购的竞争中获取更多的制度优势，为自身的并购创造一定的基础，提供便利性。在此次并购中，中石油能够成功，哈政府的支持态度起了决定性作用。中石油主动与哈政府联系，使其在交易过程中能够及时与政府沟

① 卢克石油公司 4 月向哈方法院提出诉讼要求 PK 赔付 2.2 亿美元以弥补其在图尔盖油田的利润分成和管理权限损失，8 月向巴黎国际商会仲裁庭提起诉讼，要求哈萨克斯坦石油公司支付 2.93 亿美元赔偿，10 月 4 日向斯特格尔摩商会仲裁院提出反诉申请，一周后又向加拿大法院提出要求法院阻止 PK 公司与中石油交易的申请。

通，改变并购方案，获取哈政府的谅解和支持，同时及时反馈给母国政府，获取外交协助，政府的支持有效地降低了政治风险。而中石油推动当地技术进步和产业发展，履行社会义务，参与当地公益事业等一系列典型的经营活动、政治关联与财务刺激 DUP 策略，无疑也为并购中掌握舆论导向，获取当地社区支持提供了有力的基础。

第三节　中国公司跨国并购中 DUP 特征

通过上文分析，我们发现与西方跨国企业相比，中国企业实施跨国并购过程中存在以下明显特征。

一、中国企业跨国并购中 DUP 劣势

（一）媒体运用方面

在媒体舆论方面，中国企业具有明显弱势，而西方企业则能较为娴熟地通过调动媒体力量制造舆论以及向政府施压。通常在并购进行初期，并购企业为降低遭遇不确定性的可能多对交易保持低调，但在与并购目标企业达成意向后，为展示其实力与提升国际形象，并购企业通常乐于向媒体宣布并购事件（Yamakawa，2008）。但多数中国企业，尤其是首次进入跨国并购市场的中国企业对于媒体通常采取沉默态度，即便少数企业能够通过媒体应对竞争对手或相关利益集团的政治行为，但也多为被动。这一方面使得中国企业失去主导舆论的时机，使本身对中国企业存在偏见或不理解的东道国与其民众对中国企业的并购动机更加疑惑，另一方面仓促应对，或答非所问使中国企业缺乏完整并购策略的弱势暴露无遗。

（二）游说东道国政府方面

由于中国政治体制与西方多数国家不同，在西方各国普遍存在的企业公开或通过合法手段游说政府的行为在中国并不多见，主要源于中国的政治中介十分隐晦，且多不为社会所接纳，政治中介的职责通常由驻

京办或驻省会办兼任，或其他正式或非正式机构代理。这就造成当中国企业首次进入东道国时，一方面缺乏对当地政府企业间活动特征的了解，不能有效及时地与东道国政府沟通；另一方面简单地将国内的非正规的政治行为运用至游说东道国政府上，结果可能导致触及法律底线或效果适得其反。

(三) 与相关利益者沟通方面

西方企业经过多年跨国并购经验的积累，越来越重视并购过程中与相关利益者的沟通，即便是竞争者在并购过后，迅速采取行动修复双方之前的竞争关系，如雪佛龙在中海油宣布退出竞购后即可宣布其与中海油其他的合作计划，并且在并购过程中，不仅自身实施政治行为，还联合并购目标或其他利益相关者共同推进并购的进行。而中国企业通常只关注并购本身，多数企业并购过程中，很少主动争取并购目标共同向东道国政府进行游说。

(四) 通过法律手段维护合法权益方面

中国是议行合一制的国家，在该种政治体制下，企业几乎不可能通过司法来制衡行政，因此在国内，即便存在政府行为损害企业利益时，中国企业也几乎不通过法律工具进行维权。这一行为模式延伸至跨国并购中，导致不少经验缺乏的企业在并购初期的合约中缺少通过合约约束并购目标违约行为，或通过法律手段对东道国政府进行诉讼。而西方企业一方面在合约方面限制较为严格，注重对违约行为的约束，并且当政府行为可能对其利益造成损害时，会借助第三方社会力量向其施压，甚至直接诉诸法律。

二、中国企业跨国并购中 DUP 优势

(一) 财务刺激策略方面

尽管近两年中国跨国并购的企业主体中私营企业与基金有所增多，但从跨国并购存量上看，多数跨国并购仍是由国有企业完成。国企由于

其资本雄厚且多有政府相关政策支持，资金约束力较小。尤其在许多资金缺乏且基础设施严重不足的东道国，西方企业由于私人股东限制，无法长期提供大笔资金帮助东道国修建基础设施，而中国国有企业则能在政府的财政支持下运用大量资源修建东道国的基础设施并带动其他产业的发展，以此获取东道国政府的信任与依赖，形成良好的政府企业间的关系。

（二）制度创新方面

这点在资源领域的并购尤为明显。为避免与西方跨国公司的正面交锋，中国企业积极向发展中国家或地区寻求资源类的并购，且多为西方跨国公司遗弃的领域，如苏丹、哈萨克斯坦等国石油领域的投资。这些东道国的投资领域往往在企业制度方面存在大量空白与可供调整的空间，中国作为先行者能够掌握优先的制度制定权，通过制度创新并使之得到东道国政府认可并获取合法性，能通过对政府政策的演变过程获利，对后来者的投资行为形成与约束。

第四节　中国企业跨国并购中 DUP 影响

一、中国企业跨国并购中 DUP 正面影响

跨国公司积极与东道国政府互动将增加影响政府决策的可能性。实际上在多元民主社会中，政治过程是各利益集团积极表达其利益诉求、集团间相互竞争政府支持以及政府最终在各集团间实现利益平衡的博弈过程。因此尽管由于政治与法律背景不同，各国利益集团在政治活动中的具体组成方式与合法程度上有所差异，但利益集团对政府决策的影响是普遍存在的。而中国企业跨国并购中积极对东道国政府实施政治行为影响政府决策，具有一定的积极效应。

（一）利于实现政策制定的平衡

如果不存在利益集团对政府决策的影响，政府仅靠自身对经济状况

的推断制定政策时，其政策均衡是唯一的模糊均衡①，但如果人为限定对政府进行游说的利益集团，则可能导致政策偏向性。由于各利益集团的利益需求存在片面性，其所要求的政策偏好必然存在差异，如果政府在制定决策的过程中能听取多个利益集团的意见，使最终决策成为多方合力的结果，这将有利于实现政策的平稳性。

（二）提高政府绩效

一方面与政府相比，企业拥有真实的市场信息，而通常情况下政府制定政策所需的信息多通过企业获取。企业向政府提供其所需信息并及时反馈，有利于政府政策解决实际问题；另一方面由于专业技能的限制，企业较之政府更能提供解决实际问题的新方案以供后者参考，实现企业充当政府助手的效用。因此允许多个企业积极参与政治过程，能够有效提高企业绩效。

（三）提高政策可行性

政府决策实质是多方利益相互博弈以达到利益均衡的过程，在多元化结构特征下，只有让社会中受影响的各方充分表达政府行为对其利益的影响，才能促使各方（合作方与竞争方）的相互妥协，才能获得最大范围的支持，最终形成一个可行的政治均衡。

（四）减少政策扭曲产生的损失

尽管传统经济学一直强调非生产性的行为导致资源浪费，产生经济扭曲，降低社会福利。但通过前文中对 DUP 综合效应的不确定性分析，当 DUP 实施时依然存在经济扭曲，DUP 可能能够减少扭曲，产生福利改善的次优情形。同时，多个企业针对政府进行的竞争性 DUP 将利于提高政府工作效率②，从而减少政策扭曲，形成制度创新。

---

① 详细推导过程见：基恩·M. 格罗斯曼，埃尔赫南·赫尔普曼．特殊利益政治学［M］．朱保华，等，译．上海：上海财经大学出版社，2009：95.

② Becker，Gary S. A Theory of Competition Among Pressure Groups for Political Influence［J］. *Quarterly Journal of Economics*，1983，98（3）：371-400.

二、中国企业跨国并购中 DUP 负面影响

尽管在跨国并购的过程中，公司非生产性牟利行为能够增强向东道国政府的有效信息传递，适度缩减政府企业间的利益偏差，从而降低企业可能遭遇的政治风险，改变企业海外并购的劣势地位。但事实上，公司非生产性牟利行为依然有其不可忽略的负面影响。

（一）增加潜在进入者的障碍

当企业形成利益团体通过政治行为获取经济收益时，一方面集团成员为维护已获取的垄断租金，将防止其他竞争者的进入；另一方面成员间的信任是集团获取经济效益的核心，而这一信任关系将隐性地限制非成员的进入。

（二）难以避免搭便车问题

企业成功的政治行为或许能够使政府制定出于己有利的政策，但这些政策通常是以企业所在行业或更广泛的范围为施政对象，少有政策仅针对某一企业实施。因此在共同规范的结构下，企业很难将其他的政策受益者完全剥离，这一过程中，企业长久积累的政治资本将逐渐被消耗。

（三）抑制组织变革

在全球经济一体化时代，跨国公司的竞争环境时刻都在发生巨大的变化。能够发现不少企业尽管自身竞争能力不足，但由于政府支持获得了垄断租金。公司非生产性牟利行为的最终目的也是为了获取政府设置的租金，因此一旦当企业成为租金的既得者时，为维护其垄断优势，必将对护租进行大量投入，由此抑制组织变革。

（四）破坏公平竞争

依据社会结构与行动的理论，在社会关系网络中，组织所处的位置对其利用社会资源的能力有影响，因此资源配置并非按照利用率最优化

进行配置。这种资源配置不公将导致网络内外以及内部不同地位成员的相互抵制。这种相互抵制一方面浪费已有资源，另一方面影响到资源利用率，进一步降低资源配置效率。

（五）侵蚀政府主权的独立性与完整性

随着跨国公司经济实力的不断增强，国家权力与公司权力的界限日益模糊，国家的经济界限也被打破。跨国公司在其发展过程中凝聚丰富的经济资源与由此衍生出的社会资源与政治资源，凭借对其拥有资源的综合运用，跨国公司拥有了足以影响社会公共行为与政府政治决策过程的垄断性力量，在一定程度上侵蚀国家主权的独立性。尤其是当跨国公司与东道国经济实力相差时，或东道国对跨国公司较为依赖时，东道国将不得不牺牲部分主权以换取跨国公司的投资，跨国公司也得以借此通过 DUP 较大程度地影响东道国的政治进程。

第五节　本章小结

通过对中海油并购优尼科（失败）与中石油并购 PK（成功）两个案例中 DUP 的分析，中国企业在海外并购中，适当的 DUP 有助于降低非经济类风险，而 DUP 的失误可能将潜在风险显性化，已有风险扩大化。而与西方跨国企业相比，中国企业跨国并购中的 DUP 劣势主要集中在媒体运用、游说东道国政府、与相关利益者沟通以及通过法律手段维护合法权益等方面。而优势则集中在财务刺激策略与制度创新领域。综合具体案例分析与中国企业跨国并购中 DUP 的影响，本章认为：①与东道国政府建立信息交流和协调机制。PK 案例中，哈政府对中石油的支持很大程度上源于中石油对哈政府长期成功的 DUP 运作，为双方提供了良好的沟通基础。而优尼科案例中，美财政部副部长金米特指出，中海油应该事先向美国国会多宣传其市场化运作的情况以及中国能源行业的开放程度，同时中国企业在并购美国企业之前应充分做好与美驻华使馆经济官员、国会议员和州政府与其他地方政府的交流和接触。当东道国政府干预时，及时沟通阐明利弊，有可能获得东道国政府的谅解或支持。②采用“合资收购，间接整合”的并购策略。PK 案例中，在面临哈政府的可能干预时，中石油改变原先独资并购策略，实现中哈两国石油企业共同并购，确保哈政府的利益。与国内外企业进行联合并购，一方面减少了本国企业与东道国资源类企业的竞争摩擦，另一方面通过与东道国大型资源公司战略关系的建立，减少了东道国政府疑虑。③对收购目标由获得控制权转为谋求能源定价权。通过对历年并购案例对比分析，当买家企图获取并购的完全所有权或至少控制权时易引起公众和监管者的不安，如优尼科案例中中海油试图谋取美国第九大石油公司的完全所有权，引起了民众和政府的高度关注。但如将目标转为谋求资源定价权的部分股权，在减轻公司负担的同时能有效减少东道国的阻力，尤其是政治方面的疑虑。④准确判断出竞争者可能的 DUP 策略。在进行并购之前，需要收集潜在竞争者的资料，推测其可能采取的 DUP 策略，提前做好应对措施。优尼科案例中，雪佛龙多次在商业竞争中使用政治游说与媒体公关的 DUP 策略，但中海油由于事先判断失误未做好充分准备，从而在与对手的 DUP 对抗中处于下风。

第十三章 中国企业跨国并购中DUP实证分析

第一节　中国企业跨国并购成功率概况

联合国贸易和发展会议早在1995年就将中国列为对外进行大规模投资的发展中国家之一。自2000年中国政府推行“走出去”战略起，中国对外直接投资进入持续增长阶段。2008年国际金融危机给予中国企业海外“资产抄底”机遇，2013年“一带一路”倡议推动政企合力加速中国企业海外布局，2016年更是成为中国企业对外直接投资的最高纪录年。联合国贸发会议《世界投资报告2017》指出，2016年全球外国投资流量下降8.9%，中国继续保持全球第二大对外投资国地位，流量同比增长34.7%，资本净输出624.5亿美元。商务部和省级商务主管部门2017年共备案核准境外投资企业6 172家，中国常年驻外工作人员100万人，2018年世界投资促进机构协会WAIPA指出，截至2018年7月，中国境外投资总额达到1.88万亿美元。与此同时，中国企业跨国并购却面临着并购活动蓬勃发展与大量并购失败并存的局面。

中国跨国公司海外并购的强劲增长已引起了众多学者的关注。国内部分学者开始从实证角度对中国企业国际化绩效进行分析（廖玉凤，2007；杨忠与张骁，2009；阎大颖，2009）。可以看到中国跨国公司的海外并购尽管增速明显，但实施过程中仍面临诸多阻力，成功率较低。据KPMG对中国企业海外并购的报告中指出，2004—2005年上半年中国企业发起的海外并购达171起，但实际完成仅129起，完成率仅为75.44%。Dealogic公司的分析报告也表明，中国企业2009—2010年跨国并购的成功率不足88%，远低于美国（98%）与英国（99%），且为全球跨国并购失败率最高的国家，如果考虑到并购后的整合与绩效等情况，并购成功率进一步下降，对于中国企业跨国并购增速明显、成功率较低的这一情况，不少学者开始探讨中国企业跨国并购成败的影响因素。不少学者认为，发展中国家企业跨国并购的关键因素在于制度（Ingram，Silberman，2002；Yamakawa，2008）Buckley（2007），韦军亮与陈漓高（2009）认为，东道国政治风险对中国对外直接投资存在负面影响。

尽管中国企业走向国际并购市场已有 30 年历史，但超过半数的跨国并购发生在 2004 年之后。而 1991—2010 年中国企业跨国并购成功率整体波动性下降，在 1997 年达到约 70%的峰值后持续降至国际金融危机期间不足 45%（此为近 10 年来中国企业跨国并购的第一个高峰期），即自 2004 年后中国企业跨国并购增长明显，但其成功率却逐年下降。图 13-1 中可见中国企业海外并购分布的主要国家意向与实际完成占比趋势较为接近。就国家分布而言，中国企业的跨国并购的前五个国家或地区依次为中国香港、美国、澳大利亚、新加坡与加拿大，其并购意向与实际完成的合计占比均超过 70%，其中又以中国香港最多，接近 40%。但其成功率分布不均，各主要国家或地区的并购成功率分布在 20%～71%的区间，最低的为俄罗斯，成功率为 20%，印度尼西亚最高，并购成功率达到 71%。并购实际完成的前五个国家或地区的并购成功率基本在 55%左右。

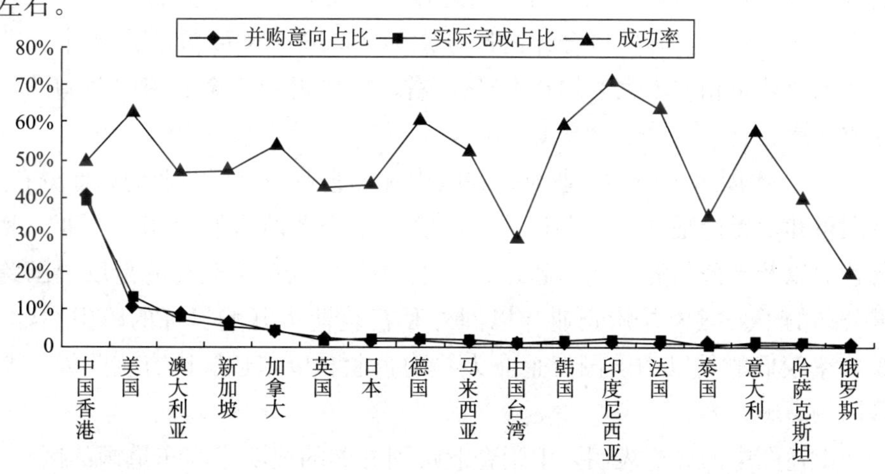

图 13-1 中国企业海外并购主要国家的意向、实际完成占比与成功率

图 13-2 显示了中国企业跨国并购的实际完成与成功率的洲际占比。其中中国企业跨国并购中有将近 60%的并购发生在亚洲地区，其次为北美洲与欧洲，非洲与南非占比最少，仅 6%。因此中国企业实施跨国并购时优先选择邻近区域。其洲际之间的并购成功率与发生率相比，分布较为均匀，约在 50%～60%，最高的为非洲与南非的 58%，并购聚集区的亚洲成功率最低，仅为 49%。

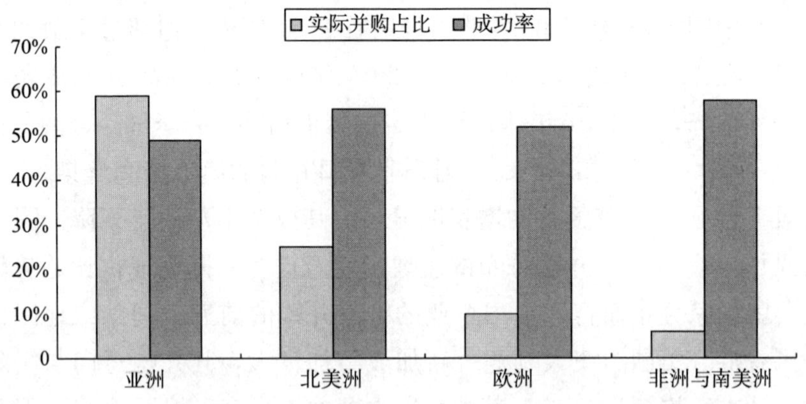

图 13-2　中国企业海外并购各洲实际并购占比与成功率

图 13-3 显示了中国企业跨国并购的行业分布。可以看出，中国企业的跨国并购涉及了绝大多数的行业，其中并购意向占比与实际完成占比趋势较为一致。金融、原材料、制造业、消费及服务与高科技业五个行业中并购意向与实际完成合计占比分别为 73.36%与 72.36%。单个行业的并购成功率相差不大，均在 50%左右，较接近中国企业跨国并购的实际成功率。

图 13-4 展示了中国企业海外并购中并购企业与目标企业的属性分布。由图可知，无论是并购企业还是目标企业，企业所有制为国有企业、私营企业以及子公司的比例均超过或接近 70%。成功率较高的是以中国跨国公司的子公司为并购企业与以国外私营企业为并购目标的跨国并购。成功率较低的是以中国国有企业为并购企业和以东道国国有企业为并购目标的跨国并购。

上述图中的分析表明，中国企业跨国并购的成功率与东道国的区位、目标企业所处行业以及企业所有制等有关，因此有必要对影响中国跨国

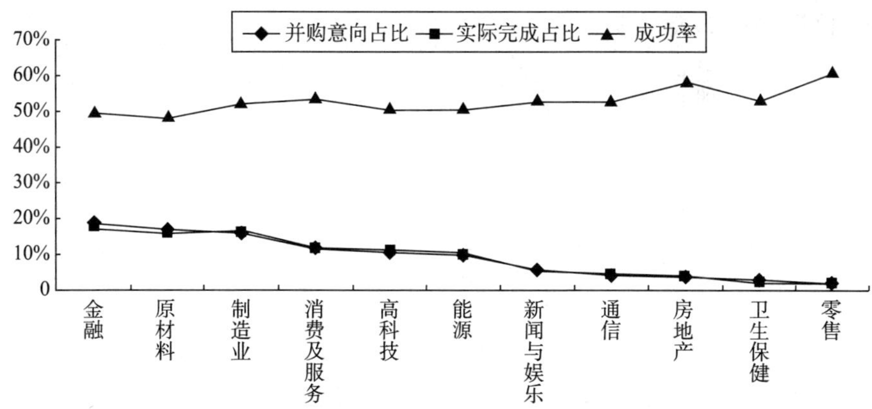

图 13-3　中国企业海外并购各产业的意向、实际完成占比与成功率

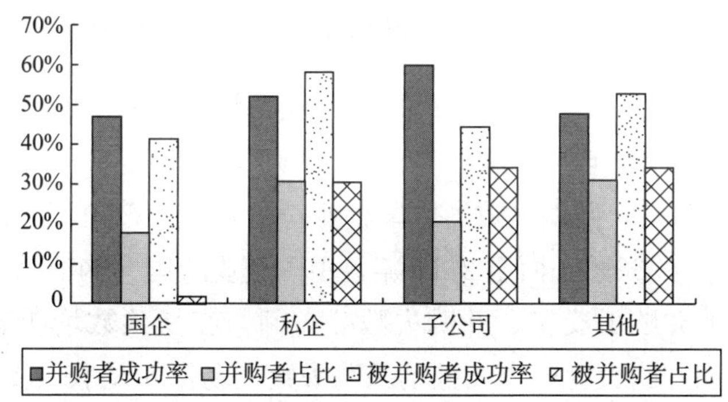

图 13-4　中国企业海外并购中企业属性占比与成功率

公司海外并购的相关影响要素进行分析。

第二节　中国企业跨国并购失败案例特征

根据美国传统基金会与美国企业“中国全球投资追踪”数据库（CGIT）显示，2005—2017 年，中国企业累计 235 项失败的国际交易，累计公布额为 3 478.6 亿美元，如图 13-5 所示。从数据趋势而言，2005—2017 年中国企业跨国并购失败无论是公布额还是交易数都表现为持续增长态势，其中失败的并购交易数增长更快。在 2010 年前，两者同步性较差，但 2011—2017 年，两者同步趋势明显，两者均表现为“降→

升→降”的反N形走势。

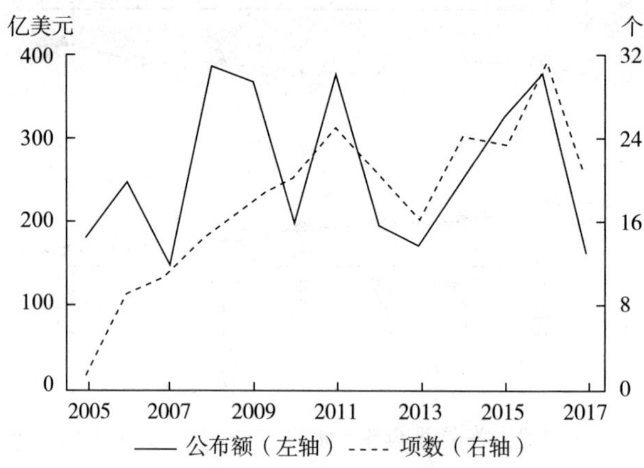

图 13-5　2005—2017 年中国企业跨国并购失败交易规模

结合商务部 2013—2017 年跨国并购成功数据与 CGIT 并购失败数据发现，2013—2016 年，中国企业跨国并购规模与并购项数年均增长 36.77%与 8.74%，同期失败的中国企业跨国并购公布额与项目数年均增长 30.04%与 24.66%，而至 2017 年，中国企业跨国并购活动受限，带动当年中国企业并购成交额、并购失败公布额与交易项数均明显回落，即中国企业跨国并购大规模增长带动并购失败交易同步增长（图 13-5）。因为需对中国企业跨国并购失败案例进行详细分析。

一、对“一带一路”沿线国家跨国并购失败率更高

根据 CGIT 数据库显示，2005—2017 年，中国企业对“一带一路”沿线国家实施跨国并购交易额与交易项数分别占中国企业对世界跨国并购交易额与交易项数的 15.73%与 19.00%，但并购失败率却高于整体。

图 13-6 显示，2005—2017 年“一带一路”沿线国家占中国企业跨国并购失败交易额 24.26%与交易项数 31.49%。因此中国企业对沿线国家跨国并购失败率更高。主要是因为中国对“一带一路”沿线国家投资仍以发展中国家为主，而沿线发展中国家投资环境相对较差，因此与发达国家相比，更易引发投资摩擦甚至并购失败。

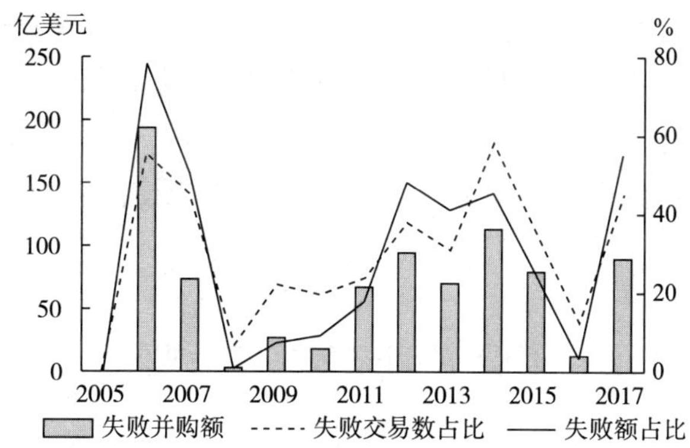

图 13-6　中国企业跨国并购失败交易中“一带一路”沿线国家概况

二、集中于发达国家，且国家并购失败集中度较高

2005—2017 年，中国企业跨国并购失败案例涉及 81 个国家或地区，单项并购失败额最大的是 2009 年中国铝业 195 亿美元并购澳大利亚 18%股份。对涉及东道国的地理特征梳理发现，如图 13-7 所示，无论是并购交易项数还是并购额总数，北美洲、亚洲与大洋洲均合计占比为 63%。其北美洲并购失败交易超过 80%集中在美国，而大洋洲则是超过 95%在澳大利亚。

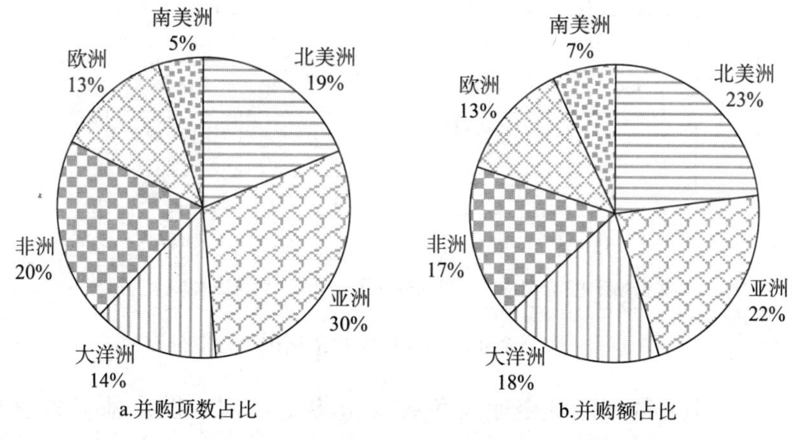

图 13-7　中国企业跨国并购失败案例洲际分布

对并购项目集中地前五大东道国进行统计发现，美国、澳大利亚、伊朗、德国与利比亚是中国企业跨国并购失败最集中的前五大东道国，失败交易额占比 51.07%，交易项数占比 34.6%。且各国失败金额占比均高于其交易项数占比，即五国失败交易平均规模高于整体并购失败交易的平均规模。

三、能源资源类仍是并购失败集中行业

2005—2017 年，中国企业跨国并购失败行业分布中，能源、金属矿产、运输、金融、高新技术与房地产五行业合计占失败并购交易中交易项数与金额约九成比重，其中前三者合计占失败并购交易 65%以上。金融与高新技术作为近年新兴并购行业，尽管平均股权仅为 21.89%与 18.2%，远低于其他行业的持股要求，但近年失败案例上升较快，近年并购失败也有所增长，合计占比两成左右，且超过 60%的高新技术并购失败案例发生在 2013 年以后。同时美国也是中国企业对海外金融业与高新技术业并购失败的主要东道国，占比 40.9%（图 13-8）。

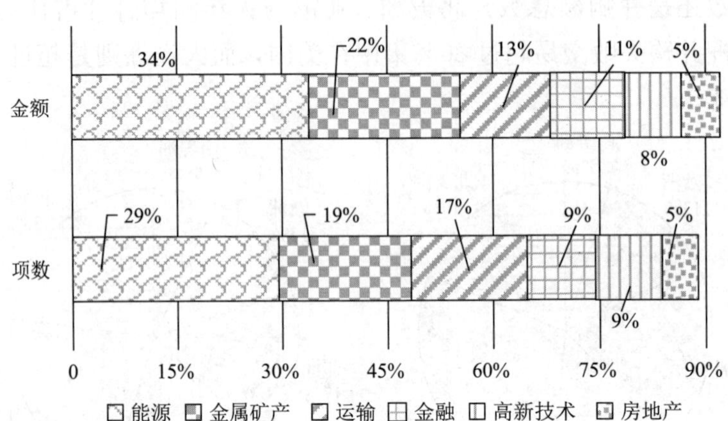

图 13-8　中国企业跨国并购失败案例主要行业分布

美国 CGIT 数据库从企业视角统计世界范围内中国企业对外直接投资规模在 1 亿美元以上的案例，有效弥补了多种公开数据中仅从国家或政府宏观视角统计地区对外直接投资规模的短板，同时单列问题投资统

计，有效显示了对外投资失败中投资对象、所处行业、涉及地区、投资规模等微观视角的相关案例数据。但缺陷经统计交易额在 1 亿美元以上的投资，致使大量中小型交易案例数据缺失。但 2005—2017 年中国跨国投资数据显示，OBOR 倡议对中国企业走出去有明显的政策推动作用，但受限于沿线国家投资环境较差，因此中国对沿线国家并购失败率较高。而整体并购地理偏好于发达国家和地区，失败案例的东道国集中度较高。能源资源业仍是并购失败的高发区。

第三节　实证研究假设

西方学术界对企业跨国并购的实证研究中也包含对影响企业跨国并购成败影响因素的实证分析。这些研究指出，并购企业管理层对并购的合作态度、并购规模、竞争对手行为与企业所有制等因素均对并购成败产生影响。尽管这些研究值得我们参考，但由于：①上述研究多以某一发达国家的企业为研究对象，而这些企业的文化、经济与政治背景均与中国企业相差较大；②上述研究的出发点多为微观层面的金融与管理理论，缺乏制度与产业特征的宏观与中观层面的考虑。考虑到中国企业与西方企业跨国并购中所处的背景不同，因此影响中国企业跨国并购成功的因素与影响西方企业并购成功的因素存在明显差异，西方的理论与实证结果仅能作为参考，需要对影响中国企业海外并购成功的因素进行实证检验。

一、自变量

（一）制度质量对跨国并购的影响

从制度角度来看，制度质量较好的国家通常经济环境也较稳定，跨国公司面临的不确定因素较低，利于跨国并购实施。Yeung2006 年研究指出，母国与东道国的制度质量将对企业国际化战略产生影响。Buckley 等学者 2007 年对中国对外直接投资的研究中指出，东道国的政治风险对中国海外直接投资存在负面影响。Muehlfeld 与 Sahib 2007 年基于全球新闻报纸产业 1981—2000 年的跨国并购数据分析指出，东道国制度质量对海外并购完成概率的影响甚至超过企业自身因素。用于衡量制度质量的指标有多种，引用较多的有 PRS 的国际国家风险指南，自由之家的公民自由与政治权利指标，世界经济论坛的全球竞争力报告，经济合作组织的公共治理与管理项目，联合国公共行政与发展管理司的公共行政与发展计划，世界银行的政府治理与组织质量指标，透明国际组织的腐败感知指数等。Kaufmann 等研究人员对 30 多类指标、数百个参数进行综合，运用全球治理指标（WGI）将 1996—2008 年 200 多个国家或地区的政府治理状况从六个方面量化，并进行标准化处理，其取值与政府质量状况正相关。

本书认为，制度质量较好的东道国营造出了较为稳定的宏观经济政策环境，政府规制跨国并购的法律与法规有章可循，制度体系健全，因此中国跨国公司对该国的企业并购的程序较为清楚，并购过程中遭遇问题的可预测性较强。而在制度质量较低的国家，政府规制对跨国并购干预的可操作空间大，中国跨国公司对该国的企业并购遭遇不确定性较高。如 2009 年中石油并购 Verenex 能源公司的失败原因在于利比亚政府出于“试图自己并购或提高批准费”的目的单方面宣布将与中石油的最后交易期限推迟两个月。因此我们假设：

假设 1：东道国的制度质量对中国企业跨国并购的成功有正面影响。

（二）社会资本对跨国并购的影响

20 世纪 70 年代以来，多个学科开始关注社会资本对企业绩效的影响。如第二章 DUP 理论来源中所描述，社会资本是指组织成员借助其在组织中的特殊位置谋取收益的能力，以关系网的形式存在。社会资本理论认为，“市场失灵”使市场在某些情况下无法实现资源的优化配置，此时经济个体需借助社会资本获取市场外的资源支持其在市场内的竞争。中国企业的海外并购与其国内并购相比面临更大的不确定性与风险，因此更加需要东道国社会资本的支持，降低交易风险，获取当地认可。部分学者研究指出带有非正式人际关系特征的“嵌入型”关系模型源于中国社会的儒家文化，世界各地华裔组成的“关系”网络能够有效减少交易过程中企业面临的不确定性，对中国企业的海外交易具有积极影响（Braeutigam，2003；Erdener 等，2005）。而在实践中，一方面中国企业的政治行为带有明显的“关系”特征，另一方面中国企业的海外投资初期主要集中于华裔人口较多的亚洲地区。其海外交易中东道国的华裔人口成为中国企业的一种重要社会资源，能够帮助中国企业更好地搜集资料，协助其实施政治行为等。基于上述分析，我们假设：

假设 2：东道国华裔人口占比对中国企业海外并购有正面影响。

（三）并购经验因素对跨国并购的影响

西方许多学者就跨国并购经验对跨国并购绩效间的关系进行研究。麦肯锡统计报告中指出，并购经验的缺乏是中国跨国公司海外并购失败率较高的重要原因之一。当制度条件一定时，企业运营过程中的“干中学”能够通过过去经验的积累为其提供独特的资源优势，且这一优势难以被竞争者模仿或窃取。Hymer（1976）认为基于传统经验学习曲线效应，当一项任务被实施的频率越高时，完成的成本越低，实施效果越好。Crossan（1999）指出并购经验将与其他经验被组织吸收形成记忆，成为制度化的组织规则，并随时间推移不断对后续跨国并购活动产生影响。Aanad 和 Khanna（2000）的研究指出并购经验的积累有助于企业在今后的并购交易中预测被并购方的行为与时间，降低并购中可能遭遇的不确定性。Collins（2009）认为与并购经验缺乏的企业相比，拥有经验的企业更易于进行跨国并购，原因在于成功的并购经验给企业未来的并购交易中的障碍提供指导与路径选择。基于以上分析，提出以下假设：

假设 3：成功的跨国并购经验对中国跨国公司海外并购有正面影响。

（四）中国跨国公司控股权方属性对跨国并购的影响

产权是特定社会体制中的一个重要制度特征，社会主义公有制则是中国社会体制中的显著特征。而对于英美等发达国家，其制度质量较高，以私有制为制度基础，对公有制的国有公司普遍存在排斥心理。这些国家普遍认为中国国有企业的对外投资活动中，中国政府的政治意图大于企业的经济意图。中国企业海外并购的主体是国有大型企业，一方面由于中国政府的支持因此具有明显的融资与资金流动性优势，其跨国经验较为丰富；另一方面由于其所有权中的政府属性，使得东道国政府会考虑并购交易中的政治属性，将其视为中国政府授意或政治干预对经济领域的延伸。此时可能存在东道国政府审查阻力或为东道国相关利益集团反对该交易提供政治理由。一般理论认为国有企业在跨国并购中易遭遇东道国政府的干预，因此，引入一个二元虚拟变量，1 表示实施跨国并购的公司或其母公司是国有企业，0 表示实施跨国并购的公司或其母公司不是国有企业。结合中海油竞购优尼科、中铝并购力拓等失败的中国国有企业跨国并购案例，我们猜测国有企业身份对中国企业海外并购形成负面影响。因此提出以下假设：

假设 4：中国实施跨国并购企业的国有身份对并购形成负面影响。

（五）东道国公司非生产性牟利行为对跨国并购的影响及其调节作用

东道国政府为维护自身利益的动机将导致制度非中性，除了通过设定法律限制外资进入本国敏感性行业外，许多国家还经常以国家安全、经济安全、延迟审批日期或交易期限等措施阻碍跨国并购的进行，而这一行为背后普遍存在东道国国内利益集团通过政府干预维护其经济利益的需要。西方国家普遍推崇自由主义与经济民族主义，认为国家安全高于一切经济利益。同时这些国家也认为充分尊重企业利益表达是维护其权益的表现（特别是美国），国内企业政治活动频繁且较为成熟。因国内利益集团卷入导致中国跨国并购失败的案例屡见不鲜，2005 年中海油竞购优尼科过程中，雪佛龙运用其政治资源鼓动多名国会议员公开反对该竞购，且将中海油竞购成功与美国国家经济安全利益受损相联系，借助媒体营造多数国民反对或不赞同中海油并购成功的舆论导向，最终使中海油在美国国会的介入下自动弃权。联想并购 IBM 的 PC 部门也受到美国相关部门的阻挠，其背后也存在美国国内利益集团的干预①。将是否有

① 楼朝明．中美企业间跨国并购的中的“国家经济安全”问题［D］．上海：上海社会科学院，2008.

利益集团卷入作为一个重要的虚拟变量。因此，当东道国国内利益集团卷入时，中国企业的跨国并购难度可能会增加，基于此我们提出以下假设：

假设 5a：东道国国内利益集团的卷入将对中国企业跨国并购产生负面影响。

基于前文论述，由于跨国并购短期内并未增加东道国内的市场规模，相反引入新的竞争者，对行业的分配格局产生冲击。因此作为被并购企业的相关利益集团或中国并购企业的竞争者都有实施政治行为阻碍并购进行或借此与政府进行制度交易获取有利的分配格局。而政府愿与利益集团合作的前提是政府企业间的利益偏差较小[①]。鉴于东道国将对本国敏感性产业实施保护，且对中国国有企业对本国实施的跨国并购将有更多的政治因素方面的考虑，因此提出下列假设：

假设 5b：东道国国内利益集团的政治行为对中国企业跨国并购的负面影响在被并购目标处于东道国敏感型产业时更加突出。

假设 5c：东道国国内利益集团的政治行为对中国企业跨国并购的负面影响在实施并购企业为国有企业时更加突出。

二、控制变量

为增加模型可控性，本节在前述自变量与自变量基础上引入控制变量以期对跨国并购的中国企业的一些相关特征进行控制。

（一）被并购方所处行业

政府作为非中立方，不仅需要追求国家主权的独立也考虑国内利益集团的收益。对国家经济安全的考虑就是保护主权独立性的活动之一。各国政府不仅通过各种法律政策限制外国资本对本国敏感性行业的进入，甚至常以诸多政治理由干扰甚至中断外国资本对本国的并购。同时跨国

① 基恩·M. 格罗斯曼，埃尔赫南·赫尔普曼．特殊利益政治学［M］．朱保华，等，译．上海：上海财经大学出版社，2009.

并购短期内并未增加东道国的资本存量，而只是形成了新的竞争者（并购方）对旧的竞争者（被并购方）的替代，行业竞争秩序与竞争程度受到影响。新竞争者的引入可能导致产业竞争力与战略资源的转移，对东道国内利益集团的收益产生影响。因此当被并购方处于较敏感的产业中，常常会引发当地政府的政治考虑，甚至可能导致当地政府支持国内企业的利益集团对跨国并购交易实施直接或间接的阻碍。尤其是在西方发达国家，对中国企业进入敏感性行业的并购通常采取抵制态度。为识别行业属性对跨国并购的影响，引入虚拟变量，1 表示实施跨国并购的目标企业属于敏感行业，0 表示实施跨国并购的目标企业不属于敏感行业。基于此，提出下列假设：

假设 6：东道国对敏感性产业的保护对中国企业跨国并购存在负面影响。

（二）聘请专业咨询公司

伴随中国企业在国际并购市场上的崛起，中国企业开始越来越重视专业咨询公司在跨国并购中的作用。国际专业咨询公司能对东道国的政治环境、商务环境以及政府企业间的互动模式有较好了解，雇用专业的国际咨询公司能使中国企业更好地熟悉东道国的政治与经济环境，甚至能够为并购企业提供信息分析、媒体策略以及政府游说等专业服务。尤其是中国企业尚处于跨国并购的发展初期，专业咨询公司所提供的服务能有效应付交易过程中的突发状况，降低交易成本。比如中石油并购 PK 公司时聘请伟达公关公司负责搜集与并购相关各方的信息，及时提出媒体策略，引导舆论走向，有效地避免了因媒体关注导致 PK 股价过快的上涨，并且适时通过媒体披露于己有利的哈萨克斯坦政府态度，营造良好的政府企业间互动氛围，为中石油顺利并购 PK 公司发挥了重要作用。基于此，提出下列假设：

假设 7：聘请专业的咨询公司对中国企业跨国并购存在正面影响。

（三）股权比例

中国跨国公司的海外并购中购买目标企业的股权比例有所差异。其中少数股权并购的目的在于获取与股权比例相当的投资收益，而多数股权并购与完全股权并购的目的是在于获取被并购企业的控制权。学者对股权比例与跨国并购绩效间的关系研究多数表明股权比例对跨国并购的绩效具有显著影响。Dunning（1993）与 Erramilli（1997）的研究均指出多数股权并购与完全股权并购与少数股权并购的并购绩效存在显著差异。于丽英、刘磊（2007）对中国企业海外并购的研究指出并购规模对并购绩效的影响随时间发生改变。一般而言，对目标企业股权并购的比例越高，并购后对目标企业的控制程度越严，越容易损害东道国利益，遭遇竞争对手不合作的概率越大，并购企业与目标企业的股东面临风险越大，并购完成的概率越小。因此提出下列假设：

假设 8：预期并购股权的比例对中国企业跨国并购存在负面影响。

第四节 变量与数据来源

一、因变量

尽管中国自 20 世纪 80 年代就开始了跨国并购的实践，中国政府 2000 年正式提出“走出去”战略，2003 年强调加快实施“走出去”步伐，近十年来中国企业两次对外并购浪潮基于国际金融危机与“一带一路”倡议的推行，本研究是以 2005—2016 年间，WIND 数据库中中国企业跨国并购为研究对象，并根据以下标准对样本进行剔除：①并购目标实际被国内个人或企业控制的公司；②中国跨国公司与其海外子公司或控股企业间的关联并购交易；③相关交易信息披露不完全，如无法确定是否交易成功的交易。同时结合投资潮网站、《中国企业并购年鉴》、公司年报与网站数据收集，进行案例的数据补充。本节实证研究的样本为 456 个。通过实证方法，考察公司非生产性牟利行为对中国企业跨国并购的影响。

二、主要自变量

根据上文论述，我们对主要自变量的设定如表 13-1。

表 13-1 模型变量的含义、代码、预期影响与数据来源

变量		名称与代码	对跨国并购的预期影响	数据来源
因变量	收购完成状况	P	—	WIND 数据库、中国企业并购年鉴等
解释变量	制度质量	IQ	正面	PRS 公布的 ICRC 指数
	华人占比	ECP	正面	2009 年海外华侨华人概述官方统计数据
	国际并购经验	IMAE	正面	WIND 数据库、中国企业并购年鉴
	并购企业性质	DOE	负面	WIND 数据库、中国企业并购年鉴
	非生产性牟利行为	DUP	负面	投资潮网站、中国企业并购年鉴等
	产业保护	IP	负面	WIND 数据库、中国企业并购年鉴等

制度质量：制度质量用于衡量东道国的制度环境。考虑到数据的连续性与可获取性，本节实证研究采用 Political Risk Services（PRS）集团的 International Country Risk Guide（国际风险指南）中 2005—2015 年的政治风险指数的量化制度质量。该指标最高分为 100 分，得分越高则表明该国制度质量越好，企业可能遭遇的政治风险越低。

社会资本：中国社会普遍存在以“关系”为特征的社会网络，世界各地华裔组成的“关系”网络能够有效减少交易过程中企业面临的不确定性，对中国企业的海外交易具有积极影响。因此采用东道国中华裔人口占比衡量中国企业在东道国的社会资本。该变量源于《海外华侨华人概述》《全世界海外华人分布总表》以及各国官方数据库。

国际并购经验：哑变量。当并购企业在本次并购前有成功的跨国并购经验时，赋值为 1，其余为 0。根据 WIND 数据库与《中国企业并购年鉴》判定并购企业是否具有并购经验。

并购企业性质：哑变量。选择并购企业是否为国有企业衡量并购企业性质，当并购企业为国有企业时，赋值为 1，其余为 0。根据《中国企

业并购年鉴》、公司网站与年报判定企业是否为国企。

公司非生产性牟利行为：哑变量。根据并购中是否存在公司非生产性牟利行为衡量是否有利益集团卷入。根据投资潮网站、《中国企业并购年鉴》等搜集，无公司非生产性牟利行为存在时赋值为 0，存在公司非生产性牟利行为时赋值为 1。

被并购方所处行业：哑变量。用产业保护衡量被并购方是否处于敏感行业。将资源类与通信类产业归于敏感产业，当被并购企业属于敏感产业时，赋值为 1，否则赋值为 0。

雇用咨询公司：哑变量。根据并购中并购方是否雇用专业国际咨询或公关公司来衡量。根据投资潮网站、《中国企业并购年鉴》等搜集，未雇用咨询公司时赋值为 0，雇用咨询公司时赋值为 1。

股权比例：以并购初期的预期并购股权衡量，对交易过程中并购股权改变不予考虑。用百分比表示，如并购方对目标企业实施完全并购，则记为 100%，数据来源于 WIND 数据库、《中国企业并购年鉴》与投资潮网站。

第五节　研究设计与公式推导

根据前文所述的研究假设、方法与变量，本节研究设计如下。

经济计量模型的因变量通常为连续变量，但在现实经济问题中常有因变量只能取有限个离散值，我们将该种因变量的计量经济模型称为离散因变量模型。在离散因变量模型中，最简单的情况是因变量是二分变量，称为二元选择模型。近年，部分研究学者开始尝试用离散因变量模型对中国企业跨国并购成败的影响因素进行实证研究（张建红，卫新江，海柯．艾伯斯，2010；张建红，周朝鸿，2010；阎大颖，2011；胡彦宇，吴之雄，2011）。本书采用二元选择模型考察中国企业跨国并购完成状况与公司非生产性牟利行为间的关系。

因变量是定性变量的模型也被称之为概率模型。具有代表性的二分因变量概率模型主要有 Probit 模型（正态模型）、LPM 模型（线性概率模型）与 Logit 模型（逻辑模型）。LPM 模型的优点是便于计算，但其缺点是假定因变量为1的概率随自变量的改变线性增加，即自变量的边际效应保持不变。但这点与跨国并购的事实不相符，如在完全自由竞争的行业中，由于利益集团十分分散，其政治行为难以对跨国并购的成败产生直接影响，但在完全垄断行业，尤其是东道国企业与政府利益密切的垄断行业，公司非生产性牟利行为较少的边际投入就能换取政府较大的支持，公司非生产性牟利行为对该行业的跨国并购影响明显。Probit模型要求样本严格服从正态分布，Logit模型不需严格假设条件，适用范围更广。尤其是当因变量为二分变量时，其残差项可能存在异方差问题，难以确保估计值位于单位区间内，而Logit模型恰是针对这种缺点发展出来。由于Logit模型相对简单，因此采用该模型①。

本章采用Logit模型，以中国企业跨国并购的成败为因变量，以东道国与中国的制度距离、东道国华人占比、并购企业国际并购经验、并购企业属性（是否为国企）、东道国公司非生产性牟利行为、被并购企业所处产业属性（被保护程度）、并购企业雇用专业顾问、预期并购股权比例为自变量，进行计量分析，以确定公司非生产性牟利行为对中国跨国公司海外并购的影响。同时为有效衡量东道国公司非生产性牟利行为对中国企业跨国并购成败的影响，不仅将东道国公司非生产性牟利行为作为自变量讨论，还将公司非生产性牟利行为与并购企业的性质以及目标企业所在产业作为交互项引入模型进行分析。

对于给定的 y_i，P_i 表示并购完成的可能性，Logit曲线存在拐点。拐点的左边，P_i 随 y_i 增加以递增的速度增大，拐点的右边，P_i 随 y_i 增加以递减的速度增大。

跨国并购交易 i 完成的可能性的 $P(i)$ 表达式：

$$P(i)=\frac{1}{1+e_i^{-y}} \tag{13-1}$$

$$y_i=a+\sum\beta_i x_i+\mu \tag{13-2}$$

e 为指数函数，y 作为因变量有0和1的两个类别，x_i 为自变量，β_i 为其对应系数，代表该变量对成功概率的边际效应。中国企业跨国并购的

① 达摩达尔·N. 古扎拉蒂．计量经济学基础［M］．北京：中国人民大学出版社，2005.

趋势概率可表示为：

$$P(y)=P(y\leqslant l|x)=\frac{e^{(\alpha+\sum\beta_i x_i)}}{1+e^{(\alpha+\sum\beta_i x_i)}} \tag{13-3}$$

方程（13-3）为累积逻辑分布函数，随因变量取值，自变量与其为非线性关系。从方程（13-1）可得，自变量不仅对因变量是非线性的，对诸多参数均为非线性关系，因此不能用普通最小二乘法去估计参数。

如跨国并购成功的趋势概率 P 由（13-1）给出，则不成功的趋势概率 $(1-P)$ 由下式给出：

$$(1-P)=\frac{1}{1+e^{y_i}} \tag{13-4}$$

由此可得

$$\frac{P(y)}{1-P(y)}=e^{y_i}=e^{(\alpha+\sum\beta_i x_i)} \tag{13-5}$$

即 $\frac{P(y)}{1-P(y)}$ 为跨国并购成功的机会概率，即一项跨国并购成功的概率与失败的概率之比。对方程（13-5）取自然对数可得

$$L_i=\alpha+\sum\beta_i x_i \tag{13-6}$$

方程（13-6）是 Logit 模型。β_i 与 γ_k 分别表示自变量 x_i 与控制变量 z_k 每单位的变动导致 L_i 的变化程度。若 $L_i>0$，则当自变量增加时，因变量取 1 的概率也增加；若 $L_i<0$ 时，当自变量增加时，因变量取 1 的概率将减少。

在进行估计时，须将式（13-6）改写为

$$L_i=\alpha+\sum\beta_i x_i+\mu_i \tag{13-7}$$

本章将因变量划分为并购成功与并购失败两类，用于衡量企业跨国并购完成状况：并购成功即为 1，否则为 0。

第六节 对 Logit 模型估计与检验

线性回归中通常采用最小二乘法使因变量的观测值与模型估计值间的离差平方值最小，但由于 Logit 模型更为复杂的非线性估计使得 OLS

与加权最小二乘法不可行，而采取最大似然估计（Maximum Likelihood Estimation MLE）。在进行 MLE 前需建立似然函数（likelihood function），将观测数据的概率表达为未知模型参数的函数。模型参数的最大似然估计使这一函数值达到最大的参数估计值。给定某一个跨国并购案例，我们无法观测到概率，而只能观测到结果，而每个结果观测值的逻辑密度函数相同，由于各观测值相互独立，所以其联合分布可表示为各边际分布的乘积：

$$L(\theta =)f(Y_1,Y_2,\cdots,Y_n) = \prod f_i(Y_i) \tag{13-8}$$

将联合密度函数改写为个体密度函数乘积后其自然对数，可得对数似然函数

$$\begin{aligned}\ln f(y_i) &= \sum[y_i \ln P_i + (1-y_i)\ln(1-P_i)] \\ &= \sum y_i(\alpha+\beta x_i) - \sum \ln(1+e^{\alpha+\beta x_i})\end{aligned} \tag{13-9}$$

在 MLE 中，我们使对数似然函数最大化，即通过使观测值的概率尽可能最大，从而获得未知参数。因此对式（13-9）求偏微分，并令其为 0 后求解。需要注意的是模型中的因变量是机会概率的对数，模型概率满足逻辑分布。对于个体水平的观测数据，只能使用非线性估计方法来估计参数。

估计结果见表 13-2 与表 13-3。

表 13-2　各相关变量系数矩阵

	IQ	ECP	IMAE	DOE	DUP	IP	CON	SR
IQ	1.00							
ECP	−0.111***	1.00						
IMAE	−0.016	−0.015	1.00					
DOE	−0.172***	−0.168	0.262***	1.00				
DUP	0.034**	−0.073***	−0.07	0.286**	1.00			
IP	0.072	0.023	−0.03	0.131**	0.122	1.00		
CON	0.088***	0.012	0.122***	0.213***	0.041	0.146***	1.00	
SR	−0.047**	0.116	0.027	−0.113**	0.006	−0.189***	0.046**	1.00

注：***表示在 0.01 水平上显著，**表示在 0.05 水平上显著，* 表示在 0.1 水平上显著。

在进行模型估计值前，对模型的每个自变量的相关性进行检验，如表13-2所示，不包括交互项在内的所有相关系数均在低于0.7的临界值内。同时运用VIF（方差膨胀因子值）进行共线性检验，模型中的VIF值（不包括交互项）均在1～2之间，远低于5的临界值，因此模型选取的变量间不存在共线性问题。

关于公司非生产性牟利行为因素调节作用的估计，通常的做法是对交互项变量的系数回归后，据此判断调节变量的作用，但这种方法由于交互项的引入改变了模型的性质，因此并不合适[①]。包含交互项模型的预测变量与调节变量的回归系数不应按照简单的加性模型的方式进行解释。如一个原本包含 x 和 z 两个自变量的加性模型为

$$y = \alpha + \beta x + \gamma z$$

引入交互项后，交互模型为

$$y = \alpha + \beta x + \gamma z + \zeta xz$$

$\frac{\partial y}{\partial x} = \beta + \zeta z$，即加性模型中 x 对 y 的效应为 β，不依赖于 z，但在交互模型中，x 对 y 的效应依赖于 z。即 x 对 y 的边际效应是 z 的线性函数，评价交互模型中的调节变量的作用应考虑 $\beta + \zeta z$ 的综合作用，即调节因素是否显著是由 β 与 ζ 的方差、协方差以及 z 而定，而非单纯依靠 ζ 进行判定。

表13-3给出了模型的估计结果。模型的系数估计中，每个系数为偏斜率系数，衡量了当其他自变量不变时，该自变量变动一单位所引起的概率估计值的变化。

模型Ⅰ是引入控制变量与所有解释变量的结果，主要功能是判断解释变量对中国企业跨国并购成功概率的直接影响。模型Ⅱ至模型Ⅳ则分别给出了引入交互项公司非生产性牟利行为与企业性质、公司非生产性牟利行为与产业保护、企业性质与产业保护的估计结果，主要功能是判断公司非生产性牟利行为对跨国并购完成概率的调节作用。

在模型Ⅰ中，制度质量的系数是正数，但这一正相关关系不显著，

① Brambor, T., Clark, W. R., Golder, M.. Understanding Interaction Models: Improving Empirical Analyses [J]. Political Analysis, 2006, 14 (1): 63-82.

不足以支持假设1。并购股权的系数为负数，但不显著，不足以支持假设8。华人占比、国际并购经验、并购企业性质、公司非生产性牟利行为、目标企业的产业保护、雇用国际顾问等的系数符号均与假设相吻合，且相关关系在模型中显著，这一结果能够支持假设2至假设7。在引入交互项的模型Ⅱ至模型Ⅳ中，模型Ⅱ中交互项公司非生产性牟利行为与企业性质的系数为正数，但不显著，不足以支持假设5c。模型Ⅲ中交互项公司非生产性牟利行为与产业的系数为负数，且显著，足以支持假设5b。模型Ⅳ中企业性质与产业保护的系数为负数，且显著。

表13-3　模型估计结果

	模型Ⅰ		模型Ⅱ		模型Ⅲ		模型Ⅳ	
	系数	标准差	系数	标准差	系数	标准差	系数	标准差
α	−0.036	0.251	−0.048	0.214	−0.332	0.237	−0.172	0.226
IQ	0.004	0.008	−0.006	0.042	−0.007	0.13	0.008	0.135
ECP	0.211*	0.101	0.289*	0.164	0.257**	0.086	0.167*	0.13
IMAE	0.652***	0.186	0.461**	0.212	0.402***	0.137	0.417**	0.086
DOE	−0.164*	0.2	<u>−0.056***</u>	0.408	−0.301**	0.194	<u>0.139</u>	0.243
DUP	−0.149**	0.165	<u>0.018**</u>	0.153	<u>−0.409***</u>	0.135	−0.142*	0.103
DUP×DOE	—	—	0.032	0.027	—	—	—	—
DUP×IP	—	—	—	—	−0.016*	0.012	—	—
DOE×IP	—	—	—	—	—	—	−0.071*	0.06
IP	−0.173*	0.089	−0.131*	0.1	<u>−0.113*</u>	0.056	<u>−0.162*</u>	0.156
CON	0.397**	0.177	0.418**	0.178	0.450**	0.197	0.403**	0.187
SR	−0.047	0.061	−0.047	0.065	−0.044	0.062	−0.048	0.069

注：①由于引入交互项，模型Ⅱ至模型Ⅳ中下划线的数据不可作为变量判断证据；

②***表示在0.01水平上显著，**表示在0.05水平上显著，*表示在0.1水平上显著。

一、制度质量的影响

根据模型估计结果，我们发现制度质量在四个模型中均不显著。这可能是由于：①尽管东道国较高的制度质量能够提高并购过程的预期，降低政治风险，但由于中国企业作为跨国并购的初学者[①]，尽管其倾向选择制度质量较高的东道国实施跨国并购（如图 13-1 和图 13-2 显示 36.44％的意向并购发生在美国、澳大利亚、新加坡、加拿大、英国、日本与德国等北美与欧洲的发达国家或地区），但由于其多为初次并购，仍对东道国的政治经济环境不熟悉，较高的制度质量并不能有效地降低中国企业跨国并购的成本，因此其对并购成功率的影响并不显著。②尚处于发展初期的中国企业跨国并购并未全面考虑东道国制度质量的影响，即中国企业的跨国并购对东道国的制度因素尚不敏感，这使得中国企业走出国门的过程中面临较大的潜在政治风险，也意味着在不少跨国并购过程中中国企业对政治行为的疏忽导致竞争对手或东道国国内利益集团能够通过政治行为获取先发优势，导致中国跨国并购的失败或增加跨国并购的成本。③近年来中国出于外交与能源获取等战略需要的考虑，尤其是对能源方面的考虑，加大了对非洲与拉丁美洲国家的经济援助。这种政府护航，国有企业主导，带动双方经贸往来的发展模式使中国与非洲和拉丁美洲国家的政治、经济形成良好互动。这种模式有效地弥补了东道国制度质量的不足，甚至由于中国企业在该领域的制度建立者的身份使其获得了制度优势。

二、华人占比的影响

四个模型中，华人占比对中国企业跨国并购的影响与假设一致，且分别在 10％、10％、5％与 10％的水平显著。有效地支持了社会资本有助于跨国并购成功的假设，这也从侧面反映出公司非生产性牟利行为对跨国并购的影响。中国企业实施的政治行为带有典型的“关系”特征，在华人聚集的区域，中国企业能够通过非正式人际关系特征的“嵌入型”关系有效减少交易过程中企业面临的不确定性（Braeutigam，2003；Erdener等，2005）。如从并购存量角度看，近 60％的跨国并购发生在亚

① 案例数据显示，中国实施跨国并购的企业中有近四成的并购案例由首次进行跨国并购的企业实施。

洲，华人社会资本的影响占有重要因素。海外交易中东道国的华裔人口作为一种重要社会资源，能够帮助中国企业更好地搜集资料，协助企业实施针对东道国政府的政治行为，同时降低东道国国内公司非生产性牟利行为对中国企业产生的负面影响。

三、国际经验的影响

四个模型中，国际经验对中国企业跨国并购的影响与假设一致，且分别在1%、1%、1%与5%的水平显著。有效地支持了跨国并购经验有助于跨国并购成功的假设。

四、企业性质的影响

实证结果表明企业性质在模型Ⅰ与模型Ⅲ中均对并购成功产生显著的负面影响。这也与图13-4中相符，当并购企业为国企时，其并购成功率最低。而通过子公司实施并购的成功率最高，私营企业实施并购的成功率紧随其后。这也意味着中国国有企业的海外并购更易遭遇非经济因素的干扰，东道国政府对国有企业身份属性的顾忌增加了其并购实施的难度，这也成为不少东道国企业反对中国企业对本国并购的借口之一。同时通过模型Ⅳ中交互项可以看出，企业性质与产业保护对跨国并购的成功率有显著的负面影响。

五、东道国公司DUP的影响

在模型Ⅰ中，东道国的公司非生产性牟利行为对中国企业跨国并购存在负面影响，且在1%的水平显著。模型Ⅱ与模型Ⅲ则分别给出了引入交互项公司DUP与企业性质、公司DUP与产业保护的估计结果，主要功能是判断公司非生产性牟利行为对跨国并购完成概率的调节作用。模型Ⅱ中的交互项不显著，原因可能在于实际收购中60%的跨国并购通过子公司完成，这一实施背景有效地减少了各方的消极反应，降低东道国政府与企业对国有身份属性的敏感，同时子公司还能获取母公司的支持。在研究数据中，国有企业通过子公司实施并购的成功率较其直接实施并购的成功率高 7 个百分点。模型Ⅲ中的交互项在 10%的显著水平上对中国企业跨国并购成功有负面影响，与假设 5b 一致。根据研究数据显示，排除金融业的并购外，中国企业在原材料、能源与通信等东道国较为敏感性行业的并购集中，尤其是中国国有企业偏好资源类的并购。敏感性行业多为带有垄断色彩，东道国政府出于国际经济安全与国内利益集团的考虑对敏感性行业保护较多，对中国企业，尤其是带有政府背景的国有企业或国有控股企业对这类行业的进入较为敏感。此类行业中的公司非生产性牟利行为更易引起东道国政府的关注与考虑，甚至对利益集团的额外关注①使该行业的公司非生产性牟利行为的绩效更为明显，因此交互项对中国企业跨国并购存在显著负面影响。

六、控制变量的影响

控制变量的产业保护这一变量在模型Ⅰ与模型Ⅳ中均在 10%的显著水平上对中国企业跨国并购成功有负面影响。聘期国际顾问公司这一变量在模型Ⅰ与模型Ⅳ中均在 5%的显著水平上对中国企业跨国并购成功有正面影响，这一点也从侧面表明公司非生产性牟利行为对中国企业跨国并购存在影响。国际著名的咨询公司由于其丰富的并购经验，能够及时有效地为并购企业提供专业的咨询，防范东道国企业可能采取的政治行为，降低其负面影响，同时为并购企业实施政治行为提供策略参考，提高其正面影响。并购股权这一变量在模型Ⅰ与模型Ⅳ中尽管系数符号与预测一致，对并购存在负面影响，但并不显著。

第七节　本章小结

本章中，我们从影响中国企业跨国并购成功概率的相关因素进行实

① 唐宜红，徐世腾．政府对利益集团收入的关注与贸易摩擦的形成——基于贸易政策的政治经济学分析［J］．国际贸易问题，2007（6）：14-18.

证检验。不仅分析东道国公司非生产性牟利行为对中国企业跨国并购成败的直接影响，还在扩展模型Ⅱ至模型Ⅳ中引入交互项分析东道国公司非生产性牟利行为对中国企业跨国并购成败的调节作用。

模型Ⅰ、模型Ⅲ与模型Ⅳ中东道国公司非生产性牟利行为均对中国跨国并购产生显著的负面影响。并且自变量中的华人占比与控制变量中的雇用国际专业咨询公司均能从侧面反映公司非生产性牟利行为对跨国并购的影响。华人占比反映出企业在东道国的社会资本，由于华人特有的“关系”型的非正式社会网络特征，使东道国的华人能够运用其社会资源为中国企业提供服务，而专业的咨询公司则借助其专业知识与交易经验提高企业并购策略的有效性，两者均能有效降低东道国公司非生产性牟利行为对中国企业跨国并购的负面影响，并提高中国公司非生产性牟利行为对其跨国并购的正面影响。

本章分析的结果表明，制度质量的系数符号尽管与假设一致，但对中国企业跨国并购并不存在显著影响。企业在东道国的社会资本、已有的国际并购经验与交易中聘请专业的国际顾问公司均能对中国企业的跨国并购产生显著的正面影响。而并购企业的国有身份属性、东道国的产业保护以及并购企业性质与东道国产业保护的交互项均对中国企业的跨国并购产生显著的负面影响。而并购股权尽管系数符号与假设一致，但影响并不显著。

第十四章　主要结论与建议

第一节　主要结论

无论是在中国这样的转型经济国家，还是西方发达的市场经济国家，政府对经济的干预无处不在，这一有形之“手”对经济的发展与企业的经营产生了深远影响。而一个企业获取成功的基础不仅在于运营好企业内部，其与政府关系的良性互动更能为企业的市场活动提供良好的外部环境。越来越多的案例证明政府与企业间的关系对企业拥有和能够运用的资源以及政策的多寡有着关键性作用，影响企业的生存空间。

大量的研究议题一直都是围绕跨国公司的行为进行。随着国际经济环境的竞争日益加剧与跨国公司行为对东道国政府主权独立性的侵蚀，传统的对外投资理论已经难以有效解释跨国公司的行为，尤其是其政治行为。而DUP理论的诞生恰好弥补了传统投资理论不足。本书是在引入DUP理论的基础上，通过归纳演绎法、比较分析法、规范分析法与实证研究法相结合，系统地对跨国公司DUP与东道国政府规制及两者相互影响的问题进行讨论，不仅有重要的理论意义，也具有迫切的现实意义。通过共八个章节的研究，得到以下主要结论。

第一，对DUP理论的发展进行了系统梳理，并对DUP理论的特点与其福利效应进行重点分析。本书认为，分析跨国公司DUP的福利效应与一般均衡模型是研究跨国公司DUP的基础。首先对DUP的概念进行界定，总结出其特点为：政治性、资源消耗性、较高获利性、零产出性与综合效应不确定性。其次对以合法DUP获取收益、以合法DUP寻求干预与以非法DUP逃避干预的三种代表性DUP进行福利分析，发现DUP对社会福利的效用不能一概而论，即既可能存在产生福利改进的次优结果，也可能导致社会福利恶化。因此，在此基础上用二分法将 DUP 分成四类，第 I 类和第 II 类可能实现福利改善，第 III 类与第 IV 类则使福利恶化。

第二，对跨国公司的 DUP 特点进行考察，包括行为主体分类，跨国公司实施 DUP 的动机，跨国公司 DUP 的表现方式，跨国公司 DUP 对企业绩效的影响，以及跨国公司与东道国间的相互影响机制。分析表明，跨国公司实施 DUP 的根本目的是为了同东道国政府进行制度交易，从而获取更多的垄断租金，与东道国政府间的目标差异、向政府有效传递信息、降低现有政策的负面影响、影响政府未来政策走向以及弥补政府企业合同的不完整性是跨国公司实施 DUP 的主要动因。而跨国公司实施 CAP 行为包括商业谈判、政治合作、政治游说以及商业贿赂等四种主要方式。跨国公司 DUP 对其绩效的影响受到东道国的政治环境、制度因素、政府偏好以及相关利益者的行为的综合影响，难以一概而论。另外根据跨国公司与东道国政府间既相互合作又相互冲突的现实关系，构建跨国公司与东道国相互影响的模型。东道国通过规制跨国公司的行为以实现其引资效益最大化，跨国公司也相应做出反应，试图影响东道国的政策制定的过程。

第三，通过梳理早期经济学对政府规制的认识，述评规制公共利益理论、公共选择理论、利益集团理论、激励性规制理论和规制公共实施论等政府规制理论，对东道国对跨国公司并购行为规制的必要性与方式展开讨论。研究发现，保护市场竞争秩序、保护本国民族产业、维护国家安全与保护国家主权独立与完整是东道国规制跨国公司并购行为的主要目的。而具体的规制方式又可划分为针对跨国公司垄断的规制、针对跨国公司外部性的规制与对跨国公司信息不对称的规制三方面。同时对发达国家与发展中国家对跨国公司行为的规制进行对比分析。

第四，在分析企业 DUP 与政府规制内在共生性后构建企业 DUP 与政府规制的一般均衡模型。具体包括东道国外商直接投资政策调整对跨国企业投资决策的离散时间模型，不断放宽未预料的外资政策调整期数，同时结合中国外资政策调整对来华外资流入影响发现，未预料到的政策调整与使其增加均对企业投资决策有负面影响。而在企业 DUP 影响东道国政府规制模型中，遵循前文对DUP是否合法的分类，探讨企业合法DUP与非法DUP对TRIMs制定的影响，以及跨国公司DUP对TRIMs实施影响。

第五，通过分析中国跨国并购的成功情况、国家分布、洲际分布、产业分布与企业属性分布等了解中国跨国并购成功率的影响因素，并在此基础上构建中国企业跨国并购成功概率的Logit模型。研究发现，东道国的公司非生产性牟利行为对中国企业跨国并购存在显著负面影响，东道国公司非生产性牟利行为与产业保护的交互项对中国跨国并购的成功率也存在显著的负面影响。此外研究指出东道国华人占比、中国企业跨国并购的国际经验与聘用国际顾问公司均对中国企业跨国并购成功率产生显著正面影响，并购企业性质对并购成功率产生显著负面影响。东道国制度质量与预期并购股权的影响与假设符号一致，但并不显著。

第六，通过分析中国跨国并购概况以及中国公司非生产性牟利行为的特征，并结合跨国并购案例中中国企业DUP的实施经验，总结中国企业跨国并购中DUP特征及其影响。结合前文的理论分析与实证研究，在明确规范中国企业跨国并购中DUP目标的基础上，分别从政府、企业与社会三个层面提出规范中国企业DUP的政策建议。

第二节　提高中国企业跨国并购中DUP效用的措施

一、中国企业跨国并购中DUP的目标

长期以来中国企业对DUP方面的疏忽与不规范，不仅增加了中国企业跨国并购可能遭遇的风险，同时也给竞争对手以可乘之机，增加了并购过程中的不确定性与交易费用。但我们必须清楚地认识到中国企业只有“走出去”才能真正主动地运用国际资源，而非被动地等待国际资本的选择。实施跨国并购是中国企业实施全球化战略的必经之路。通过分析不难看出，有效实施DUP能够提高企业的福利。尽管各国尚未统一DUP的规制目标与模式，但东道国规制跨国公司DUP的目的在于保护

东道国自身利益不受损害，同时引导跨国公司行为，使其行为利于引资效益最大化。

在这一共同目的的指导下，不同国家由于利益考量不同，具体的措施也不尽相同。如发达国家规范企业 DUP 的主要目的在于实现经济公平，提高资金利用效率，维持相关利益方的利益平衡。而发展中国家规范跨国公司 DUP 则需要在市场公平与效率的基础上，避免 DUP 的不规范性，甚至违法性，同时注重 DUP 对企业并购交易乃至企业绩效的重要性。

因此在中国企业跨国并购中实施 DUP 的目标是：①中国企业明确关于 DUP 的制度属性与伦理属性的合理认知，了解 DUP 与企业商业效应的相关性，合理合法实施 DUP；②通过 DUP 与并购过程中相关利益方合理互动，有效降低潜在风险，避免隐性风险显性化，显性风险扩大化；③通过 DUP 与东道国政府形成有效互动，降低企业在东道国的外来者劣势与并购的不确定性。整体而言，就是实现 DUP 对中国企业跨国并购的正面影响最大化，负面影响最小化。

二、规范中国企业跨国并购中 DUP 的有关建议

通过实证分析与案例研究不难看出，失败的 DUP 对中国企业跨国并购存在一定的负面影响，但如果中国企业自身能够有效实施规范性的 DUP，同时加以政府层面的支持，也能够为企业的跨国并购获取一定的竞争优势，消除东道国的疑虑与偏见，降低交易可能遭遇的政治风险。因此，为实现上述中国企业跨国并购中 DUP 的目标，应从政府、企业与社会三个层面开始着手。

（一）政府层面

全球经济不景气，保护主义重新抬头，欧美国家设置的保护壁垒更加具有攻击性与不透明性，对此中国企业很难再按照常规的市场措施处理，而需要政府与企业联合重新审视跨国投资战略，强化企业主动防御功能与规避风险措施。中国企业面临的东道国安全审查，不仅有欧美成熟市场因次贷危机为保护本国企业而做出的刁难性反应，同时也有源自

印度等新兴国家的跟风。在中国企业国际化发展的进程中，多方利益博弈已成为掣肘中国企业海外发展的瓶颈，中国企业的海外发展需要强有力的政治后盾以拆解东道国的保护壁垒，降低其投资风险。

1. 加大经济外交，保护海外合法利益

由于中西方文化差异以及政治意识的偏见，要消除西方国家对中国企业尤其是包含国有股份企业的偏见，必须依靠中国政府长期的外交活动。因此中国政府一方面应该大力推进经济外交，开展各经济领域与世界各国的合作，像其他国家传达中国追求和平的发展理念。同时强调中国的经济发展，尤其是中国企业对东道国的投资将是双赢的经济活动，为中国企业进行跨国并购提供良好的国际政治与经济环境。经济外交具体包括两层含义：一是指政府通过经济手段以实现特定的政治意图或战略意图；二是指注重发展本国同各国的经济关系，以外交手段处理经济事务，维护国家权益，增进国家利益，最终实现本国经济的发展。本节侧重第二层含义，即当中国企业跨国并购遭遇阻碍时，由政府出面，通过外交手段，降低东道国政治干预的负面影响，维护企业的合法权益，促进并购的顺利进行。具体而言，政府应积极参与国际经济制度的制定，以确保获取与其经济实力相匹配的国际规则话语权。

同时政府还应加强国家间的宏观政策的协调，避免政策冲突。次贷危机与欧债危机后，全球经济陷入缓慢复苏阶段，各国为促进本国经济复苏，纷纷出台相关政策刺激经济，但这些政策可能会造成彼此冲突，或损害他国投资者的利益。在承认国家主权与国家利益的基础上，政府间应加强政策的相互协调，避免政策效果相互抵消，降低政策对他国投资者的负面影响，以此树立中国在国际舞台上的形象，部分消除他国对中国企业的偏见。

2. 给予中国企业跨国并购更多的支持

无论是政治权利还是经济实力，政府通常比企业更具竞争优势与谈判筹码。中国驻各国的大使馆能够与东道国政府进行有效沟通，掌握政治动态，了解相关政策法规的走向；同时也能与东道国企业广泛接触，获悉企业第一手资料。因此在跨国并购的过程中，中国政府有着不可代替的作用。

政府层面上应多方面给予中国企业跨国并购更多的支持：①成立促进对外投资的权威信息机构，通过官方向国内企业全面介绍国外投资环境与商业习惯，深化东道国投资环境的评估工作，降低并购企业的信息成本，减少不必要的经济损失。②部门层面上应加强部门间的管理与相互协调，完善部门间的信息沟通制度，定期会商相关事宜，及时把握信息，科学预见潜在风险。主管部门与驻外使馆做好信息服务工作，构建公共信息平台，实施信息披露制度，保证国内外信息通畅。③以政府部门为沟通桥梁，及时向企业通报最新的跨国并购状态，加强企业间并购经验的交流，加强国际并购经验对并购的正面影响，给予宏观性的政策指导。必要时，由政府出面向东道国政府进行游说，以政治外交支持企业的商业活动，保护对中国企业合法的国外资产。④设立境外中国企业安全保护基金，政府、金融机构与企业共同分担境外投资风险。一旦发生涉及境外中国企业资产安全的事件，可动用该基金以减轻企业负担。

（二）企业层面

1. 熟悉并遵守东道国的法律与法规

世界上多数国家对跨国并购一般持肯定态度，政府对于跨国并购的干预通常是出于国家利益的维护。只有当跨国并购可能影响东道国正常的竞争秩序或形成垄断威胁时，东道国政府才会通过制定法律法规规范企业行为，或通过行政干预延缓或中断并购交易的进行。各国对跨国并购的具体规制不尽相同，但都是基于其在世界竞争市场上的经济地位制定的。当一国企业竞争力较强，那么该国政府对跨国并购的容纳度就较高，审查标准上将偏向竞争标准，制定的法律法规也会相对宽松。但当一国企业竞争力较弱，需要国家介入并保护时，该国对跨国并购的容纳度将有所降低，对国外资本流入的规制较多。但无论东道国政府具体的法律法规如何，面对东道国的第一道法律关卡，中国企业应在并购实施前就详细了解东道国相关的法律规定，主动收集、整理、分析并跟踪东道国的产业政策、并购政策，以及对跨国并购的限制性规定。尤其是并购审查法律及其执行机构、并购审查标准、门槛、程序以及其他一些特殊规定。通常情况下，东道国政府对规范国际资本流入本国的第一道法律屏障有较为详细的说明与透明的执行标准和程序，企业应该熟悉并严格遵守相关的法律法规，避免初次进入东道国便与政府发生直接的利益冲突，及时履行东道国政府规定的义务，以合作的态度顺利通过东道国法律方面的审查，为日后构建良好的政府企业间关系做好铺垫。

2. 进行文化公关

当东道国政府感觉并购交易将对本国国家利益产生威胁时，将对该次跨国并购实施审查，实际上这一行为也在释放东道国政府对于该次交易的政治考虑，即国家安全审查将作为外国资本进入东道国的第二道关卡。当并购企业收到东道国政府对本交易进行国家安全审查的信号时，应及时有效地进行信息反馈。有效的反馈渠道之一便是积极进行跨文化的国际公关，即以各种手段向东道国政府、民众、国会与媒体进行公关，促使跨国并购的国家安全审查得以通过。在进行公关时，企业可以向东道国驻华使馆、华人商会等机构寻求帮助①，也可以聘用在东道国政界具有影响力的人士作为顾问或对东道国政府进行游说②，而更为有效的办法是聘请国际专业的公关公司进行专业的国际跨文化公关、资料收集与备选方案的提供。

国际公关公司通常具有丰富的跨国并购经验，并且对东道国的政治环境与商业惯例较为熟悉，能对并购交易中相关利益者的关系进行科学分析，依据其专业知识与实践经验提出针对该项交易的公关方案。在公关公司的指导下对东道国的政府、民众与媒体进行游说与舆论宣传，能够让东道国的民众充分了解并购交易的商业动机，降低政府的政治疑虑，消除东道国对并购企业的误解，能在一定程度上减缓跨国并购的阻力。如中海油前任董事长傅成玉在总结中海油竞购优尼科的失败时就提出实施跨国并购，应在公共关系与政治游说方面有所加强。与此相对比的是中石油并购PK公司的过程中，就雇用了专业的公关公司进行资料收集与信息处理，并在并购实施前后都有较为完善的针对相关利益集团的跨文

① 《2012年中国企业对外投资调查报告》显示：55.8%的海外投资企业曾求助于中国驻当地领事馆，45.4%的企业曾求助于当地华人商会组织。

② 《2012年中国企业对外投资调查报告》显示：32.6%的海外投资企业雇用当地有处理政治风险能力的人员或公司进行游说。

化公关计划。

以美国企业为例，企业十分重视参与国会立法，派出专门代表常驻华盛顿，通过合法的游说活动公开实施公司非生产性牟利行为（Keim, Zeithaml and Baysinger；1984）。日本跨国公司在美国的 DUP 则是很好的榜样。日本在美国设立了专业的公关公司，长期雇用律师、前政府官员、政府顾问等人向美国政府进行游说，同时借助美国舆论网络进行有效的公司非生产性牟利行为。参考美、日等跨国企业的公关特点，中国在实施跨国并购之前应先研究交易能够给本地市场带来的利益以及当地的公共关系，并据此借助其他机构的帮助，制订切实可行的跨文化公关计划。

3. 加强与利益相关者的沟通

在跨国并购过程中，并购主体与目标因其不同的政治经济背景，拥有不同的利益诉求，而并购只有在能够实现各方利益目标时才可能获得成功。当并购目标与其资产位于不同国家时，将涉及多国间的复杂利益关系，此时更需要并购目标所在国与其资产所在国进行沟通。而在并购实施过程中，与政府相关部门的充分沟通是建立双方互信的前提条件，也是获取政府对于并购态度，据此调整并购战略的基础。联想能够通过美国 CFIUS 的安全审查，最终顺利实施并购与其有效的游说不可分割。与利益相关者具体的沟通方式因随交易需要而及时调整，但应注意基本的要求：①游说行为应与所在国的行为方式相符，把握沟通重点，最好是能够建立包含东道国因素的游说队伍，以加强游说被接受的可能性。②游说应符合时间原则，即对政客的游说只有在其公开发表意见前才可能有效，如中海油竞购优尼科案例中，尽管中海油聘请了专业的国际游说团队，但游说是在政府公开发表意见后才实施，因此收效甚微。③游说需吸引公众关注，只有在获取公众关注后才有可能向公众有效传递其偏好的信息，同时也可借助公众关注向政府施压。与相关利益者的有效沟通能使并购获得来自政府、民众与媒体最大限度的支持，从而在一定程度上消除政治阻力与大众顾虑。

4. 重视国际经济软法

国际经济软法兴起于 20 世纪 90 年代，是指不具有法律约束力，但能产生实际效果的一系列国际文件。尽管违背其规则并不带来直接国际责任，但国际软法通常代表国际社会的主流意见与看法，能带来舆论或政策导向方面的影响，因而能直接影响企业行为效果。国际软法通常由发达国家制定并倡议，并代表这些国家的政策倾向，遵从这些规则有利于缓解中国企业与发达国家政府间政府企业间的利益偏差。同时经济软法涉及的领域包括非经济因素，其观点能迎合公众主流观点与舆论支持。根据实施经验，部分国际软法可能通过立法或国际条约被“硬化”。因此，企业在实施跨国经营的过程中若能较好地重视并遵守国家经济软法，一方面能够获取主流媒体与东道国民众的支持，另一方面也相当于对可能被“硬化”的软法提前“适应”。

5. 其他措施

对于中国企业海外并购而言，一方面中国企业需要意识到政治因素或政治行为对企业并购与发展战略的重要影响，因此需要政府支持；另一方面，政府的过度介入很可能成为企业竞争对手控诉不公平竞争的理由。因此企业应该基于国际惯例等，使政府对企业并购的介入有章可循，而非随机行为。同时当企业进入到东道国市场后，如果仅仅是简单地利用当地某一项资源（比如廉价的劳动力进行加工贸易）用于生产，但并未与当地经济产生多少联系，这种投资形式与东道国的引资初衷不符，加剧了政府企业间的利益偏差，甚至因为对当地其他经济主体的利益侵害导致东道国政府对企业态度的转变。因此企业应该加强其与当地企业的关联，通过市场关系形成稳定的合作关系，保障政府企业间利益目标趋同，通过企业间资源的持续交换与溢出实现共赢。只有这样，东道国政府才会考虑企业合理的利益诉求，甚至出于保护当地经济的目的，对企业的利益主动给予保护。同时企业还需根据市场变化及时调整企业发展战略，重视企业信誉，注重产品质量，入乡随俗，积极履行社会责任，加强企业与当地社会密切程度。

（三）社会层面

1. 发展非政府中介机构

发达国家普遍存在非政府中介，此类中介包括地方或全国的行业协会，以及非政府的企业调查机构，业务领域包括金融、保险、审计、理财、法律与教育培训等，这些中介不仅为并购企业提供了并购中各环节所需的相关信息，而且能够为企业代理其在东道国内的各种繁杂的法律程序与业务，不仅提高信息质量，也降低了并购的运作成本。同时这类机构还具有广泛的国际合作渠道，能够为并购企业提供更为丰富的社会资本。尽管中国也发展了部分中介机构，但多数机构由政府主导，或受政府干预过多，且与国际中介机构处于隔离状态，能够为企业提供的并购信息相对较少。实际上，中国多数中介机构缺乏国际公关人才，缺少对所处领域的专业研究，信息网络的发展也较为滞后。

2. 发挥媒体作用

一方面可以通过媒体监督，以减少不规范甚至违法的 DUP 发生。通过充分发挥独立与立法、司法与行政之外的“第四权”——媒体监督提高公司非生产性牟利行为的公开化，并借助媒体增加企业实施非法 DUP 的社会成本，从而有效约束企业实施非法 DUP 的动机，转而通过合法、合规的 DUP 实现其利益诉求。另一方面企业应该加强与媒体的合作，共同营造利于并购进行的舆论环境。

3. 发挥非政府组织对企业 DUP 的监督

通常情况下，与其他利益群体相比，跨国公司的组织化程度较高，能够积极实施 DUP 为己谋利，甚至常以牺牲其他利益群体的利益为代价。而未能有效组织起来的利益群体则成为社会民众的多数，但由于其无组织性无法通过实施集体行动而有效维护自身利益，因而产生福利由其向其他集团的转移。为了促进社会公平，加大对企业 DUP 的监督，同时降低政府监督的成本，应该赋予非政府组织作为中介性团体以监督企业 DUP 的法律地位与发言权，通过迫使企业承担更多的社会成本而主动规范其 DUP。西方发达国家的非政府组织如人权组织、地球之友以及环保组织等能够与大型跨国公司相抗衡。这些组织对企业 DUP 起到了明显的监督与规范作用。多数跨国公司并不会主动考虑东道国与其民众的利益，但在强有力的非政府组织压力下，将主动履行社会责任，甚至为增强社会声誉而主动与这些组织合作。

参 考 文 献

[1] 奥尔森．集体行动的逻辑［M］．上海：上海人民出版社，2003.

[2] 贝克尔．人类行为的经济分析［M］．上海：上海三联书店，2002.

[3] 边燕杰，邱海雄．企业的社会资本及其功效［J］．中国社会科学，2000（2）．

[4] 伯吉斯．管制与反垄断经济学［M］．上海：上海财经大学出版社，2003.

[5] 陈继勇，黄蔚．外商直接投资区位选择行为及影响因素研究［J］．世界经济研究，2009（6）．

[6] 陈郁．所有权、控制权与激励：代理经济学文选［M］．上海：上海三联书店，1998.

[7] 程启智．国外社会性管制理论述评［J］．经济学动态，2002（2）．

[8] 崔日明，俞佳根．基于空间视角的中国对外直接投资与产业结构升级水平研究［J］. 福建论坛（人文社会科学版），2015（2）．

[9] 丹尼尔·F. 史普博．管制与市场［M］．上海：上海三联书店，上海人民出版社，1999.

[10] 德姆塞茨．竞争的经济、法律和政治维度［M］．上海：上海三联书店，1992.

[11] 丁伟，等．经济全球化与中国外资立法完善［M］．北京：法律出版社，2004.

[12] 杜传忠．激励规制理论研究综述［J］．经济学动态，2003（2）．

[13] 樊纲．市场机制与经济效率［M］．上海：上海三联书店，1992.

[14] 方旖旎．从两则案例分析中国石油公司在海外并购中政治行为的影响［J］．对外经贸实务，2012（9）．

[15] 冯金华．一般均衡理论的价值基础［J］．经济研究，2012（1）．

[16] 付五平．东道国政府对跨国公司的规制问题初探［J］．怀化学院学报，2009（6）．

[17] 傅殷才．制度经济学派［M］．武汉：武汉出版社，1996.

[18] 高沛，朱廷珺．利益集团对出口退税政策制定的影响——基于贸易政策的政治经济学分析［J］．前沿，2009（2）．

[19] 高向飞，邹国庆，倪昌红．制度转型、组织间关系变迁与企业绩效：基于制度与演化的视角［J］．南大商学评论，2008（16）．

[20] 高勇强，田志龙．政治环境、战略利益与公司政治行为［J］．管理科学，2004（1）．

[21] 国家发展和改革委员会，等．推动共建丝绸之路经济带和21世纪海上丝绸之路的

远景与行动［M］．北京：人民出版社，2015.
［22］贺卫．政府创租行为研究［J］．上海交通大学学报（社科版），2002（1）．
［23］亨廷顿．文化社会中的政治秩序［M］．上海：上海译文出版社，1989.
［24］洪君彦，兆洪成．跨国公司与世界经济［M］．北京：机械工业出版社，1988.
［25］胡振虎，贾英姿，于晓．美国外资国家安全审查机制对中国影响及应对策略分析［J］．财政研究，2017（5）：89-99.
［26］霍奇逊．现代制度主义经济学宣言［M］．北京：北京大学出版社，1993.
［27］吉恩・M. 格罗斯曼，埃尔赫南・赫尔普曼．特殊利益政治学［M］．上海：上海财经大学出版社，2009.
［28］江捷．中海油与凯雷竞购公关解析［J］．国际公关，2007（2）．
［29］姜鸿．国外吸引外资的经验教训及武汉的借鉴［J］．中南财经政法大学学报，2005（2）．
［30］姜亚鹏．中国对外直接投资研究：制度影响与主体结构分析［D］．成都：西南财经大学，2011.
［31］姜岩．跨国公司行为与政府规制析论［J］．财经问题研究，2001（3）．
［32］井润田，唐小我．腐败与寻租行为的分析［J］．经济体制改革，1999（2）．
［33］柯尔文，梁洁．跨国公司对世界的统治［J］．国外理论动态，2006（5）．
［34］柯武刚，史漫飞．制度经济学：社会秩序与公共政策［M］．北京：商务印书馆，2001.
［35］孔小伟，王叶敏．论中国企业的公司政治行为及其管理［J］．经济与管理，2009（7）．
［36］勒布，穆尔．斯蒂格勒论文精粹［M］．北京：商务印书馆，1999.
［37］李春成．信息不对称下政治代理人的问题行为分析［J］．学术界，2000（3）．
［38］李建琴．政府俘虏理论与官职改革思路［J］．经济学动态，2002（7）．
［39］李克．转轨国家的机制性腐败：一个一般均衡模型［J］．经济社会体制比较，2003（1）．
［40］李岚．西方公司非生产性牟利行为研究综述［J］．中州学刊，2006（6）．
［41］李新春，刘莉．嵌入型——市场性关系网络与家族企业创业成长［J］．中山大学学报（社会科学版），2009（3）．
［42］李政军．寻租 DUP 活动：一个比较分析［J］．江汉论坛，2000（9）．
［43］理查德・斯科特．制度与组织：思想观念与物质利益［M］．北京：中国人民大学出版社，2010.
［44］梁蓓，杜奇华．国际投资［M］．北京：对外经济贸易大学出版社，2004.
［45］梁波．权利游戏与产业制度变迁——以中国石油产业外部合作战略转型为例［J］．

社会，2012（1）.
[46] 林关征．管制的经济绩效分析［J］．现代经济探讨，2008（8）.
[47] 林南．社会资本——关于社会结构和行动的理论［M］．上海：世界出版集团，上海人民出版社，2005.
[48] 刘畅．跨国公司影响东道国政府决策的经济分析［J］．长白学刊，2007（4）.
[49] 刘宏，汪段泳．“走出去”战略实施及对外直接投资的国家风险评估：2008—2009［J］．国际贸易，2010（10）.
[50] 刘华芹，李钢．建设“丝绸之路经济带”的总体战略与基本框架［J］．国际贸易，2014（3）.
[51] 刘荣春，聂平平．寻租与制度建构分析［J］．江西社会科学，2003（10）.
[52] 刘舜佳．基于后向关联分析的跨国并购与国家经济安全研究［D］．长沙：湖南大学，2008.
[53] 刘元春．交易费用分析框架的政治经济学批判［M］．北京：经济科学出版社，2001.
[54] 楼国强．游说竞争、信息披露与公共政策的走向［J］．南开经济研究，2005（4）.
[55] 卢现祥．寻租经济学导论［M］．北京：中国财政经济出版社，2000.
[56] 鲁桐．跨国公司在中国投资的两重性［J］．南方，2006（3）.
[57] 陆丁．寻租理论［M］．载汤敏，茅于轼．现代经济学前沿专题［C］．北京：商务印书馆，2002.
[58] 罗伯特．全球资本主义的挑战：21世纪的世界经济［M］．上海：上海人民出版社，2001.
[59] 罗党论，唐清泉．政治关系、社会资本与政治资源获取：来自中国民营上市公司的经验证据［J］．世界经济，2009（7）.
[60] 马丁·柯尔文，梁洁．跨国公司对世界的统治［J］．国外理论动态，2006（5）.
[61] 彭久麒．寻利与寻租的数理经济学解释［J］．四川师范大学学报（社会科学版），2004（1）.
[62] 秦晓蕾，杨东涛．管理学视角下的公司非生产性牟利行为研究：回顾、比较与展望［J］．管理现代化，2007（1）.
[63] 邱国栋．基于社会资本视角的企业政治战略研究［J］．财经问题研究，2009（12）.
[64] 屈晓华．论政府规制与企业反应［D］．成都：四川大学，2003.
[65] 全球并购研究中心．中国产业地图［M］．北京：人民邮电出版社，2003.
[66] 让·雅克·拉丰，让·梯若尔．政府采购与规制中的激励理论［M］．上海：上海三联书店，上海人民出版社，2004.

[67] 阮守武．公共选择理论的方法与研究框架［J］．经济问题探索，2009（11）．
[68] 申现杰，肖金成．国际区域经济合作新形势与我国“一带一路”合作战略［J］．宏观经济研究，2014（11）．
[69] 申小林．企业家寻租行为及其特征分析［J］．中国工业经济，2001（4）．
[70] 盛斌．国际贸易政策的政治经济学［J］．国际政治研究，2006（2）．
[71] 盛宇明．腐败的经济学分析［J］．经济研究，2000（5）．
[72] 田志龙，高勇强，卫武．中国企业政治策略与行为研究［J］．管理世界，2003（12）．
[73] 万安培．租金规模变动的再考察［J］．经济研究，1998（7）．
[74] 王昌林，蒲勇健，赵国强．企业经理寻租行为任职期界模型［J］．重庆大学学报，2003（10）．
[75] 王呈斌，徐剑刚．公司非生产性牟利行为的非对称博弈分析［J］．复旦学报（自然科学版），2007（2）．
[76] 王建，张宏．东道国政府治理与中国对外直接投资关系研究——基于东道国面板数据的实证分析［J］．亚太经济，2011（1）．
[77] 王俊豪．政府管制经济学导论［M］．北京：商务印书馆，2001.
[78] 王亮，赵定涛．企业—政府互动依赖关系与公司非生产性牟利行为［J］．公共管理学报，2006（3）．
[79] 王万山．市场规制理论研究述评［J］．江苏社会科学，2004（6）．
[80] 王妍．中国国有企业制度性寻租行为研究［D］．长春：吉林大学，2005.
[81] 王震，江为东．企业政治产生原因、特征及其影响分析［J］．现代企业管理，2003（2）．
[82] 韦军亮，陈漓高．政治风险对中国对外直接投资的影响——基于动态面板模型的实证研究［J］．经济评论，2009（4）．
[83] 卫武．中国环境下企业政治资源、政治策略和政治绩效及其关系研究［J］．管理世界，2006（2）．
[84] 吴菲，范晓觉．寻租活动与产权制度变迁的关系研究［J］．经济体制改革，2002（6）．
[85] 吴敬琏．腐败：权力与金钱的交换［M］．北京：中国经济出版社，1993.
[86] 吴韧强，刘海云．垄断竞争、利益集团与贸易战［J］．经济学（季刊），2009（3）．
[87] 冼国明，陈建国．国际直接投资规制框架：进展与问题［J］．国际经济合作，2003（9）．
[88] 冼国明，葛顺奇．跨国公司 FDI 与东道国外资政策演变［J］．南开经济研究，2002

（1）．

[89] 冼国明，李诚邦．跨国公司与东道国政府关系之研究［J］．南开学报，2004（5）．

[90] 肖兴志、陈长石．规制经济学理论研究前沿［J］．经济学动态，2009（1）．

[91] 谢康．超越国界：全球化中的跨国公司［M］．北京：高等教育出版社，上海：上海社会科学院出版社，1999.

[92] 辛平．试论跨国公司对国家对外政策的影响［D］．北京：中国人民大学，2006.

[93] 熊启滨．中国石油工业海外投资问题研究［D］．武汉：华中科技大学，2005.

[94] 亚当·斯密．国民财富的性质和原因的研究［M］．北京：商务印书馆，2003.

[95] 亚洲商学院全球并购研究中心．新世纪中国十大并购［M］．北京：首都经济贸易大学出版社，2011.

[96] 阎大颖．制度距离、国际经验与中国企业海外并购的成败问题研究［J］．南开经济研究，2011（5）．

[97] 杨娇辉，王伟，王曦．我国对外直接投资区位分布的风险偏好：悖论还是假象［J］. 国际贸易问题，2015（5）．

[98] 杨镭．跨国并购与政府规制——兼论中国对外资并购的规制［D］．北京：中国社会科学院，2003.

[99] 杨龙，吴光芸．论跨国公司的政治行为及其对中国政府治理的影响［J］．中州学刊，2006（5）．

[100] 杨瑞龙．论中国制度变迁方式与制度选择目标的冲突与协调［J］．经济研究，1994（5）．

[101] 姚战琪．跨国公司进入方式规制的理论与政策研究［J］．财经研究，2006（9）．

[102] 叶广宇，黄怡芳．中国跨国企业的非市场战略与东道国环境的关联度［J］．改革，2010（2）．

[103] 曾国安，李明．社会性管制理论研究述评［J］．经济学动态，2008（4）．

[104] 张红凤．规制经济学的变迁［J］．经济学动态，2005（8）．

[105] 张华容．全球视角下企业国际化技术路径研究［M］．武汉：湖北人民出版社，2007.

[106] 张维迎．企业寻求政府支持的收益、成本分析［J］．新西部，2001（8）．

[107] 张文军，沈建山．效用理论在治理寻租现象中的应用［J］．中国软科学，1999（9）．

[108] 张燕生．新形势下更要加快推进“走出去”战略［J］．经济问题，2012（1）．

[109] 赵蓓文．国家经济安全视角下的外资风险传导与扩散机制［J］．世界经济研究，2006（3）．

[110] 植草益．微观规制经济学［M］．北京：中国发展出版社，1992.

[111] 钟伟．跨国公司发展对国家监管的挑战［J］．科学决策，2001（3）．

[112] 周建生，陶爱萍．东道国政府对跨国公司的规制问题探讨［J］．江淮论坛，2004（2）．

[113] 朱鸿伟．跨国公司政治行为的经济学分析［J］．暨南学报（哲学社会科学版），2006（1）．

[114] Aidt，Toke Skovsgaard. Redistribution and Deadweight Cost：The Role of Political Competition［J］．*European Journal of Political Economy*，2003.

[115] Amy J. Hillman，Gerald D. Keim ，Douglas Schuler. Corporate Political Activity：a Review and Research Agenda［J］．*Journal of Management*，2004.

[116] Baumol，William J. On Entrepreneurship，Growth and Rent-Seeking：Henry George Updated［J］．*American Economist*，2004.

[117] Baysinger，Barry D. Domain Maintenance as an Objective of Business Political Activity：An Expanded Typology［J］．*Academy of Management Review*，1984.

[118] Boldrin，Michele，David K. Levine. Rent-Seeking and Innovation［J］．*Journal of Monetary Economics*，2004.

[119] Boyce，John. Interest Group Competition over Policy Outcomes：Dynamics，Strategic Behaviorand Social Costs［J］．*Public Choice*，2000.

[120] Brambor T.，Clark W. R.，Golder M. Understanding Interaction Models：Improving Empirical Analyses［J］．*Political Analysis*，2006.

[121] Buckley P. J.，et al. The Determinants of Chinese Outward Foreign Direct Investment［J］．*Journal of International Business Studies*，2007.

[122] Cole，Ismail M.，Arshad M. Chawdhry. Rent-Seeking and Economic Growth：Evidence from a Panel of U. S. States［J］．*Cato Journal*，2002.

[123] Crain，W. M.，William F. Shughart II，Robert. D. Tollison. Voters as Investors：A Rent-Seeking Resolution of the Paradox of Voting［M］．In Rowley，Charles K.，Robert D. Tollisonand Gordon Tullock（eds.），*The Political Economy of Rent-Seeking*，Boston/Dordrecht/Lancaster：Kluwer Academic Publishers，1988.

[124] Dani，Rodrik. Political Economy of Trade Policy［M］．In G. Grossman，K. Rogoff（eds.），*Handbook of International Economics vol. III*，Amsterdam：Elsevier Science B. V.，1995.

[125] Edward，Glaeser. Andrei Shleifer，The Rise of the Regulatory State［J］．*Journal of Economic Literature*，2001.

[126] Eisenstadt，Roniger. Patron-client Relations as a Model of Structuring Social Exchange［J］．*Comparative Studies in Society and History*，1980：42-77.

[127] Epstein, Gil S., Shmuel Nitzan. The Cost of Rent-Seeking When Consumer Opposition Influences Monopoly Behavior [J]. *European Journal of Political Economy*, 2002.

[128] Faccio M. Politically-connected Firms [J]. *American Economic Review*, 2006.

[129] Fligstein. Market as Politics: A Political Cultural Approach to Market Institutions [J]. *American Sociological Review*, 1996.

[130] Fligstein. Market as Politics: A Political Cultural Approach to Market Institutions [J]. *American Sociological Review*, 1996 (61): 656-673.

[131] Franklin, G. MixonJr., Rand W. Ressler. Integrating the Concept of Rent Seeking into the Principles of Economics Classroom: Evidence from Survey Data [J]. *Journal of Education for Business*, 1998.

[132] Getz, Kathleen A. Selecting Corporate Political Tactice [M]. in Barry M. Mitnick (ed.), *Corporate Political Agency: the Construction of Competition in Public Affairs*, 1993.

[133] Glazer, Amihai, Refael Hassin. Sequential Rent-Seeking [J]. *Public Choice*, 2002.

[134] Glazer, Amihai. Allies as Rivals: Internal and External Rent-Seeking [J]. *Journal of Economic Behavior and Organization*, 2002.

[135] Granoetter, Mark. Economic Action and Social Structure: the Problem of Embeddedness [J]. *American Journal of Sociology*, 1985 (91): 481-510.

[136] GuoYong, Angang Hu. The Administrative Monopoly in China′s Economic Transition [J]. *Communist and Post-Communist Studies*, 2004.

[137] Hillman, Amy. The Choice of Corporate Political Tactice: the Role of Institutional Variables [M]. In Denis Collins and Douglas Nigh (ed.), *Proceedings of the 6th Annual Meeting of the International Association for Business and Society*, Madison, W1, 1995.

[138] Hillman, Arye L., Ngo VanLong, Antoine Souubeyran. Protection, Lobbying and Market Structure [J]. *Journal of International Economics*, 2001.

[139] Hirshleifer, Jack, Amihai Glazer, David Hirshleifer. *Price Theory And Applications: Decisions, Markets, and Information* [M]. New York: Cambridge University Press, 2005.

[140] Jeanphilipe Bonardi, Gerald D. Keim. Corporate Political Strategies for Widely Salient Issue [J]. *Academy of Management Review*, 2005.

[141] Johnson, Mitton. Cronyism. Capital Controls: Evidence from Malaysia [J].

Journal of Financial Economics, 2003.

[142] Kaufmann Daniel, Aart Kraay, Massimo Mastruzzi1. Governance MattersVII: Aggregate and Individual Governance Indicators 1996-2007 [J]. *World Bank Policy Research Working Paper*, No. 4978, 2009.

[143] Khwaja, Mian. Do Lenders Favor Politically Connected Firms Rent Provision in an Emerging Financial Market [J]. *Quarterly Journal of Economics*, 2005.

[144] Krishna Chaitanya Vadlamannati and Artur Tamazian. Growth Effect of FDI in 80 Developing Economic: the Role of Policy Reforms and Institutional Constraints [J]. *Journal of Economic Policy Reform*, 2009.

[145] Laffont, J., Tirole J. *A Theory of Incentives in Procurement and Regulation* [M]. Cambridge, Massachusetts: MIT Press, 1993.

[146] Lambsdorff, Johann Graf. Corruption and Rent-Seeking [J]. *Public Choice*, 2002.

[147] Liu Kai, Zhang Huarong. Empirical Study on Impacts of Infrastructure Investments from Transnational Corporations in China [M]. In Chen Rong, Zhong Shan. (eds.), *Cluster Analysis*, Vol. 7 Proceedings of the 2009 International Conference on Public Economics and Management Nov 2009 Xiamen, Liverpool: World Academic Union, 2009.

[148] Lu Xiaobo. From Rank-Seeking to Rent-Seeking: Changing Administrative Ethos in Reform China [J]. *Crime, Law and Social Change*, 2000.

[149] Morgon, John. Sequential Contests [J]. *Public Choice*, 2003.

[150] Muehlfeld. K., Padma Rao Sahib. Copletion of Abandonment of Mergers and Acquisitions: Evidence from the Newspaper Industry: 1981-2000 [J]. *Journal of Media Economics*, 2007.

[151] North, Douglass C. Three Approaches to the Study of Institutions [M]. In Colander David C. (ed.), *Neoclassical Political Economy: The Analysis of Rent-Seeking and DUP Activities*, Cambridge, Massachusetts: Ballinger Publishing Company, 1984.

[152] Ogus Anthony. W (h) ither the Economic Theory of Regulation? What Economic Theory of Regulation [M]. In: Jacint Jordana, David Levi-Faur, *The Polities of Regulation*, Northampton: Edward Elgar, 2004.

[153] Pasour, E. C. Jr. Rent Seeking: Some Conceptual Problems and Implications [J]. *The Review of Austrian Economics*, 2004.

[154] Raymond Fisman. Estimating the Value of Political Connections [J]. *The American Economic Review*, 2001.

[155] Shleifer, Andre. Understanding Regulation [J] . *European Financial Management*, 2005.

[156] Shleifer, Vishny. Politicians and Firms [J] . *Quarterly Journal of Economics*, 2004.

[157] Sobel, Russell S. Thomas Garrett, On the Measurement of Rent-Seeking and Its Social Opportunity Cost [J] . *Public Choice*, 2002.

[158] Stein, William E. Asymmetric Rent-Seeking with More Than Two Contestants [J]. *Public Choice*, 2002.

[159] Su Chenting, James E. Littlefield, Entering Guanxi: A Business Ethnical Dilemma in Mainland China? [J] . *Journal of Business Ethics*, 2001.

[160] Sutter, Daniel. Politicians' Motives in the Rent-Seeking Society [J] . *Managerial Finance*, 1999.

[161] Sylwester, Kevin. A Model of Institutional Formation within a Rent Seeking Environment [J] . *Journal of Economic Behavior and Organization*, 2001.

[162] Torvik, Ragnar. Natural Resources, Rent-Seeking and Welfare [J] . *Journal of Development Economics*, 2002.

[163] Trevor Houser. The Roots of Chinese Oil Investment Abroad [J] . *Asia Policy*, 2008.

[164] Uzzi. The Sources and Consequences of Embeddedness for the Economic Performance of Organizations [J] . *American Sociological Review*, 1996 (61): 674-698.

[165] Yamakawa Y, Peng M W, Deeds D L. What Drives New Ventures to Internationalize from Emerging to Developed Economies? [J] . *Entrepreneurship Theory and Practice*, 2008.

[166] Ying Fan. Questioning Guanxi: Definition, Classification and Implications [J] . *International Business Review*, 2002.

[167] Zimmerman A. , Zeitz J. Beyond Survival: Achieving New Venture Growth bu Building Legitimacy [J] . *Academy of Management Review*, 2002.

后　记

本书是著者多年关注并潜心从事相关问题研究的结晶。

本书的写作得到河南省哲学社会科学规划办公室、河南工业大学以及河南省人文社会科学重点研究基地——河南工业大学粮食经济研究中心的鼎力支持。在论文框架的构建上得到河南工业大学李铜山教授、赵予新教授的指导与支持。

本书写作中，参阅了大量关于公司非生产性牟利的著作、论文、报告等。这些参考资料给了著者很大启迪，诱发了著者的思考，其中绝大部分都列在参考文献中。

特借本书付梓之际，谨向上述帮助过著者的专家与领导，表示诚挚的感谢！

方旖旎

2019年3月于郑州